职业教育改革创新示范教材 III

QICHE DIPAN GOUZAO YU WEIXIU LISHI YITIHUA JIAOCAI

汽车底盘构造与维修

理实一体化教材

主　编　梁家生　谭鹏程
副主编　余　磊　傅明伟

人民交通出版社
China Communications Press

内 容 提 要

本书是职业教育改革创新示范教材之一,介绍了汽车底盘各组成部分的结构、工作原理及常见维护与检修项目,主要内容包括:离合器的构造与维修、手动变速器的构造与维修、自动变速器的构造与维修、万向传动装置的构造与维修、驱动桥的构造与维修、车桥的构造与维修、车轮和轮胎的构造与维修、悬架的构造与维修、转向系统的构造与维修、普通制动系统的构造与维修和防抱死制动系统(ABS)的构造与维修,共11个项目,38个学习任务。

本书可作为职业院校汽车运用与维修专业的教学用书,也可作为各类汽车职业培训及从事汽车修理工作的人员参考用书。

图书在版编目(CIP)数据

汽车底盘构造与维修理实一体化教材／梁家生,谭鹏程主编.--北京:人民交通出版社,2012.8
ISBN 978-7-114-09885-7

Ⅰ.①汽… Ⅱ.①梁…②谭… Ⅲ.①汽车-底盘-结构-教材②汽车-底盘-车辆维修-教材
Ⅳ.①U463.1②U472.41

中国版本图书馆 CIP 数据核字(2012)第135256号

职业教育改革创新示范教材Ⅲ

书　　名:	汽车底盘构造与维修理实一体化教材
著 作 者:	梁家生　谭鹏程
责任编辑:	曹延鹏
出版发行:	人民交通出版社
地　　址:	(100011)北京市朝阳区安定门外外馆斜街3号
网　　址:	http://www.ccpcl.com.cn
销售电话:	(010) 59757973
总 经 销:	人民交通出版社发行部
经　　销:	各地新华书店
印　　刷:	北京市密东印刷有限公司
开　　本:	787×1092　1/16
印　　张:	17.25
字　　数:	406 千
版　　次:	2012年8月　第1版
印　　次:	2023年6月　第11次印刷
书　　号:	ISBN 978-7-114- 09885-7
定　　价:	34.00 元

(有印刷、装订质量问题的图书由本社负责调换)

职业教育改革创新示范教材
（汽车运用与维修专业）编委会

（排名不分先后）

主 任：梁 辉（广西理工职业技术学校） 杨筱玲（南宁市第四职业技术学校）

副主任：黄宏伟（广西玉林商贸技工学校） 蒋桂学（柳州汽车运输技工学校）
　　　　 陈健健（南宁市第四职业技术学校） 梁家生（广西理工职业技术学校）
　　　　 李显贵（广西机电工程学校） 马立峰（柳州市交通学校）
　　　　 黄红阜（广西南宁高级技工学校） 蒙少广（来宾市技工学校）

委 员：彭荣富　杨德宁　黄启敏　贺 民　江 巍　卢 义（广西理工职业技术学校）
　　　　 潘仕梁　谢德平　韦 善　黄健华　廖 冰　来 君（广西机电工程学校）
　　　　 苏昭锋　何广玉　欧俊国　蓝荣龙（广西南宁高级技工学校）
　　　　 李文雄　曹玉兰　兰斌富　覃绍活　黄凯华（南宁市第四职业技术学校）
　　　　 张 挺　谢云涛　黄昌海（广西第一工业学校）
　　　　 黎世琨　胡明胜（广西二轻技校）
　　　　 谭武明（广西玉林农业学校）
　　　　 曾清德（广西工学院职业技术教育学院）
　　　　 高 彬　许雪松　蒙纪元（广西华侨学校）
　　　　 封桂炎　赵霞飞　滕松蓉　纪静华　陈蕾羽（广西交通技师学校）
　　　　 钟 干　谢林宝　郭春华　韦福武（广西玉林商贸技工学校）
　　　　 莫学明（广西钟山县中等职业技术学校）
　　　　 刘树能　李 元　李玉雄（来宾市技工学校）
　　　　 唐腊梅　蒋建晨　赖傅杰　黄宗尔（柳州汽车运输技工学校）
　　　　 张兴富　詹俊松　董 军　周 雄　梁 松（柳州市技工学校）
　　　　 黄 懿　覃新居　罗柳健（柳州市交通学校）
　　　　 洪 均　李建华（容县职业中等专业学校）
　　　　 原伟忠　罗 青　钟仁敏（广西玉林高级技工学校）

编委会秘书：覃伟英（南宁培育图书有限责任公司）

前言 Preface

《国家中长期教育改革和发展规划纲要(2010—2020年)》中提出:大力发展职业教育,把职业教育纳入经济社会发展和产业发展规划,把提高质量作为重点;以服务为宗旨,以就业为导向,推进教育教学改革。实行工学结合、校企合作、顶岗实习的人才培养模式;满足人民群众接受职业教育的需求,满足经济社会对高素质劳动者和技能型人才的需要。

职业教育的发展已作为国家当前教育发展的战略重点之一,但目前学校所使用的教材普遍存在以下几个方面的问题:

(1)学生反映难理解,教师反映不好教;

(2)企业反映脱离实际,与他们的需求距离很大;

(3)不适应新一轮教学改革的需要,汽车车身修复、汽车商务、汽车美容与装潢等专业教材急缺;

(4)立体化程度不够,教学资源质量不高,教学方式相对落后。

针对以上问题,结合人民交通出版社汽车类专业教材的出版优势,我们开发了《职业教育改革创新示范教材》。本套教材以"积极探索教学改革思路,充分考虑区域性特点,提升学生职业素质"的指导思想,采用职教专家、行业一线专家、学校教师、出版社编辑"四结合"的编写模式。教材内容的特点是:准确体现职业教育特点(以工作岗位所需的知识和技能为出发点);理论内容"必需、够用";实训内容贴合工作一线实际;选图讲究,易懂易学。

该套教材将先进的教学内容、教学方法与教学手段有效地结合起来,形成课本、课件(部分课程配)和习题集(部分课程配)三位一体的立体教学模式。

本书由广西理工职业技术学校梁家生、河池职业教育中心黎敬东担任主编,由广西机械高级技工学校余磊、北部湾职业技术学校傅明伟但任副主编。参与本书编写工作的还有卫绪福、郭春华、谢林宏、陆桂华、郑程、黄文剑、张立新等。

限于编者的经历和水平,书中难免有不妥或错误之处,敬请广大读者批评指正,提出修改意见和建议,以便再版修订时改正。

职业教育改革创新示范教材编委会
2012年2月

目 录 Catalogue

绪论
  任务一　汽车底盘的总体构造 …………………………………………… 1
  任务二　汽车传动系的布置形式 ………………………………………… 4
  小结 …………………………………………………………………………… 6

项目一　离合器的构造与维修
  任务一　离合器的认知 ……………………………………………………… 7
  任务二　液压式操纵机构离合器的维修 ………………………………… 15
  任务三　机械式操纵机构离合器的维修 ………………………………… 25
  工作页 ………………………………………………………………………… 33

项目二　手动变速器的构造与维修
  任务一　手动变速器的认知 ……………………………………………… 39
  任务二　手动变速器润滑油的检查与更换 ……………………………… 48
  任务三　手动变速器总成的分解与装配 ………………………………… 51
  工作页 ………………………………………………………………………… 58

项目三　自动变速器的构造与维修
  任务一　自动变速器的认知 ……………………………………………… 62
  任务二　自动变速器油（ATF）的检查 ………………………………… 87
  任务三　自动变速器故障码的读取与清除 ……………………………… 88
  任务四　主油路压力的测试 ……………………………………………… 91
  任务五　空挡起动开关的检查与调整 …………………………………… 93
  任务六　自动变速器转速传感器的检查与更换 ………………………… 98
  工作页 ………………………………………………………………………… 101

项目四　万向传动装置的构造与维修
  任务一　万向传动装置的认知 …………………………………………… 105

任务二　万向传动装置的检查与更换（发动机前置后轮驱动）……………… 110
　　任务三　等速万向节的检查与更换（发动机前置前轮驱动）……………… 115
　　工作页 …………………………………………………………………………… 121

项目五　驱动桥的构造与维修

　　任务一　驱动桥的认知 ………………………………………………………… 125
　　任务二　驱动桥润滑油的检查与更换 ………………………………………… 129
　　任务三　差速器总成的检查与更换 …………………………………………… 132
　　工作页 …………………………………………………………………………… 136

项目六　车桥的构造与维修

　　任务一　车桥和车轮定位的认知 ……………………………………………… 140
　　任务二　车轮定位的检测与调整 ……………………………………………… 145
　　工作页 …………………………………………………………………………… 147

项目七　车轮和轮胎的构造与维修

　　任务一　车轮和轮胎的认知 …………………………………………………… 151
　　任务二　车轮总成的检查与换位 ……………………………………………… 158
　　任务三　车轮动平衡的检测 …………………………………………………… 161
　　工作页 …………………………………………………………………………… 164

项目八　悬架的构造与维修

　　任务一　悬架的认知 …………………………………………………………… 168
　　任务二　前减振器的检查与更换 ……………………………………………… 177
　　任务三　后钢板弹簧的检查与更换 …………………………………………… 182
　　工作页 …………………………………………………………………………… 186

项目九　转向系统的构造与维修

　　任务一　转向系统的认知 ……………………………………………………… 190
　　任务二　齿轮齿条式转向器的检查、调整与更换 …………………………… 202
　　任务三　检查、添加与更换转向助力液 ……………………………………… 206
　　工作页 …………………………………………………………………………… 211

项目十　普通制动系统的构造与维修

　　任务一　普通制动系统的认知 ………………………………………………… 215
　　任务二　制动液的检查、补充及排放液压制动系统中的空气 ……………… 226

任务三　制动踏板自由行程的检查 …… 230
任务四　盘式制动器摩擦衬片的检查与更换 …… 231
任务五　鼓式制动器摩擦衬片的检查与更换 …… 234
任务六　驻车制动器操纵机构的检查与调整 …… 238
工作页 …… 240

项目十一　防抱死制动系统(ABS)的构造与维修

任务一　ABS 的认知 …… 245
任务二　ABS 故障码的读取与清除 …… 250
任务三　ABS 轮速传感器的更换 …… 255
工作页 …… 265

参考文献

绪 论

任务一　汽车底盘的总体构造

汽车底盘由传动系、行驶系、转向系和制动系四大系统组成，其功用为接受发动机的动力，使汽车运动并保证汽车能够按照驾驶人的操纵而正常行驶。图 0-1 所示为汽车的底盘结构。

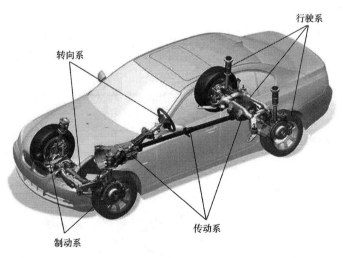

图 0-1　汽车底盘结构

一 传动系

传动系的基本功用是，将发动机的转矩传递给驱动轮，同时还必须适应行驶条件的需要,改变转矩的大小。

以普通的机械式传动系为例,发动机发出的动力依次经过离合器、变速器和由万向节与传动轴组成的万向传动装置,以及安装在驱动桥中的主减速器、差速器和半轴,最后传到驱动轮,如图 0-2 所示。现在汽车中采用自动变速器的越来越多,其底盘包括自动变速器、万向传动装置、驱动桥等,即自动变速器取代了离合器和手动变速器。

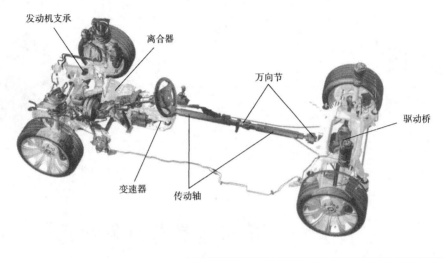

图 0-2 机械式传动系构造

二 行驶系

汽车行驶系的主要作用是:将传动系传来的转矩转化为汽车行驶的驱动力;支撑汽车的总质量;承受并传递路面作用于车轮上的力和力矩;减少振动,缓和冲击,保证汽车的平稳行驶。

汽车行驶系一般由车架(或车身)、悬架、车桥和车轮等组成,如图 0-3 所示。

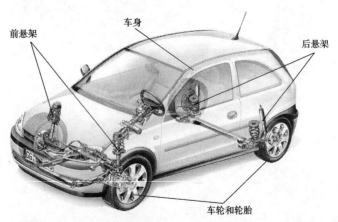

图 0-3 汽车行驶系的组成

三、转向系

汽车转向一般是由驾驶人通过转向系机件改变转向轮的偏转角来实现的。其功用是保证汽车能够按照驾驶人选定的方向行驶,并保持汽车稳定的直线行驶。

汽车转向系主要由转向操纵机构、转向器、转向传动机构组成,如图0-4所示。现在的汽车普遍采用动力转向装置。

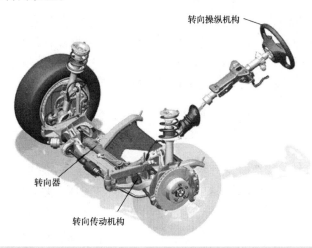

图0-4 转向系的组成

四、制动系

制动系的功用是使汽车减速、停车并能保证可靠地驻停。汽车制动系一般包括行车制动系和驻车制动系两套相互独立的制动系,每套制动系都包括制动器和制动传动机构,如图0-5所示。大部分小型汽车都采用液压式制动系,而载货汽车和大客车则常采用气压制动系。

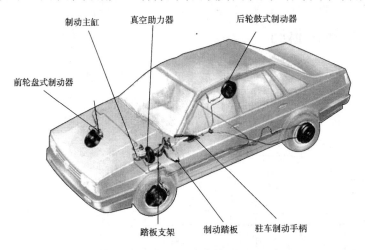

图0-5 汽车制动系

现在汽车的行车制动系一般都装配有制动防抱死系（ABS）及驱动防滑控制系（ASR）。前者在任何情况下制动时，即使在滑溜路面上，也能保持车轮不抱死，以保持车轮的最大制动力，维持车辆的方向稳定性；后者在起步加速时，控制驱动轮不打滑，以保持最大的驱动力及方向稳定性。

任务二　汽车传动系的布置形式

汽车传动系的布置形式主要与发动机的安置及汽车驱动形式有关。

汽车的驱动形式通常用汽车车轮总数×驱动轮数（车轮数系指轮毂数）来表示。普通汽车多装4个车轮，其中有两个为驱动轮，则其驱动形式为4×2。越野汽车的全部车轮都可以作为驱动轮，根据车轮总数不同，常见的驱动形式有4×4、6×6。

一、发动机前置后轮驱动

发动机前置后轮驱动简称前置后驱动，英文简称为FR。如图0-6所示，发动机布置在汽车前部，动力经过离合器、变速器、万向传动装置和后驱动桥，最后传到后驱动轮，使汽车行驶。

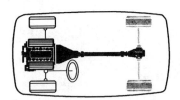

图0-6　发动机前置后驱动

这是一种传统的布置形式，应用广泛，适用于除越野汽车之外的各种汽车。

二、发动机前置前轮驱动

发动机前置前轮驱动简称前置前驱动，英文简称FF。如图0-7所示，发动机布置在汽车前部，动力经过离合器、变速器和前驱动桥，最后传到前驱动轮，这种布置形式在变速器与驱动桥之间省去了万向传动装置，使结构简单紧凑，整车质量小，高速时操纵稳定性好。

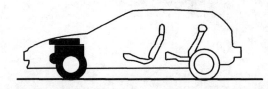
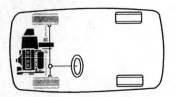

图0-7　发动机前置前轮驱动

三、发动机后置后轮驱动

发动机后置后轮驱动简称后置后驱动,英文简称RR。如图0-8所示,发动机布置在汽车后部,动力经过离合器、变速器、角传动装置、万向传动装置和后驱动桥,最后传到后驱动轮,使汽车行驶。这种布置形式便于车身内部的布置,减小室内发动机的噪声,一般用于大型客车。

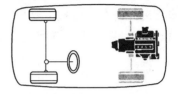

图0-8 发动机后置后轮驱动

四、发动机中置后轮驱动

发动机中置后轮驱动简称中置驱动,英文缩写为MR。如图0-9所示,这种布置形式将发动机布置于驾驶室后面的汽车中部,后轮驱动,有利于实现前后轴较为理想的轴荷分配,是赛车和部分大中型客车采用的方案。客车采用这种方案布置时,能使车厢的有效面积得到最大利用。目前应用不多。

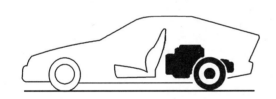
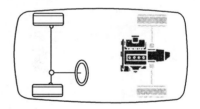

图0-9 发动机中置后轮驱动

五、四轮驱动

四轮驱动英文简称4WD。如图0-10所示,发动机布置在汽车前部,动力经过离合器、变速器、分动器、万向传动装置分别到达前后驱动桥,最后传到前后驱动轮,使汽车行驶。由于所有的车轮都是驱动轮,提高了汽车的越野通过性能。这是越野汽车采取的布置形式。

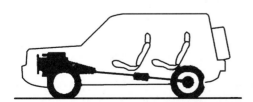
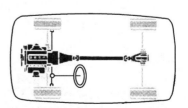

图0-10 四轮驱动

小 结

1. 汽车底盘由传动系、行驶系、转向系和制动系四大系统组成,其功用为接受发动机的动力,使汽车运动并保证汽车能够按照驾驶人的操纵而正常行驶。

2. 汽车的驱动形式通常用汽车车轮总数×驱动轮数(车轮数是指轮毂数)来表示。

3. 汽车传动系的布置形式主要与发动机的安置及汽车驱动形式有关。其布置形式有发动机前置后轮驱动、发动机前置前轮驱动、发动机后置后轮驱动、发动机中置后轮驱动及四轮驱动。

项目一 离合器的构造与维修

任务一 离合器的认知

一、离合器的构造和工作原理

1. 离合器的功用

离合器安装在发动机与变速器之间(图1-1),其功用是:使发动机与传动系统逐渐接合,保证汽车平稳起步;暂时切断发动机的动力传递,保证变速器换挡平顺;限制所传递的转矩,防止传动系统过载。手动变速器利用摩擦式离合器以传输动力;自动变速器则利用液体运动能的液力变矩器以传输动力。

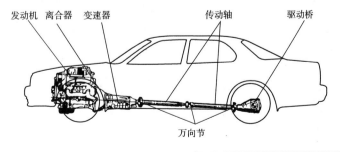

图1-1 离合器的安装位置

2. 离合器的基本结构

离合器包括主动部分(包括飞轮、离合器盖和压盘)、从动部分(包括从动盘和从动轴)、

项目一 离合器的构造与维修

压紧装置(膜片弹簧或其他类型弹簧)和操纵机构(包括离合器踏板、离合器主缸、离合器工作缸、分离叉、分离套筒、分离轴承等),如图 1-2 所示。压紧装置将从动盘压紧在飞轮端面上,发动机转矩靠飞轮与从动盘接触面之间的摩擦作用而传递到从动盘上,再经过从动轴等传给变速器。

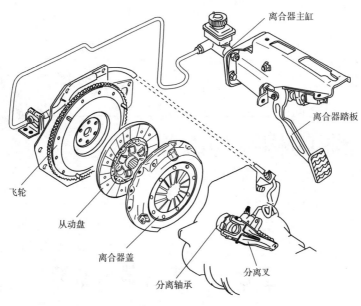

图 1-2 离合器的基本结构

3 离合器的工作原理

离合器的工作原理如图 1-3 所示。从动盘通过花键和从动轴(变速器主动轴)相连,可

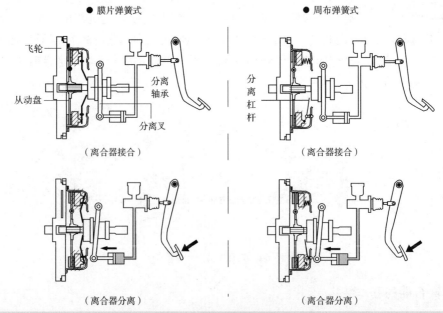

图 1-3 离合器的工作原理

以前后运动。在压紧弹簧作用下，离合器处于接合状态。

当驾驶人踩下离合器踏板，分离套筒和分离轴承在分离叉的推动下，推动从动盘克服压紧弹簧的力而后移，使离合器处于分离状态，中断动力传动。

逐渐抬起离合器踏板，压盘在压紧弹簧的作用下前移逐渐压紧从动盘，此时从动盘与压盘、飞轮的接触面之间产生摩擦力矩并逐渐增大，动力由飞轮、压盘传给从动盘经输出轴输出。在这一过程中，从动盘及输出轴转速逐渐提高，直至与主动部分转速相同，主、从动部分完全接合。

在离合器的接合过程中，飞轮、压盘和从动盘之间接合还不紧密时，所能传递的摩擦力矩较小，其主、从动部分未达到同步，处于相对打滑的状态称为半联动状态。这种状态在汽车起动时是必要的。

4 离合器踏板的自由行程

由离合器的工作原理可知，当从动盘摩擦片磨损变薄后，为了保证离合器能处于接合状态，传递发动机转矩，则压盘必须向前移动。此时膜片弹簧（或分离杠杆）外端和压盘一起向前移，其内端向后移。如果膜片弹簧（或分离杠杆）与分离轴承之间没有间隙，则由于机械式操纵机构的干涉作用，压盘最终无法前移，即导致离合器不能接合，出现打滑现象。为此，在离合器膜片弹簧（或分离杠杆）内端与分离轴承之间预留一定的间隙，这个间隙称为离合器的自由间隙，如图 1-4 所示。

离合器分离过程中，为消除离合器自由间隙和操纵机构零件的弹性变形所需要踩下的离合器踏板行程，称为离合器踏板自由行程。

部分常见车型离合器踏板自由行程见表 1-1。

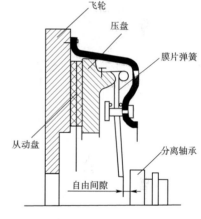

图 1-4　离合器的自由间隙

部分汽车离合器踏板自由行程　　　　　　　　　　表 1-1

汽车型号	离合器踏板自由行程(mm)	汽车型号	离合器踏板自由行程(mm)
上海桑塔纳2000GSi	15～25	丰田卡罗拉	5～15
本田雅阁	10～18	别克凯越	6～12
富康	5～15	五菱荣光	15～25

离合器主要部件的构造

1 膜片弹簧式离合器

膜片弹簧式离合器的结构如图 1-5 和图 1-6 所示。

离合器盖通过螺栓固定在飞轮上，为了保持正确的安装位置，离合器盖通过定位销进行定位。压盘与离合器盖之间通过周向均布的 3 组或 4 组传动片来传递转矩。传动片用弹簧钢片制成,每组两片,一端用铆钉铆在离合器盖上,另一端用螺钉连接在压盘上。

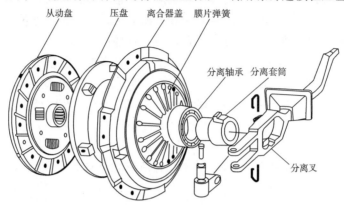

图1-5 膜片弹簧式离合器构造(1)

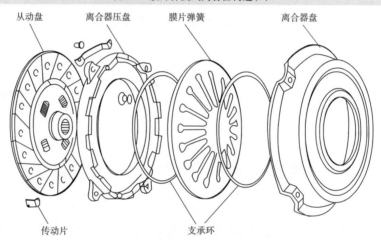

图1-6 膜片弹簧式离合器构造(2)

从动盘主要由从动盘本体、摩擦片和从动盘毂等组成,如图1-7和图1-8所示。为消除传动系统的扭转振动,从动盘一般都带有扭转减振器。膜片弹簧的径向开有若干切槽,形成弹性杠杆。切槽末端有圆孔,固定铆钉穿过圆孔,并固定在离合器盖上。膜片弹簧两侧装有

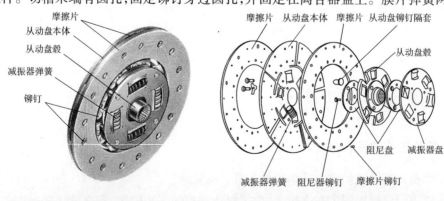

图1-7 从动盘的结构　　　　图1-8 从动盘分解图

钢丝支承环,这两个钢丝支承环是膜片弹簧工作时的支点。膜片弹簧的外缘通过分离钩与压盘联系起来。

膜片弹簧离合器的工作原理如图 1-9 所示。当离合器盖未安装到飞轮上时,膜片弹簧不受力而处于自由状态,此时离合器盖与飞轮之间有一距离 S,如图 1-9a) 所示。当离合器盖通过螺栓安装在飞轮上时,离合器盖压向飞轮,消除了距离 S,膜片弹簧在支承环处受压产生弹性变形,此时膜片弹簧的外圆周对压盘产生压紧力使离合器处于接合状态,如图 1-9b) 所示。当踩下离合器踏板时,分离轴承推动膜片弹簧,使膜片弹簧压在支承环上并以支承环为支点,外圆周向后翘起,通过分离钩拉动压盘后移使离合器分离,如图 1-9c) 所示。

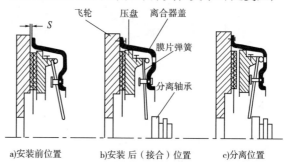

图 1-9 膜片弹簧离合器的工作原理

从膜片弹簧离合器的工作原理可以看出,膜片弹簧既是压紧弹簧,又是分离杠杆,使结构简化,同时也缩小了离合器的轴向尺寸。另外,膜片弹簧具有非线性的弹簧特性,优于圆柱螺旋弹簧的线性特性,具有操纵轻便和自动调节压紧力的特点,所以膜片弹簧离合器的应用越来越广泛,在各种车型上都有应用。

2 离合器的操纵机构

离合器的操纵机构起始于离合器踏板,终止于分离杠杆(或膜片弹簧),可分为机械式和液压式。

1 机械式操纵机构

机械式操纵机构有杆系传动和绳索传动两种形式。

(1)杆系传动机构。杆系传动机构如图 1-10 所示,其结构简单,工作可靠,广泛应用于各型汽车上。但杆系传动中杆件间铰接多,摩擦损失大,车架或车身变形以及发动机位移时会影响其正常工作。

(2)绳索传动机构。绳索传动机构如图 1-11 所示,可消除杆系传动机构的一些缺点,并能采用便于驾驶人操纵的吊挂式踏板。但绳索寿命较短,拉伸刚度较小,故只适用于微型和轻型汽车。

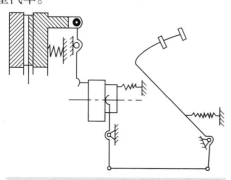

图 1-10 杆系传动机构

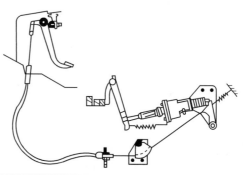

图 1-11 绳索传动机构

项目一 离合器的构造与维修

2 液压式操纵机构

液压式操纵机构由离合器踏板、离合器主缸、离合器工作缸、分离叉和油管等组成,如图1-12所示。

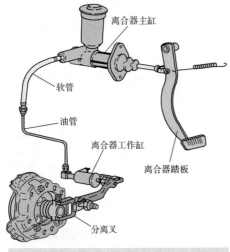

图1-12 离合器液压操纵机构

(1)离合器主缸(图1-13)。离合器主缸壳体上的回油孔、补偿孔通过进油软管与储液罐相通。主缸内装有活塞,活塞两端装有皮碗,左端中部装有单向阀,经小孔与活塞右方主缸内腔的油室相通。当离合器踏板处于完全放松位置时,活塞左端皮碗位于回油孔与补偿孔之间,两孔均与储液罐相通。

(2)离合器工作缸(图1-14)。离合器工作缸内装有活塞、皮碗、推杆等,壳体上还设有放气螺钉。当管路内有空气存在而导致离合器不能分离时,需要拧出放气螺钉进行放气。工作缸活塞直径略大于主缸活塞直径,故液压系统具有增力作用,以使操纵轻便。

(3)工作情况。

①分离过程。当踩下离合器踏板时,离合器主缸推杆推动主缸活塞,离合器主缸产生油压,压力油经油管使工作缸的活塞推出,经推杆推动分离叉,推移分离轴承等使离合器分离。

②接合过程。当放松离合器踏板时,踏板复位弹簧将踏板拉回,离合器主缸油压消失,各机件复原,离合器接合。

③补偿过程。当管路系统渗入空气时,可利用补偿孔来排出渗入的空气。补偿过程如下:当踩下离合器踏板难以使离合器分离时,可迅速放松踏板,在踏板复位弹簧的作用下,主缸活塞快速右移;储液罐中的油液从补偿孔经主缸活塞上的单向阀流入活塞左面;再迅速踩下踏板,工作缸活塞前移,以弥补因从动盘磨损或系统渗入少量空气后引起的在相同踏板位置工作缸活塞移动量的不足,从而保证离合器的正常工作。

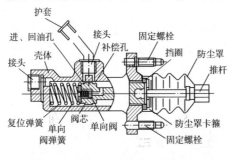

图1-13 离合器主缸结构

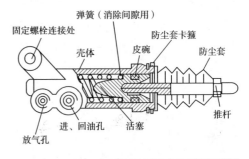

图1-14 离合器工作缸结构

三、离合器油液的选择

目前,汽车所使用的离合器油液为制动液(图1-15),市场上制动液产品等级很多,正确选择和使用制动液,对确保汽车行驶安全、可靠工作十分重要。

1 离合器油液(制动液)的分类

我国现行的制动液国家标准为《机动车制动液使用技术条件》(GB 10830—1998)和《HZY2、HZY3、HZY4 合成制动液》(GB 12981—1991)。

《机动车制动液使用技术条件》(GB 10830—1998)规定了制动液的关键性技术要求,即对各级制动液产品的主要性能指标及推荐使用范围进行了规定。汽车制动液的使用技术条件分为 JG3、JG4、JG5 三级。JG 为交通运输部、公安部系列,J 为交通运输部第一个汉字"交"的汉语拼音首字母,G 为公安部第一个汉字的汉语拼音的首字母。

《HZY2、HZY3、HZY4 合成制动液》(GB 12981—1991)包括一个制动液的标准系列,该标准的系列代号由符号(HZY)和标记(阿拉伯数字)两部分组成,其中 H、Z、Y 分别为"合成"、"制动"和"液体"汉语拼音第一个字母,阿拉伯数字作为区别本系列各标准的标记。

国外汽车制动液标准中具有代表性的是美国汽车工程师协会(SAE)标准和美国联邦机动车辆安全标准(FMVSS),这也是世界公认的汽车制动液通用标准。DOT 制动液标准是由美国联邦运输部国家高速公路安全局(NHSB)制订,在美国联邦机动车辆安全标准(FMVSS)No. 116 中发布的机动车辆制动液标准。常用的进口制动液规格有 DOT3、DOT4 和 DOT5.1,其数字越大,级别越高。

图 1-15 制动液

按照《机动车制动液使用技术条件》(GB 10830—1998),各级制动液主要特性和推荐使用范围见表 1-2。

JG 系列汽车制动液的主要特性和推荐使用范围　　　　表 1-2

级别	制动液的主要特性	推荐使用范围
JG3	具有良好的高温抗气阻性能和优良的低温性能	相当于 ISO 4926—1978 和 DOT3 的水平,我国广大地区均可使用
JG4	具有优良的高温抗气阻性能和良好的低温性能	相当于 DOT4 的水平,我国广大地区均可使用
JG5	具有优异的高温抗气阻性能和低温性能	相当于 DOT5 的水平,供特殊要求的车辆使用

2 离合器油液(制动液)的选择

不同性能指标和不同类型车辆所要求使用的制动液产品质量等级不同,汽车制造厂家在车辆使用说明书中一般都明确规定或推荐了该车辆应该使用的制动液产品质量等级,有的生产厂家还指明了具体的制动液产品品牌和型号。因此,车辆使用和维修人员首先应该按照车辆使用说明书上的规定选择使用相应的制动液产品。

当车辆使用和维修人员由于某些原因不愿意使用车辆制造厂家推荐的制动液产品,或该产品不易获得需要重新选用制动液产品时,一般应遵循以下原则:

(1)选用的制动液产品质量等级应等于或高于车辆制造厂家规定的制动液质量等级。

(2)所选用的制动液产品类型应与车辆制造厂家规定的制动液产品类型相同。

(3)尽量选择正规厂家生产的、性能稳定、质量有保证的制动液产品。

(4)选择合成制动液。

部分汽车要求使用的离合器油液(制动液)的规格见表1-3。

部分汽车要求的离合器油液(制动液)的规格　　　　表1-3

汽车型号	离合器油液(制动液)级别	汽车型号	离合器油液(制动液)级别
上海桑塔纳(LX系列、2000系列)	NO52 766 XO	丰田卡罗拉	SAE J1703 或 FMVSS No.116 DOT3
		别克凯越	DOT4 制动液
富康(CITROEN ZX型)	合成型 TOTAL FLUIDE SY 或 DOT4	五菱荣光	张家港迪克汽车制动液 DOT3
捷达	DOT4 制动液	五菱之光、五菱宏光	张家港迪克汽车制动液 DOT4

3 常见车型离合器油液(制动液)更换的周期

离合器油液(制动液)在使用过程中,由于受到高温、高压和与其金属或橡胶零件的催化作用等因素的影响,会因氧化变质或吸水而使其质量指标产生衰变和下降。因此,必须对在用的离合器油液(制动液)进行适时的更换,不可以一用到底。离合器油液(制动液)的更换期,一般由汽车制造厂家或制动液生产厂家根据汽车行驶里程或使用时间来确定。

部分汽车的离合器油液(制动液)更换期见表1-4。

部分汽车的离合器油液(制动液)更换期　　　　表1-4

汽车型号	离合器油液(制动液)更换期	汽车型号	离合器油液(制动液)更换期
上海桑塔纳(LX系列、2000系列)	每24个月或行驶超过5万km	别克凯越	每18个月或行驶超过3万km
富康(CITROEN ZX型)	每24个月或行驶超过3万km	五菱荣光	每13.5个月或行驶超过2.25万km
捷达	每24个月或行驶超过3万km	五菱之光	每24个月或行驶超过4万km
丰田卡罗拉	每24个月或行驶超过4万km	五菱宏光	每36个月或行驶超过6万km

4 对离合器油液(制动液)的环境保护和安全措施

环境保护	安全措施
●制动液会对水形成污染,不允许排入地表水域或下水道,作业时只能在防渗的地面上进行。 ●废弃的制动液要单独盛装,并妥善保管和回收利用。 ●沾上制动液的抹布或物品,不得作为生活垃圾处理。 ●溅出的制动液必须用液态吸附材料清除。 ●制动液对油漆有侵蚀作用,因此溅到油漆上的制动液必须立即用水冲洗干净。	●制动液对人皮肤有损害,作业时应戴上防护手套和防护服。 ●一旦吸入制动液蒸气,应让相关人员转移至有新鲜空气处。 ●沾上制动液的衣服或鞋子,必须立即更换。 ●皮肤沾上制动液,应立即用水和肥皂清洗,勿用汽油或其他溶剂作为清洁剂。 ●眼睛接触到制动液,必须用清水认真冲洗,然后尽快去医院治疗。 ●误吞食制动液后,应喝下大量清水并立即到医院就诊。

任务二　液压式操纵机构离合器的维修

一　实训准备

1　实训器材

(1) 卡罗拉轿车(图1-16)。
(2) 举升机(图1-17)。
(3) 组合工具(图1-18)。
(4) 直尺(图1-19)。
(5) 塑料管和容器(图1-20)。
(6) 卡罗拉轿车制动液(类型：SAE J1703 或 FMVSS No. 116 DOT3)(图1-21)。

图1-16　卡罗拉轿车

图1-17　举升机

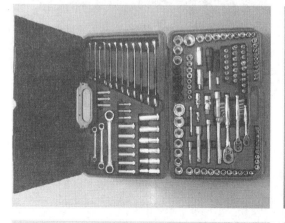

图1-18　组合工具

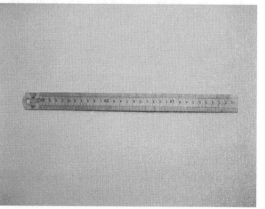

图1-19　直尺

图1-20　塑料管和容器

图1-21　卡罗拉轿车制动液

（7）其他工具及器材：扭力扳手、车轮止动楔（块）、连接螺母扳手、力臂长度为250mm的扭力扳手、通用润滑脂、转向盘护套、变速杆手柄套、座位套、脚垫、翼子板和前格栅磁力护裙等。

2 准备工作

（1）汽车进入工位前，将工位清理干净，准备好相关的器材。

（2）将汽车停驻在举升机中央位置（图1-22）。

（3）拉紧驻车制动器操纵杆（图1-23），并将自动变速器选挡杆置于驻车挡（P位）位置。

图1-22　停放汽车

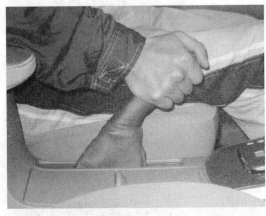

图1-23　拉紧驻车制动器操纵杆

（4）套上转向盘护套（图1-24）、变速杆手柄套和座位套，铺设脚垫。

（5）在车内拉动发动机舱盖手柄（图1-25）。

（6）在车外打开并支撑发动机舱盖（图1-26）。

（7）粘贴翼子板和前格栅磁力护裙（图1-27）。

图1-24 套上转向盘护套

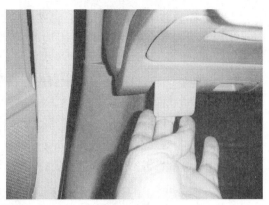

图1-25 拉动发动机舱盖手柄

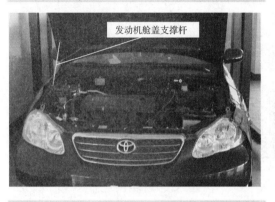

图1-26 支撑发动机舱盖

图1-27 粘贴翼子板和前格栅磁力护裙

二、离合器踏板的检查与调整

1 检查并调整离合器踏板高度

（1）翻起地毯。

（2）检查并确认离合器踏板高度正确（图1-28）。离合器踏板高度（离合器踏板距离地板的高度）：143.6～153.6mm。

（3）松开锁紧螺母并转动限位螺栓（图1-29），直至获得正确的离合器踏板高度。

（4）拧紧锁紧螺母（拧紧力矩：16N·m）。

2 检查离合器踏板自由行程和推杆行程

（1）检查并确认离合器踏板自由行程和推杆行程正确（图1-30）。

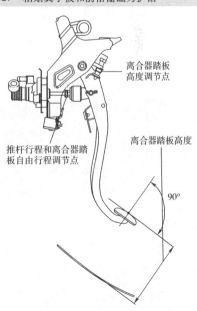

图1-28 检查离合器踏板高度

①踩下离合器踏板直至开始感觉到离合器阻力。离合器踏板自由行程:5.0~15.0mm。

②轻轻踩下离合器踏板直至阻力开始增大。离合器踏板顶端处的推杆行程:1.0~5.0mm。

(2)如有必要,调整离合器踏板自由行程和推杆行程。

①松开锁紧螺母并转动推杆(图1-31),直至获得正确的离合器踏板自由行程和推杆行程。

②拧紧锁紧螺母(拧紧力矩:12N·m)。

③调整好离合器踏板自由行程后,检查离合器踏板高度。

图1-29 松开锁紧螺母并转动限位螺栓

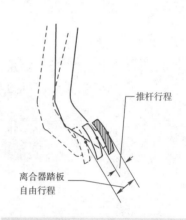

图1-30 检查离合器踏板自由行程

3 检查离合器分离点

注意:检查离合器分离点时,应保持安全距离,车前、车后均不准站人。

(1)拉紧驻车制动器操纵杆。

(2)安装车轮止动楔(图1-32)。

图1-31 松开锁紧螺母并转动推杆

图1-32 安装车轮止动楔

(3)起动发动机并使其怠速运转。

(4)未踩下离合器踏板时,缓慢移动变速杆至倒挡直至齿轮接触。

(5)逐渐踩下离合器踏板,并测量从齿轮噪声停止点(分离点)到离合器踏板行程终点位置的行程距离(图1-33)。

标准距离:25mm 或更长(从离合器踏板行程终点位置到分离点)。如果该距离不符合规定,则执行以下程序:

①检查离合器踏板高度。
②检查推杆行程和离合器踏板自由行程。
③对离合器管路进行放气。
④检查离合器盖和离合器盘。

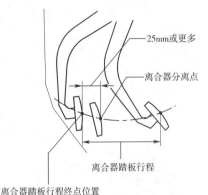

图1-33　检查离合器分离点

三 离合器油液的添加与液压系统的放气

如果离合器油液接触到任何涂漆表面,请立即进行清洗。如果要对离合器系统进行任何操作或怀疑离合器管路内有空气进入,则应对离合器液压系统进行放气。

(1)检查制动液储液罐内油液是否充足(图1-34),不足应加注。
(2)拆下放气螺塞盖(图1-35)。

图1-34　检查制动液储液罐内油液是否充足　　　　图1-35　拆下放气螺塞盖

(3)将塑料管连接至放气螺塞(图1-36)。
(4)踩下离合器踏板数次,并在踩下离合器踏板时松开放气螺塞(图1-37)。
(5)离合器油液不再外流时,拧紧放气螺塞,然后松开离合器踏板。
(6)重复第(4)、(5)步骤操作,直至离合器油液中的空气全部放出。
(7)拧紧放气螺塞(拧紧力矩:8.3N·m)。
(8)安装放气螺塞盖。
(9)检查并确认离合器管路中的空气已全部放出。

（10）检查储液罐中的油液液位。

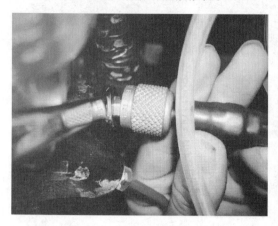

图1-36　将塑料管连接至放气螺塞

图1-37　松开放气螺塞

四　离合器主缸的更换

拆装离合器主缸相关部件的分解图，如图1-38和图1-39所示；离合器主缸分解图，如图1-40所示。

1　拆卸离合器主缸

（1）拆卸2号汽缸盖罩。

（2）拆卸前刮水器臂端盖。

（3）拆卸左前刮水器臂和刮水片总成。

（4）拆卸右前刮水器臂和刮水片总成。

（5）拆卸发动机盖至前围上板密封。

（6）拆卸前围板右上通风栅板。

（7）拆卸前围板左上通风栅板。

（8）拆卸风窗玻璃刮水器电动机及连杆。

（9）排净制动液。

（10）拆卸前围上外板。

（11）拆卸空气滤清器盖分总成。

（12）拆卸空气滤清器壳。

（13）断开离合器储液管。

（14）断开制动管路。

（15）拆卸制动主缸分总成。

（16）拆卸仪表板1号底罩分总成。

（17）拆卸制动踏板复位弹簧。

（18）分离制动主缸推杆U形夹。

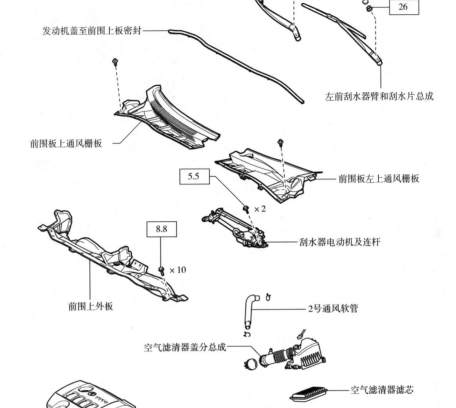

图1-38　拆装离合器主缸相关部件的分解图(1)

(19) 断开真空软管。
(20) 拆卸制动助力器总成。
(21) 断开离合器储液管。从离合器主缸总成上松开卡子并断开离合器储液管。
注意：用容器接取油液。
(22) 断开离合器管路。用连接螺母扳手断开离合器管路(图1-41)。
注意：用容器接取油液。
(23) 拆卸离合器主缸总成。
①拆下卡子和孔销(图1-42)。

项目一 离合器的构造与维修

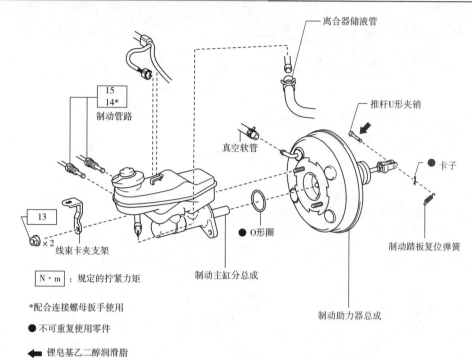

图1-39 拆装离合器主缸相关部件的分解图(2)

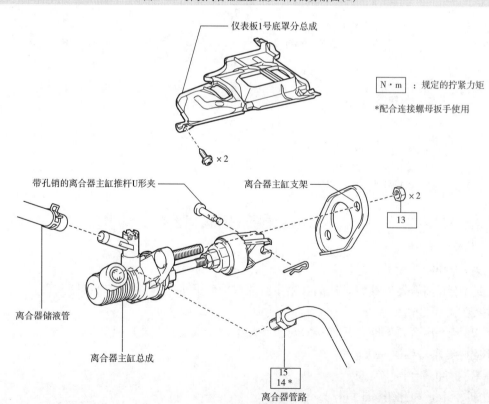

图1-40 离合器主缸分解图

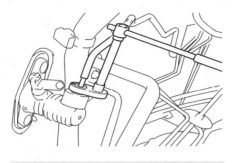
图 1-41 离合器主缸的拆卸(1)

图 1-42 离合器主缸的拆卸(2)

②拆下 2 个螺母和离合器主缸(图 1-43)。拆下离合器主缸支架。

2 安装离合器主缸

(1)安装离合器主缸总成。

①安装离合器主缸支架。

②用 2 个螺栓安装离合器主缸(见图 1-43)。

③在 U 形夹衬套的接触面上涂抹通用润滑脂(图 1-44)。将带孔销的 U 形夹连接至离合器踏板分总成。

注意: 从车辆右侧安装孔销。将卡子安装至孔销。

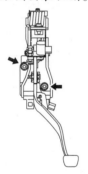
图 1-43 离合器主缸的拆卸(3)

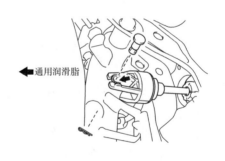
图 1-44 离合器主缸的安装

(2)连接离合器管路。用连接螺母扳手连接离合器管路(见图 1-41)。

注意: 使用力臂长度为 250mm 的扭力扳手。当连接螺母扳手与扭力扳手平行时,力矩值有效。

(3)安装离合器储液管。用卡子将离合器储液管连接至离合器主缸总成。

(4)安装制动助力器总成。

(5)连接真空软管。

(6)连接制动主缸推杆 U 形夹。

(7)安装制动踏板复位弹簧。

(8)检查并调整制动助力器推杆。

(9)安装制动主缸分总成。

(10)连接制动管路。

(11) 连接离合器储液管。
(12) 安装空气滤清器壳。
(13) 安装空气滤清器盖分总成。
(14) 安装前围上外板。
(15) 安装风窗玻璃刮水器电动机及连杆。
(16) 安装前围板左上通风栅板。
(17) 安装前围板右上通风栅板。
(18) 安装发动机盖至前围上板密封。
(19) 安装右前刮水器臂和刮水片总成。
(20) 安装左前刮水器臂和刮水片总成。
(21) 安装前刮水器臂端盖。
(22) 安装 2 号汽缸盖罩。
(23) 检查并调整制动踏板高度。
(24) 检查制动踏板自由行程。
(25) 检查制踏板行程余量。
(26) 对制动液储液罐进行加注。
(27) 对离合器管路进行放气。
(28) 对制动主缸进行放气。
(29) 对制动管路进行放气。
(30) 对制动器执行器进行放气(带 VSC)。
(31) 检查制动液是否泄漏。
注意： 检查离合器系统内制动液是否泄漏。
(32) 检查制动液液位。
(33) 检查并调整离合器踏板分总成。
(34) 安装仪表板 1 号底罩分总成。

五 离合器工作缸的更换

离合器工作缸的分解图如图 1-45 所示。

1 拆卸离合器工作缸

(1) 拆卸散热器上空气导流板。
(2) 拆卸离合器工作缸总成。用连接螺母扳手断开离合器管路(图 1-46)。
注意： 用容器接取油液。拆下 2 个螺栓和离合器工作缸。

2 安装离合器工作缸

(1) 安装离合器工作缸总成(见图 1-46)。用 2 个螺栓安装离合器工作缸。用连接螺母

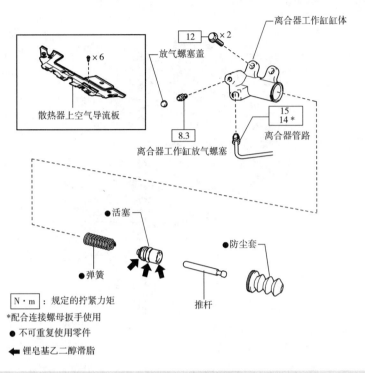

图1-45 离合器工作缸的分解图

扳手连接离合器管路。

注意：使用力臂长度为250mm的扭力扳手。当连接螺母扳手与扭力扳手平行时，力矩值有效。

(2) 对制动液储罐进行加注。
(3) 对离合器管路进行放气。
(4) 检查制动液液位。
(5) 检查制动液是否泄漏。

注意：检查离合器系统内制动液是否泄漏。

(6) 安装散热器上空气导流板。

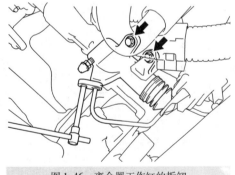

图1-46 离合器工作缸的拆卸

任务三　机械式操纵机构离合器的维修

一、实训准备

1 实训器材

(1) 五菱荣光汽车(图1-47)。
(2) 所需专业工具：

①PT-0045离合器导轴(图1-48)。

图1-47 五菱荣光汽车

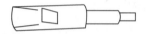

图1-48 PT-0045离合器导轴

②飞轮锁紧装置(图1-49)。
(3)游标卡尺(图1-50)。
(4)其他工具及器材:举升机(见图1-17)、组合工具(见图1-18)、直尺(见图1-19)、扭力扳手、钳子、升降器、转向盘护套、变速杆手柄套、座位套、脚垫、翼子板和前格栅磁力护裙、120~200#的砂纸等。

图1-49 飞轮锁紧装置

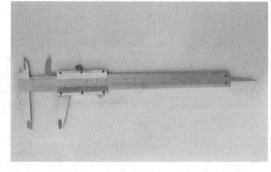

图1-50 游标卡尺

2 准备工作

(1)汽车进入工位前,将工位清理干净,准备好相关的器材。
(2)将汽车停驻在举升机中央位置(图1-51)。
(3)拉紧驻车制动器操纵杆(图1-52),并将变速杆置于空挡位置。
(4)套上转向盘护套、变速杆手柄套和座位套,铺设脚垫(图1-53)。
(5)在车内拉动发动机舱盖手柄(图1-54)。
(6)在车外打开并支撑发动机舱盖(图1-55)。
(7)粘贴翼子板和前格栅磁力护裙(图1-56)。

图 1-51　停放汽车

图 1-52　拉紧驻车制动器操纵杆

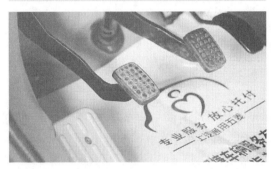

图 1-53　铺设脚垫

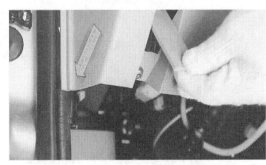

图 1-54　拉动发动机舱盖手柄

图 1-55　支撑发动机舱盖

图 1-56　粘贴翼子板和前格栅磁力护裙

二、离合器拉索的检查、调整与更换

1. 离合器拉索的检查

（1）检查离合器踏板自由行程应为 15～25mm（图 1-57）。

① 未踩动离合器踏板（离合器踏板处于松弛的位置），测量从离合器踏板中部沿切线方向到地板的距离 L_1。

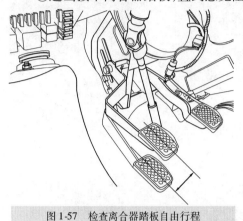

②适当按下离合器踏板,直到感觉阻力明显增加时(即离合器分离轴承与膜片弹簧接触时),测量此时离合器踏板中部沿切线方向与地板的距离 L_2。

③两次测量之间的差值($L_2 - L_1$)是离合器踏板自由行程,应当在 15～25mm 之间。

(2)如果离合器踏板自由行程不在规定范围内,可调整离合器拉索挡圈与套管位置以调节离合器踏板自由行程。

注意:离合器踏板应高于制动踏板。平行的踏板位置是不正确的,因为在这种情况下没有离合器间隙。离合器踏板随着离合器衬片磨损程度的加深而向上抬高。

图 1-57　检查离合器踏板自由行程

2 离合器拉索的调整

(1)放松离合器踏板,使离合器踏板在复位弹簧的作用下向上运动,使离合器踏板杆与制动支架上的踏板限位板接触。

(2)按图 1-58 所示箭头方向将软轴总成的套管向下压,直到感觉阻力明显增加(即离合器分离轴承与膜片弹簧接触时),保持软轴位置不变,从制动支架总成上的支承套下端开始往下数,在软轴套管上的第二个或第三个槽内插入挡圈。

(3)调整后踩下离合器踏板数次,再次检查离合器踏板的自由行程是否在规定范围之内。

(4)如果经过上述调整,离合器踏板的自由行程仍不符合要求的,可通过改变离合器软轴后端的调整螺母 B 与锁紧螺母 A 的相对位置进行调整(图 1-59)。

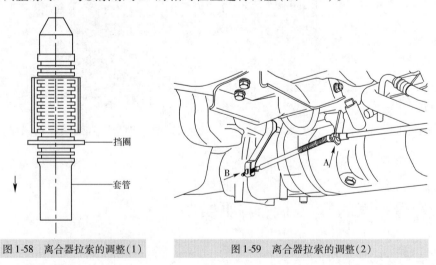

图 1-58　离合器拉索的调整(1)　　　图 1-59　离合器拉索的调整(2)

3 离合器拉索的更换

1 注意事项

(1)如果离合器拉索受损,则更换。

(2)更换前,先测量离合器拉索螺纹伸出长度(图1-60)。

(3)离合器拉索由调整螺母、一个线夹和一个挡圈固定(图1-61)。

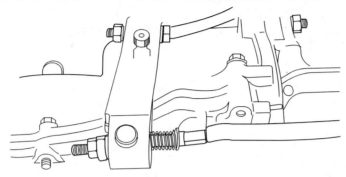

图1-60　测量离合器拉索螺纹伸出长度

❷ 离合器拉索的拆卸

(1)适当举升起车辆。从拉索上卸下调整螺母B,并松开锁紧螺母A(见图1-59)。

(2)拆下离合器拉索固定线夹。

(3)把拉索从变速器支架孔拉出。

(4)降下车辆。拆下挡圈,向下拉出离合器软轴与离合器踏板挂钩连接部分,如图1-62所示。

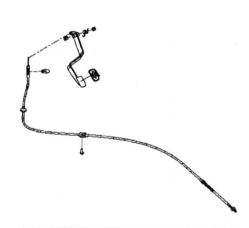

图1-61　离合器拉索的组成

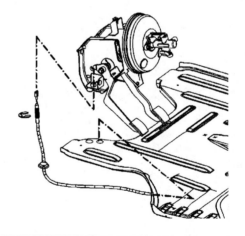

图1-62　拉出离合器软轴与离合器踏板挂钩连接部分

(5)从上方取出离合器软轴总成。

❸ 离合器拉索的安装

(1)将离合器拉索穿过隔板,并连接拉索到离合器踏板杆挂钩上。

(2)安装离合器拉索到固定线夹上。

(3)安装拉索调整螺母和锁紧螺母(见图1-59),先不用紧固。

(4)调整离合器踏板自由行程。

(5)紧固拉索调整螺母和锁紧螺母,并安装好拉索前端的挡圈。

项目一 离合器的构造与维修

三、离合器从动盘总成和离合器盖总成的更换

五菱荣光汽车离合器从动盘总成和离合器盖总成的分解图,如图1-63所示。

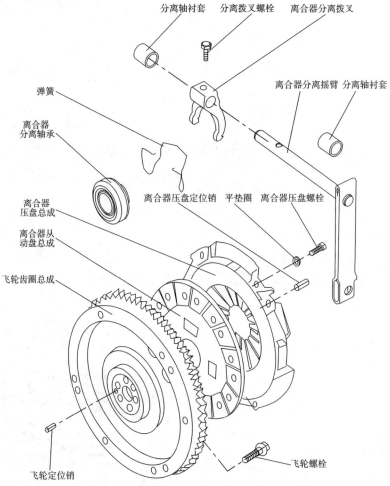

图1-63　五菱荣光汽车离合器从动盘总成和离合器盖总成分解图

1 拆卸程序

(1)将变速器从发动机上拆卸下来。
①抬高并架空驾驶人座椅。
②断开蓄电池负极电缆(图1-64)。
③把车辆放到升降机上。
④从汽车底盘上拆下发动机屏蔽组件。
⑤从离合器拉索支架上拆下离合器拉索。
⑥拆下曲轴位置传感器线束接头。

30

⑦拆下倒车灯线束接头。
⑧如图1-65所示,断开车速表线束的连接。
⑨拆下变速器总成与后桥连接的传动轴。
⑩拆下选挡软轴和换挡软轴。
⑪用升降器顶在变速器的下方。
⑫如图1-66所示,松开变速器与发动机连接螺栓和螺母。
⑬取出隔板和定位销。
⑭松开后悬架与变速器连接螺栓。从汽车下面取出变速器总成。
(2)用飞轮锁紧工具卡住飞轮。
(3)交替逐渐拧松离合器盖总成的紧固螺钉(图1-67)。
(4)取下离合器盖总成(包括离合器盖、膜片弹簧和压盘)和从动盘总成。

图1-64 断开蓄电池负极电缆

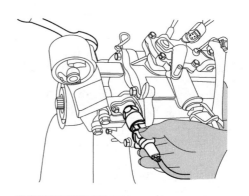

图1-65 断开车速表线束

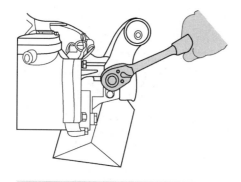

图1-66 松开变速器与发动机连接螺栓和螺母

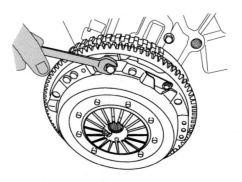

图1-67 拧松离合器盖总成的紧固螺钉

2 检查

(1)检查离合器从动盘总成摩擦片的表面状态。对已烧坏或光滑(像玻璃表面)的摩擦衬片,使用120~200#的砂纸研磨即可修补(图1-68)。烧毁严重不能再修的,就要更换整个摩擦片总成。

(2)测量摩擦片的磨损量(图1-69)。测量每个铆钉头的凹陷深度,即铆钉头部和摩擦片表面的距离（标准为1.2mm），以检查摩擦片的磨损量。任何一个铆钉头的凹陷深度小于0.5mm，就必须更换摩擦片。

（3）检查从动盘总成与从动轴（变速器输入轴）花键的啮合间隙。将从动盘总成前后转动着装入变速器输入轴，以检查从动盘总成与从动轴花键的啮合间隙（图1-70）。如果间隙大于0.5mm，离合器每次啮合就会发出碰撞声，并且影响离合器顺利啮合，此时就必须更换从动盘总成。

（4）检查膜片弹簧铆钉有无松动的现象（图1-71）。如铆钉已松动或将要松动，就应该更换离合器盖总成。因为踩下离合器踏板时，离合器盖总成会发出"咔哒"的声音。

（5）检查膜片弹簧圆锥指的尖端（分离轴承推压圆锥指使离合器分离）是否已磨损。如尖端已磨损很严重时，就必须更换离合器盖总成。

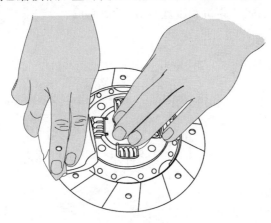

图1-68　研磨摩擦片表面

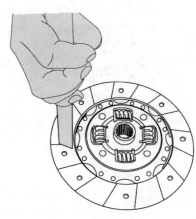

图1-69　测量摩擦片的磨损量

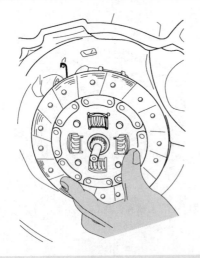

图1-70　检查从动盘总成与从动轴花键的啮合间隙

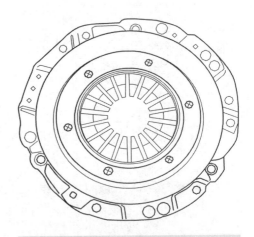

图1-71　检查膜片弹簧铆钉

3 安装程序

（1）安装离合器从动盘总成，并用PT-0045离合器导轴将离合器从动盘导正。离合器从动盘内花键毂突出部较长的一面面向变速器。

(2)装上离合器盖总成,并以 25~29N·m 的力矩交替逐渐拧紧离合器盖总成的紧固螺钉(图1-72)。上紧后 PT-0045 离合器导轴应能轻松转动。

(3)取下 PT-0045 离合器导轴。

(4)将变速器安装到发动机上。

①将定位销和隔板放到发动机与变速器安装面上。

②将变速器总成用升降器从汽车下方放到安装位置。

③装上变速器同发动机的连接螺栓和螺母(图1-66),并按规定力矩上紧。以 50~60N·m 的力矩紧固变速器同发动机的连接螺栓。

④装上后悬架与变速器连接螺栓,并按规定力矩上紧。以 17~21N·m 的力矩紧固后悬架与变速器连接螺栓。

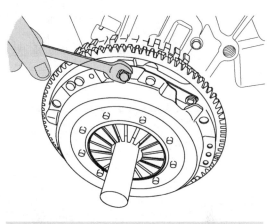

图1-72 拧紧离合器盖总成的紧固螺钉

⑤从变速器下方取出升降器。

⑥装上选挡软轴和换挡软轴。

⑦将传动轴安装到变速器与后桥之间。

⑧接上车速表线束(图1-65)。

⑨接上倒车灯线束。

⑩接上曲轴位置传感器线束。

⑪将离合器拉索安装到离合器拉索支架上,并用拉索支架上的卡子卡住离合器拉索。

⑫将发动机屏蔽组件安装到汽车底盘上。

⑬将车辆从升降机上卸下。

⑭接上蓄电池负极电缆。

⑮放下并扣好驾驶人座椅。

工 作 页

第一部分:理论知识

1. 离合器安装在_____,其功用是:

(1) _____;

(2) _____;

(3) _____。

2. 写出图中各部件的名称。

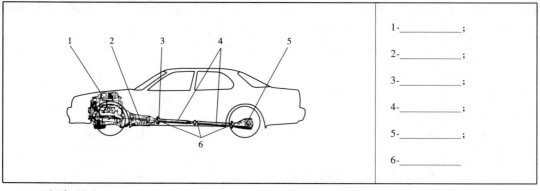

1-_____；
2-_____；
3-_____；
4-_____；
5-_____；
6-_____。

3. 离合器由_____、_____、_____和_____组成。写出图中各零部件的名称。

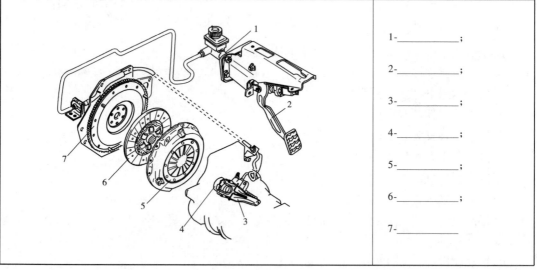

1-_____；
2-_____；
3-_____；
4-_____；
5-_____；
6-_____；
7-_____。

4. 写出图中膜片弹簧离合器各零部件的名称。

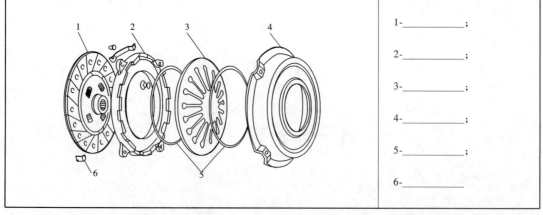

1-_____；
2-_____；
3-_____；
4-_____；
5-_____；
6-_____。

5. 离合器的操纵机构可分为_____和_____。机械式操纵机构有_____和_____两种形式。

6. 写出图中各零部件的名称。

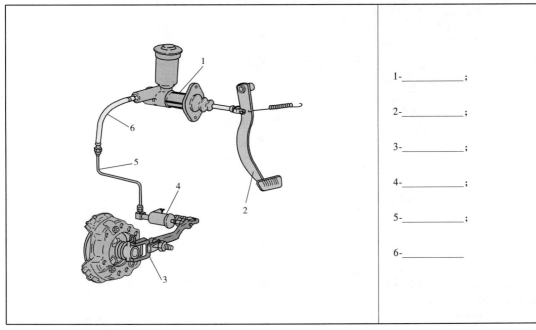

1-_____；

2-_____；

3-_____；

4-_____；

5-_____；

6-_____

7. 当车辆使用和维修人员由于某些原因不愿意使用车辆制造厂家推荐的制动液产品时，或该产品不易获得需要重新选用制动液产品时，一般应遵循以下原则：

（1）_____。
（2）_____。
（3）_____。
（4）_____。

第二部分：实践操作

1. 在实训室中找到离合器，观察它的安装位置。想一想，离合器的功用是什么？

2. 查阅资料，写出以下常见车型离合器油液的型号。试着找出更多车型所使用离合器油液的规格。

汽车型号	离合器油液(制动液)型号	汽车型号	离合器油液(制动液)型号
上海帕萨特		景逸	
奥迪 A6		五菱鸿途	
别克荣威		宝骏 630	

3. 检查离合器踏板高度。翻起地毯,检查并确认离合器踏板高度。

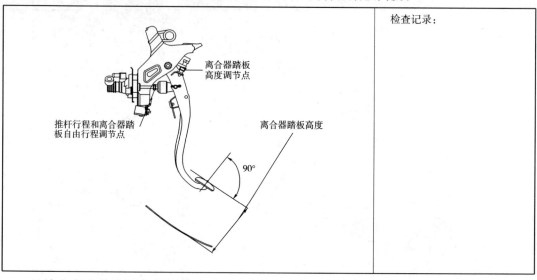

检查记录:

4. 检查离合器踏板自由行程。踩下离合器踏板直至开始感觉到离合器阻力,检查离合器踏板自由行程。

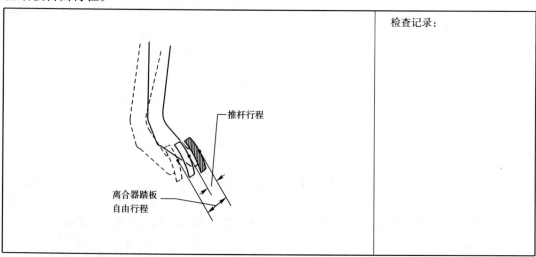

检查记录:

5. 简述离合器油液的添加与液压系统的放气程序。

6. 检查离合器从动盘总成摩擦片的表面状态。对于已烧坏或光滑(像玻璃表面)的摩擦衬片,使用120~200#的砂纸研磨就能修补。烧毁严重不能修理的,就要更换整个摩擦片总成。

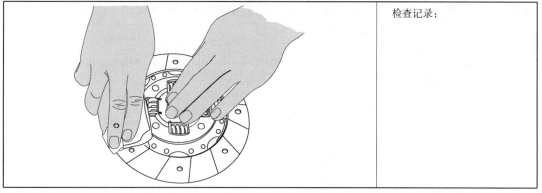

7. 测量摩擦片的磨损量。测量每个铆钉头的凹陷深度,即铆钉头部和摩擦片表面的距离(标准为 1.2mm),以检查摩擦片的磨损量。任何一个铆钉头的凹陷深度小于 0.5mm,就必须更换摩擦片。

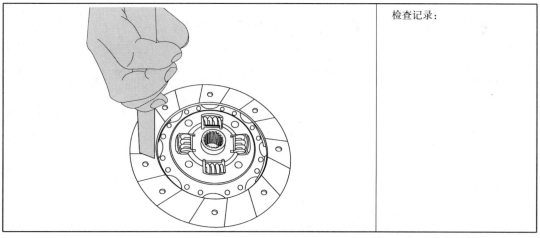

8. 检查从动盘总成与从动轴(变速器输入轴)花键的啮合间隙。将从动盘总成前后转动着装入变速器输入轴,以检查从动盘总成与花键轴的啮合间隙。如果间隙大于 0.5mm,离合器每次啮合就会发出碰撞声,并且影响离合器顺利啮合,此时就必须更换从动盘总成。

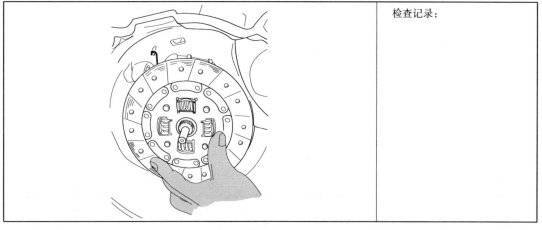

9. 检查膜片弹簧铆钉有无松动的现象。如铆钉已松动或将要松动,就应该更换离合器盖总成。因为踩下离合器踏板时,离合器盖总成会发出"咔哒"的声音。

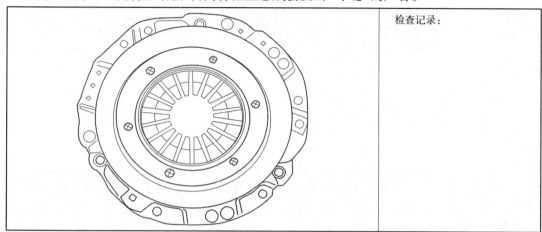

检查记录:

第三部分:评价与反馈

考核项目	评分标准	分　数	学生自评	小组评价	教师评价	小　计
团队合作	是否和谐	5				
活动参与	是否积极主动	5				
安全生产	有无安全隐患	10				
现场5S	是否做到	10				
任务方案	是否合理	15				
操作过程	离合器踏板的检查与调整; 离合器油液的添加与液压系统的放气; 离合器主缸的更换; 离合器工作缸的更换; 离合器拉索的检查、调整与更换; 离合器从动盘总成和离合器盖总成的更换	30				
任务完成情况	是否圆满完成	5				
工具和设备使用	是否规范、标准	10				
劳动纪律	是否能严格遵守	5				
工单填写	是否完整、规范	5				
总　分		100				
教师签名:			年　　月　　日		得分	

项目二 手动变速器的构造与维修

任务一 手动变速器的认知

一、变速器的功用和齿轮传动的基本原理

1. 变速器的功用

变速器的安装位置如图2-1所示,其作用是将离合器传来的动力传给万向传动装置或驱动桥。

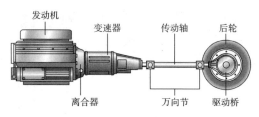

图2-1 变速器的安装位置

（1）实现变速、变矩。改变传动比,扩大驱动轮转速和转矩的变化范围,以适应汽车不同工况下所需的牵引力和合适的行驶速度,并使发动机尽量在最佳的工况下工作。变速器是通过不同的挡位来实现这一功用的。

（2）实现倒车。发动机的旋转方向从前往后看为顺时针方向,且是不能改变。为了实现汽车的倒向行驶,变速器中设置了倒挡。

（3）实现中断动力传动。在发动机起动和怠速运转、变速器换挡、汽车滑行和暂时停车等情况下,都需要中断发动机的动力传动,因此变速器中设有空挡。

2 变速器的分类

变速器按传动比的级数可分为有级式、无级式和综合式三种;按操纵方式可分为手动变速器、自动变速器和手动自动一体变速器三种。

3 齿轮传动的基本原理

普通齿轮变速器是利用不同齿数的齿轮啮合传动来实现转矩和转速的改变的。

齿轮传动的基本原理如图2-2所示,一对齿数不同的齿轮啮合传动时可以实现变速,而且两齿轮的转速比与其齿数成反比。

设主动齿轮转速为 n_1、齿数为 z_1;从动齿轮转速为 n_2、齿数为 z_2;主动齿轮(即输入轴)转速与从动齿轮(即输出轴)转速之比值为传动比(i_{12}),则由1传到2的传动比

$$i_{12} = n_1/n_2 = z_2/z_1$$

当小齿轮为主动齿轮,带动大齿轮转动时,输出转速降低,即 $n_2 < n_1$,为减速传动,此时传动比大于1;当大齿轮驱动小齿轮时,输出转速升高,即 $n_2 > n_1$,为增速传动,此时传动比小于1。汽车变速器就是根据这一原理,利用若干大小不同的齿轮副传动而实现变速的。

一对齿轮传动只能得到一个固定的传动比,从而得到一种输出转速,并构成一个挡位。为了扩大变速器输出转速的变化范围,普通齿轮式变速器通常都采用多组大小不同的齿轮啮合传动,这样就构成了多个不同的挡位。不同的挡位对应不同的传动比值,从而得到各种不同的输出转速。图2-3为两级齿轮传动示意图,齿轮1为主动齿轮,驱动齿轮2转动,齿轮3与齿轮2固连在一起,再驱动齿轮4转动,并输出动力,此时由齿轮1传到齿轮4的传动比为

$$i_{14} = n_1/n_4 = (z_2 z_4)/(z_1 z_3) = i_{12} i_{34}$$

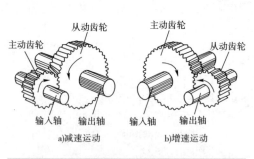

图2-2 齿轮传动的基本原理
a)减速运动 b)增速运动

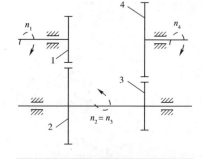

图2-3 两级齿轮传动示意图
1、3-主动齿轮;2、4-从动齿轮

因此,多级齿轮传动的传动比可以总结为:

i = 所有从动齿轮齿数的乘积/所有主动齿轮齿数的乘积 = 各级齿轮传动比的乘积

对于变速器,各挡的传动比 i 就是变速器输入轴转速与输出轴转速之比(也等于变速器输出轴转矩与输入轴转矩之比)。即

$$i = n_{输入}/n_{输出} = T_{输出}/T_{输入}$$

当 $i>1$ 时,$n_{输出} < n_{输入}$,$T_{输出} > T_{输入}$,此时实现降速增矩,为变速器的低挡位,且 i 越大,挡位越低;当 $i=1$ 时,$n_{输出} = n_{输入}$,$T_{输出} = T_{输入}$,为变速器的直接挡;当 $i<1$ 时,$n_{输出} > n_{输入}$,$T_{输出} < T_{输入}$,此时实现升速降矩,为变速器的超速挡。

二、变速器的结构和工作原理

手动变速器包括变速传动机构和操纵机构两大部分(图2-4)。变速传动机构的主要作用是改变转矩和转速的数值和方向;操纵机构的作用是实现变速器传动比的变换——换挡。

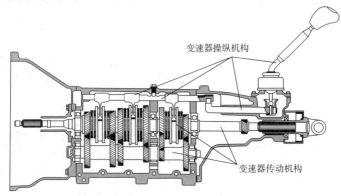

图2-4 变速器的组成

变速传动机构是变速器的主体。手动变速器按工作轴的数量(不包括倒挡轴)可分为二轴式变速器和三轴式变速器。

1 变速器的变速传动机构

❶ 二轴式变速器的变速传动机构

二轴式变速器用于发动机前置前轮驱动的汽车,一般与驱动桥(前桥)合称为手动变速驱动桥。前置发动机有纵向布置和横向布置两种形式(图2-5 和图2-6),与其配用的二轴式变速器也有两种不同的结构形式。发动机纵向布置时,主减速器为一对圆锥齿轮;发动机横向布置时,主减速器采用一对圆柱齿轮。

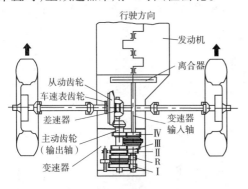

图2-5 发动机纵向布置的二轴变速器传动示意图

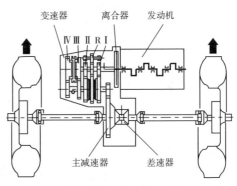

图2-6 发动机横向布置的二轴变速器传动示意图

项目二 手动变速器的构造与维修

图 2-7 和图 2-8 分别为桑塔纳 2000 型轿车二轴式五挡手动变速器变速传动机构的结构图和示意图。

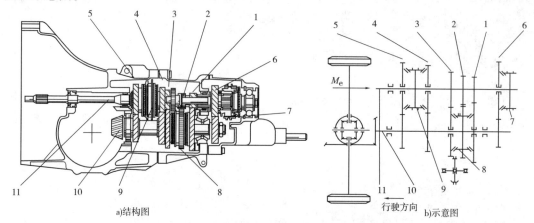

图 2-7 桑塔纳 2000 型轿车二轴式五挡手动变速器变速传动机构
1—一挡齿轮;2—倒挡齿轮;3—二挡齿轮;4—三挡齿轮;5—四挡齿轮;6—五挡齿轮;7—五挡同步器;8—一、二挡同步器;9—三、四挡同步器;10—输出轴;11—输入轴

该变速器的变速传动机构有输入轴和输出轴,两轴平行布置,输入轴同时是离合器的从动轴,输出轴是主减速器的主动锥齿轮轴。该变速器具有 5 个前进挡(一至三挡为降速挡,四挡为直接挡,五挡为超速挡)和 1 个倒挡,全部采用锁环式惯性同步器换挡。

变速器的输入轴前端通过轴承支撑在发动机曲轴后端的中心孔内。输入轴上有一至五挡主动齿轮和倒挡齿轮以及三、四挡和五挡同步器。各机件的安装位置从前往后依次为四挡主动齿轮,三、四挡同步器,三挡主动齿轮,二挡主动齿轮,倒挡主动齿轮,一挡主动齿轮,五挡主动齿轮,五挡同步器等。其中,二挡主动齿轮、倒挡主动齿轮、一挡主动齿轮与轴制成一体,三、四、五挡主动齿轮及五挡同步器都通过轴承支撑在输入轴上,三、四挡同步器和五挡齿圈都通过花键固定在输入轴上。

输出轴与主减速器的主动锥齿轮制成一体,其上相应地有主减速器主动锥齿轮、一至五挡从动齿轮和一、二挡同步器。各机件的安装位置从前往后依次为主减速器主动锥齿轮,四挡从动齿轮,三挡从动齿轮,二挡从动齿轮,一、二挡同步器,一挡从动齿轮,五挡从动齿轮等。其中,三、四、五挡从动齿轮及一、二挡同步器与输出轴制成一体,一、二挡从动齿轮通过轴承支撑在输出轴上。

各挡动力传动路线见表 2-1。

桑塔纳 2000 轿车变速器动力传动路线 表 2-1

挡 位	动力传递路线
一挡	变速器操纵杆从空挡向左、向前移动,实现: 动力→输入轴→输入轴一挡齿轮→输出轴一挡齿轮→输出轴上一、二挡同步器→输出轴→动力输出
二挡	变速器操纵杆从空挡向左、向后移动,实现: 动力→输入轴→输入轴二挡齿轮→输出轴二挡齿轮→输出轴上一、二挡同步器→输出轴→动力输出
三挡	变速器操纵杆从空挡向前移动,实现: 动力→输入轴→输入轴三、四挡同步器→输入轴三挡齿轮→输出轴三挡齿轮→输出轴→动力输出

续上表

挡　位	动力传递路线
四挡	变速器操纵杆从空挡向后移动,实现: 动力→输入轴→输入轴三、四挡同步器→输入轴四挡齿轮→输出轴四挡齿轮→输出轴→动力输出
五挡	变速器操纵杆从空挡向右、向前移动,实现: 动力→输入轴→输入轴五挡同步器→输入轴五挡齿轮→输出轴五挡齿轮→输出轴→动力输出
倒挡	变速器操纵杆从空挡向右、向后移动,实现: 动力→输入轴→输入轴倒挡齿轮→倒挡轴倒挡齿轮→输出轴倒挡齿轮→输出轴→动力反向输出

❷ 三轴式变速器的变速传动机构

三轴式变速器用于发动机前置后轮驱动的汽车。下面以东风 EQ1092 中型货车的变速器为例进行介绍,其结构简图如图 2-8 所示。该变速器有一轴、二轴和中间轴 3 根主要的传动轴,所以称为三轴式变速器,另外还有倒挡轴。

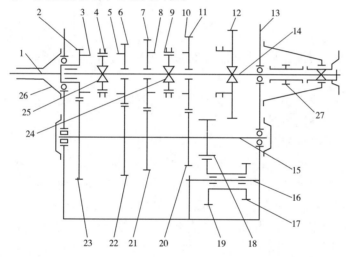

图 2-8　东风 EQ1092 中型货车的三轴式变速器

1—一轴;2—一轴常啮合齿轮;3—一轴常啮合齿轮接合齿圈;4、9-接合套;5-四挡齿轮接合齿圈;6-二轴四挡齿轮;7-二轴三挡齿轮;8-三挡齿轮接合齿圈;10-二挡齿轮接合齿圈;11-二轴二挡齿轮;12-二轴一、倒挡直齿滑动齿轮;13-变速器壳体;14-二轴;15-中间轴;16-倒挡轴;17、19-倒挡中间齿轮;18-中间轴一、倒挡齿轮;20-中间轴二挡齿轮;21-中间轴三挡齿轮;22-中间轴四挡齿轮;23-中间轴常啮合齿轮;24、25-花键毂;26—一轴轴承盖;27-回油螺纹

该变速器为五挡变速器,各挡传动情况如下:

(1)空挡。二轴上的各接合套、传动齿轮均处于中间空转的位置,动力不传给第二轴。

(2)一挡。前移一、倒挡直齿滑动齿轮与中间轴一挡齿轮啮合。动力经一轴齿轮—中间轴常啮合齿轮—中间轴齿轮—二轴一、倒挡齿轮,传到第二轴,使其顺时针旋转(与第一轴同向)。

(3)二挡。后移接合套 9 与二轴二挡齿轮的接合齿圈啮合。动力经一轴齿轮—中间轴常啮合齿轮—中间轴二轴齿轮—二轴二挡齿轮—二挡齿轮接合齿圈—接合套 9—花键毂 24,传到第二轴,使其顺时针旋转。

（4）三挡。前移接合套9与二轴三挡齿轮的接合齿圈啮合。动力经一轴齿轮—中间轴常啮合齿轮—中间轴三挡齿轮—二轴三挡齿轮—三挡齿轮接合齿圈—接合套9—花键毂24，传到二轴使其顺时针旋转。

（5）四挡。后移接合套4与二轴四挡齿轮的接合齿圈啮合。动力经一轴齿轮—中间轴常啮合齿轮—中间轴四挡齿轮—二轴四挡齿轮—四挡齿轮接合齿圈—接合套4—花键毂25，传到二轴使其顺时针旋转。

（6）五挡。前移接合套4与一轴常啮合齿轮的接合齿圈啮合。动力直接由一轴—一轴常啮合齿轮——轴常啮合齿轮接合齿圈—接合套4—花键毂25，传到二轴，传动比为1。由于二轴的转速与一轴相同，故此挡称为直接挡。

（7）倒挡。后移二轴上的一、倒挡直齿滑动齿轮与倒挡齿轮17啮合。动力经一轴常啮合齿轮—中间轴常啮合齿轮—中间轴一、倒挡齿轮—倒挡中间齿轮19、17—二轴一、倒挡直齿滑动齿轮，传给二轴使其逆时针旋转，汽车倒向行驶。倒挡传动路线与其他挡位相比较，由于多了倒挡中间齿轮的传动，所以改变了二轴的旋转方向。

2 同步器

同步器的功用是使接合套与待啮合的齿圈迅速同步，缩短换挡时间；且防止在同步前啮合而产生换挡冲击。

目前所采用的同步器几乎都是摩擦式惯性同步器。按锁止装置不同，可分为锁环式惯性同步器和锁销式惯性同步器。

锁环式同步器的结构如图2-9所示，花键毂用内花键套装在二轴外花键上，用垫圈、卡环轴向定位。3个滑块分别装在花键毂上3个均布的轴向槽内，沿槽可以轴向移动。花键毂两端与齿轮之间各有一个青铜制成的锁环（即同步环）。锁环有内锥面，与接合齿圈外锥面相配合，组成锥面摩擦副。通过这对锥面摩擦副的摩擦，可使转速不等的两齿轮在接合之前迅速达到同步。锁环上的花键齿在对着接合套的一端制有倒角（称为锁止角），且与接合套齿端的倒角相同。同步器在结构设计上保证：只有当锁环与接合套转速达到同步时，两者方可进行啮合（即挂上挡）。

3 变速器的操纵机构

变速器操纵机构按照变速操纵杆（变速杆）位置的不同，可分为直接操纵式和远距离操纵式两种类型。

直接操纵式的变速器布置在驾驶人座椅附近，变速杆由驾驶室底板伸出，驾驶人可以直接操纵，多用于发动机前置后轮驱动的车辆。解放CA1091中型货车六挡变速器操纵机构就采用这种形式（图2-10）。

在有些汽车上，由于变速器离驾驶人座位较远，则需要在变速杆与拨叉之间加装一些辅助杠杆或一套传动机构，构成远距离操纵机构。这种操纵机构多用于发动机前置前轮驱动的轿车，如桑塔纳2000轿车的五挡手动变速器，由于其变速器安装在前驱动桥处，远离驾驶人座椅，需要采用这种操纵方式，如图2-11所示。远距离操纵式变速器在变速器壳体上具有类似于直接操纵式的内换挡机构，如图2-12所示。

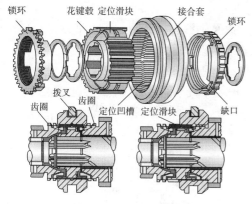

图 2-9　锁环式惯性同步器

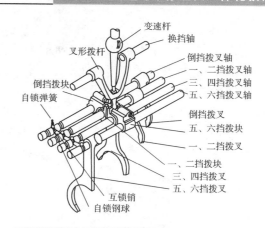

图 2-10　解放 CA1091 中型货车六挡变速器操纵机构

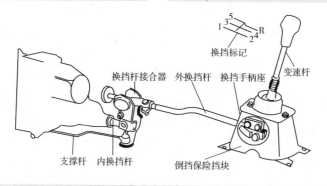

图 2-11　桑塔纳 2000 轿车五挡手动变速器的远距离操纵机构

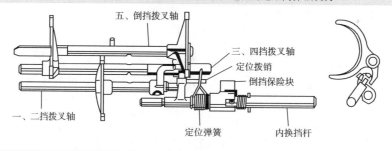

图 2-12　桑塔纳 2000 轿车五挡手动变速器的内换挡机构

为了保证变速器在任何情况下都能准确、安全、可靠地工作,变速器操纵机构一般都具有换挡锁装置,包括自锁装置、互锁装置和倒挡锁装置。自锁装置用于防止变速器自动脱挡或挂挡,并保证轮齿以全齿宽啮合;互锁装置用于防止同时挂上两个挡位;倒挡锁装置用于防止误挂倒挡。

自锁装置的结构原理如图 2-13 所示。换挡拨叉轴上方有 3 个凹坑,上面有被弹簧压紧的钢珠,当拨叉轴位置处于空挡或某一挡位置时,钢珠压在凹坑中内,起

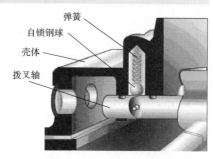

图 2-13　自锁装置

到了自锁作用。

互锁装置的结构原理如图 2-14 所示。当中间拨叉轴移动挂挡时,另外两个拨叉轴被钢球锁住,防止同时挂上两个挡而使变速器卡死或损坏,起到了互锁作用。

倒挡锁装置的结构原理如图 2-15 所示。当换挡杆下端向倒挡拨叉轴移动时,必须压缩弹簧才能进入倒挡拨叉轴上的拨块槽中。这样防止了在汽车前进时因误挂倒挡而导致零件损坏,起到了倒挡锁的作用。当倒挡拨叉轴移动挂挡时,另外两个拨叉轴被钢球锁住。

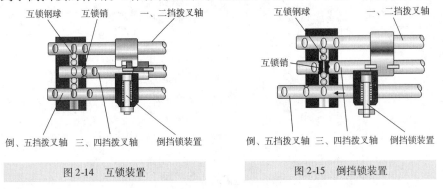

图 2-14 互锁装置　　　　　　　图 2-15 倒挡锁装置

三 变速器润滑油(车辆齿轮油)的选择

1 车辆齿轮油的分类

目前世界上广泛采用美国汽车工程学会(SAE)的车辆齿轮油黏度分类法和美国石油学会(API)的车辆齿轮油使用性能分类法对车辆齿轮油进行分类。

1 SAE 车辆齿轮油黏度分类

《驱动桥和手动变速器润滑油黏度分类》(SAE J306—1991)的规定见表 2-2。该标准采用含有尾缀字母 W 和不含尾缀字母 W 两种黏度等级系列。黏度等级代号由一组数字和字母 W(70W、75W、80W、85W)或一组数字(90、140、250)组成,共 7 种。含有尾缀字母 W 是冬季用齿轮油,是根据齿轮油黏度达到 150Pa·s 的最高温度和 100℃时的最小运动黏度划分的。不带尾缀 W 的是夏季用齿轮油,以 100℃的运动黏度范围划分。

SAE 车辆齿轮油黏度分类　　　　　　　　　　表 2-2

SAE 黏度级别	黏度达到 150Pa·s 时的最高温度(℃)	100℃时的运动黏度(mm^2/s)	
		最低	最高
70W	−55	4.1	
78W	−40	4.1	
80W	−26	7.0	
85W	−12	11.0	
90		13.5	<24.0
140		24.0	<41.0
250		41.0	

车辆齿轮油的黏度等级不同于发动机润滑油的黏度等级。当车辆齿轮油与发动机润滑油有相同的黏度时,根据两黏度分类规定的黏度等级相差很大。例如,70W 车辆齿轮油与 10W 的发动机润滑油具有相同的黏度,90 的车辆齿轮油与 40、50 的发动机润滑油黏度相当,但黏度等级不同。

车辆齿轮油的黏度等级也有单黏度等级和多黏度等级之分。一个多黏度等级的车辆齿轮油,其低温黏度满足表 2-2 中一个含 W 级的要求,并且 100℃ 运动黏度在一个不含 W 级规定的黏度范围之内。例如 80W/90,它满足 80W 的低温性能并且在 90 的高温性能规定范围之内。

❷ API 车辆齿轮油使用性能分类

世界上广泛采用 API 的车辆齿轮油使用性能分类法。根据齿轮的形式和负载情况对车辆齿轮油进行质量等级分类,该分类将车辆齿轮油分为 GL-1、GL-2、GL-3、GL-4、GL-5、GL-6 六个等级,数字越大,品质越高。

❸ 我国车辆齿轮油的分类

目前我国车辆齿轮油是根据《驱动桥和手动变速器润滑剂黏度分类》(GB/T 17477—1998)进行黏度分类的,其方法与 SAE 黏度分类相同。而车辆齿轮油的使用性能只分为 CLC、CLD、CLE 三类,分别与 API 的车辆齿轮油使用性能分类中的 GL-3、GL-4、GL-5 相对应。其中 CLC 相当于普通车辆齿轮油(分为 80W/90、85W/90 和 90 号 3 个黏度等级),CLD 相当于中负荷车辆齿轮油(分为 80W/90、85W/90 和 90 号三个黏度等级),CLE 相当于重负荷车辆齿轮油(分为 75W、80W/90、85W/90、85W/140、90 和 140 号六个等级),其详细分类见表 2-3。

我国车辆齿轮油的详细分类 表 2-3

代 号	组成、特性和使用说明	使用部位
CLC	精制矿物油加抗氧剂、防锈剂、抗泡剂和少量极压剂等制成。适用于中等速度和负荷比较苛刻的手动变速器和弧齿锥齿轮驱动桥	手动变速器和弧齿锥齿轮驱动桥
CLD	精制矿物油加抗氧剂、防锈剂、抗泡剂和极压剂等制成。适用于低速高转矩和高速低转矩下操作的各种齿轮,特别是客车和其他各种车辆用的准双曲面齿轮	手动变速器和弧齿锥齿轮驱动桥和使用条件不太苛刻的准双曲面齿轮驱动桥
CLE	精制矿物油加抗氧剂、防锈剂、抗泡剂和极压剂等制成。适用于在高速冲击载荷、低速高转矩和高速低转矩下操作的各种齿轮,特别是客车和其他各种车辆用的准双曲面齿轮	操作条件缓和或苛刻的准双曲面齿轮及其他各种齿轮的驱动桥,也可用于手动变速器

❷ **车辆齿轮油的选择**

正确选用齿轮油必须做到两点:一是根据齿轮的类型和工作条件确定油品的质量档次;二是根据最低使用环境温度和齿轮传动装置的运行最高温度来确定黏度等级(牌号)。五菱荣光汽车使用的 GL-4 90 变速器润滑油如图 2-16 所示。

部分汽车要求使用的齿轮油规格见表 2-4。

项目二　手动变速器的构造与维修

表2-4　部分汽车要求的齿轮油规格

汽车型号	齿轮油规格
桑塔纳2000GSi	API-GL5，SAE75W-90
帕萨特B5	G052 911A 齿轮油 SAE75W-90 合成油
一汽奔腾	API GL-4 或 API GL-5
捷达	GL-4（MIL-L2105）SAE 80 或 G50 SAE75W-90
奥迪A6	G052 911A SAE 75W 90（合成油）
丰田卡罗拉	丰田纯正手动变速器润滑油 LV API GL-4
别克凯越	SAE80W
中华轿车	SAE 75W-85W，API GL-4 及以上级
五菱荣光、五菱之光、五菱宏光	GL-4 90（我国南方地区和北方地区夏季用）；GL-4 75W/90（严寒地区和我国北方地区冬季用）

图2-16　变速器润滑油

3 车辆齿轮油的环境保护和安全措施

环境保护

● 齿轮油会对水形成污染，不允许排入地表水域或下水道，作业时只能在防渗的地面上进行。

● 齿轮油是易燃器，存放和作业必须远离火源。

● 废弃的齿轮油要单独盛装，并妥善保管和回收利用。

● 沾上齿轮油的抹布或物品，不得作为生活垃圾处理。

安全措施

● 齿轮油对人皮肤有损害，作业时应戴上防护手套和防护服。

● 沾上齿轮油的衣服或鞋子，必须立即更换。

● 皮肤沾上齿轮油，应立即用水和肥皂清洗，勿用汽油或其他溶剂作为清洁剂。

● 眼睛接触到齿轮油，应用清水认真冲洗，然后尽快去医院治疗。

任务二　手动变速器润滑油的检查与更换

一、实训准备

1 实训器材

（1）五菱荣光汽车（图2-17）。

（2）回收桶（图2-18）。

（3）其他工具及器材：举升机（见图1-17）、组合工具（见图1-18）、五菱荣光汽车变速器润滑油(见图2-16)、扭力扳手、加油机、转向盘护套、变速杆手柄套、座位套、脚垫等。

2 准备工作

(1)汽车进入工位前,将工位清理干净,准备好相关的器材。

(2)将汽车停驻在举升机中央位置(见图1-51)。

(3)拉紧驻车制动器操纵杆(见图1-52),并将变速杆置于空挡位置(图2-19)。

(4)套上转向盘护套、变速杆手柄套和座位套,铺设脚垫(见图1-53)。

图2-17　五菱荣光汽车

图2-18　回收桶

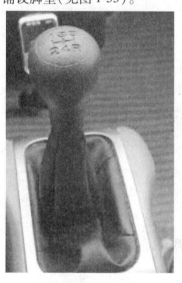

图2-19　将变速杆置于空挡位置

二、手动变速器润滑油的检查与更换

1 手动变速器润滑油的检查

(1)检查润滑油液面高度,以油面与加油口下缘对齐为准。油面过低可能会造成润滑不良而烧坏轴承和齿轮,油面过高则会引起过热和漏油。

(2)检查和清洗排气塞。如果排气塞堵塞会造成箱体内气压过高而漏油。

(3)检查润滑油质量,若有稀释、结胶、过脏等现象,应更换润滑油。

2 手动变速器润滑油的更换

注意:五菱荣光汽车每行驶15 000km或9个月,需更换手动变速器润滑油。

(1)将汽车举升到适当高度(图2-20)。

(2)拆下变速器加油螺塞(图2-21)。
(3)拆下变速器放油螺塞(图2-22)。

图2-20 举升汽车

图2-21 拆下变速器加油螺塞

(4)放掉变速器润滑油(图2-23)。
(5)放油完毕后,用40~50N·m的力矩拧紧变速器放油螺塞(图2-24)。

图2-22 拆下变速器放油螺塞

图2-23 放掉变速器润滑油

(6)将变速器润滑油倒入加油机(图2-25)。五菱荣光汽车所使用的变速器,润滑油全部排放后,应重新注入1.3L的润滑油。

(7)用加油机加注变速器润滑油(图2-26),加至有变速器润滑油从加油口流出为止,此时为正确的变速器润滑油液面高度。

图2-24 拧紧变速器放油螺塞

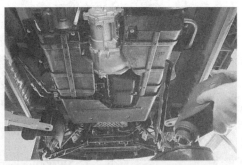

图2-25 将变速器润滑油倒入加油机

(8)装上加油口螺塞,并用40~50N·m的力矩拧紧变速器加油螺塞(图2-27)。

图2-26 加注变速器润滑油

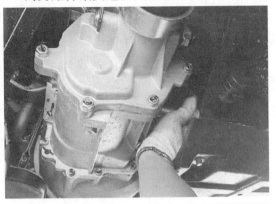

图2-27 拧紧变速器加油螺塞

任务三 手动变速器总成的分解与装配

一 实训准备

1 实训器材

(1)棘轮扳手(图2-28)。
(2)胶木锤(图2-29)。
(3)其他工具及器材:五菱荣光汽车(见图2-17)、举升机(见图1-17)、组合工具(见图1-18)、回收桶(见图2-18)、扭力扳手、冲子、内六角扳手、螺丝刀、钳子、卡圈钳、润滑脂、转向盘护套、变速杆手柄套、座位套、脚垫、翼子板和前格栅磁力护裙等。

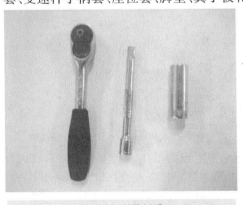

图2-28 棘轮扳手

图2-29 胶木锤

2 准备工作

(1)在汽车进入工位前,将工位清理干净,准备好相关的器材。

项目二 手动变速器的构造与维修

（2）将汽车停驻在举升机中央位置（见图1-51）。

（3）拉紧驻车制动器操纵杆（见图1-52），并将变速杆置于空挡位置。

（4）套上转向盘护套、变速杆手柄套和座位套，铺设脚垫（见图1-53）。

（5）在车内拉动发动机舱盖手柄（见图1-54），在车外打开并支撑发动机舱盖（见图1-55）。

（6）粘贴翼子板和前格栅磁力护裙（见图1-56）。

二、手动变速器总成的分解与装配

五菱荣光汽车手动变速器总成分解图如图2-30和图2-31所示。

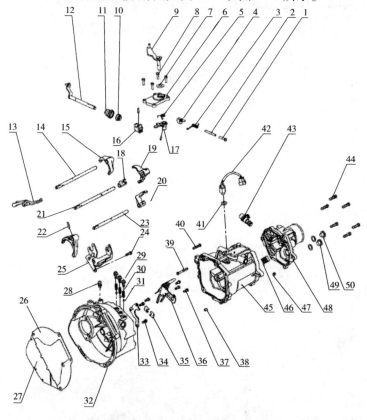

图2-30 变速器操纵机构与壳体分解图

1-倒挡锁销轴；2-倒挡锁销轴螺栓；3-扭簧；4-倒挡锁块；5-选挡扭簧；6-操纵器盖；7-选挡摇臂油封挡圈；8-操纵器盖定位螺栓；9-选挡摇臂；10-换挡摇臂油封；11-换挡摇臂防尘罩；12-换挡摇臂；13-五、倒挡拨块；14-五、倒挡拨叉轴；15-五、倒挡拨叉；16-换挡拨头；17-选挡拨头；18-三、四挡拨块；19-三、四挡拨叉；20-一、二挡拨块；21-三、四挡拨叉轴；22-一、二挡拨叉；23-一、二挡拨叉轴；24-拉索支架螺栓；25-拉索支架；26-离合器上隔板；27-离合器下隔板；28-通气塞组件；29-自锁弹簧螺栓；30-自锁弹簧；31-自锁钢球；32-离合器壳体；33-输入轴前轴承压板；34-输入轴前轴承压板螺栓；35-互锁块；36-倒挡换挡摇臂总成；37-倒挡换挡摇臂紧固螺栓；38-轴承箱定位销；39-离合器壳体与轴承箱连接螺栓1；40-离合器壳体与轴承箱连接螺栓2；41-倒车灯开关垫圈；42-倒车灯开关；43-里程表从动齿组件；44-轴承箱与后盖连接螺栓；45-轴承箱；46-磁钢；47-后盖定位销；48-后盖；49-放油螺塞；50-加油螺塞

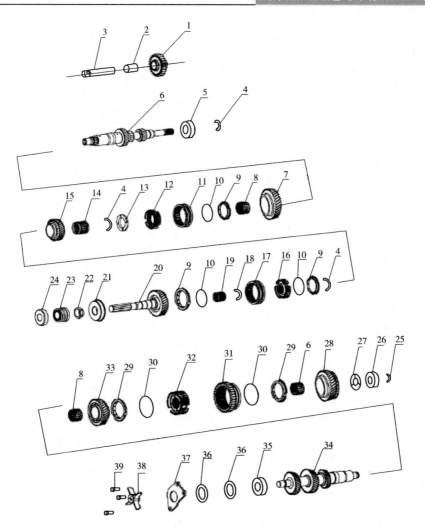

图 2-31 齿轮传动机构分解图

1-倒挡惰轮；2-倒挡惰轮衬套；3-倒挡齿轮轴；4-挡圈 $\phi 28$；5-输入轴前轴承；6-输入轴；7-五挡主动齿；8-滚针轴承；9-三~五挡同步器齿环；10-三~五挡同步器弹簧；11-五挡同步器齿套；12-五挡同步器齿毂；13-五挡同步器齿毂挡板；14-三挡滚针轴承；15-三挡主动齿；16-三、四挡同步器齿毂；17-三、四挡同步器齿套；18-挡圈 $\phi 22$；19-输入轴后轴承；20-输出轴；21-输出轴前轴承；22-输出轴前轴承锁紧螺母；23-里程表主动齿轮；24-输出轴后轴承；25-挡圈；26-中间轴前轴承；27-一挡从动齿止推垫片；28-一挡从动齿；29-一、二挡同步器齿环；30-一、二挡同步器弹簧；31-一、二挡同步器齿套；32-一、二挡同步器齿毂；33-二挡从动齿；34-中间轴；35-中间轴轴承；36-调整垫片；37-中间轴后轴承压板；38-导油轮；39-中间轴后轴承压板螺栓

1 手动变速器的分解

（1）从汽车上拆下变速器。

（2）如图 2-32 所示，用扳手拆去放油螺塞，放出变速器润滑油，放油完后，拧上放油螺塞。

（3）拆下离合器分离轴承。如图 2-33 所示，先从保持架上卸下弹簧，再取出离合器分离轴承。

(4) 检查各个挡位。用专用辅具或手检查各个挡位。

(5) 如图 2-34 所示,拆下倒车灯开关总成。

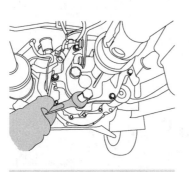

图 2-32　手动变速器的分解(1)

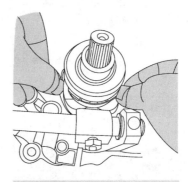

图 2-33　手动变速器的分解(2)

(6) 拆下里程表总成。先用棘轮扳手拆里程表紧固螺栓,然后用手取出里程表总成。

(7) 拆延伸箱组件。如图 2-35 所示,先检查输出轴油封唇口有无裂纹或划伤;然后用棘轮扳手拆延伸箱螺栓。取出延伸箱组件(可用胶木锤敲击),拆下的延伸箱要平放,螺栓要分类统一放置。

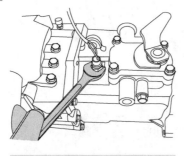

图 2-34　手动变速器的分解(3)

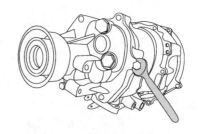

图 2-35　手动变速器的分解(4)

(8) 如图 2-36 所示,取出磁钢。

(9) 拆下操纵盖总成。如图 2-37 所示,先用棘轮扳手拆操纵盖定位螺栓,然后取出操纵盖组件(可用胶木棰轻敲)。

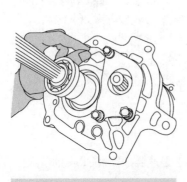

图 2-36　手动变速器的分解(5)

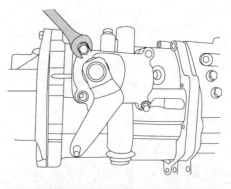

图 2-37　手动变速器的分解(6)

(10)拆倒挡锁扭簧、倒挡锁块、倒挡锁销轴。如图2-38所示,用扳手拆下倒挡锁销轴锁紧螺栓,取出倒挡锁扭簧、倒挡锁块、倒挡锁销轴。

(11)拆换挡拨头、摇臂。如图2-39所示,先用冲子打下换挡摇臂销,然后取出拆换挡拨头、摇臂。

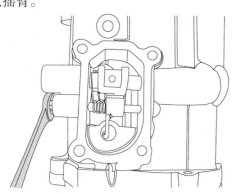
图2-38 手动变速器的分解(7)

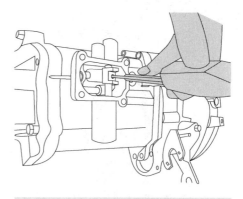
图2-39 手动变速器的分解(8)

(12)拆倒挡轴吊紧螺栓。如图2-40所示,用内六角扳手拆下倒挡轴吊紧螺栓。

(13)如图2-41所示,用手取出导油轮(可用螺丝刀轻撬)。

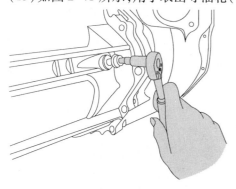
图2-40 手动变速器的分解(9)

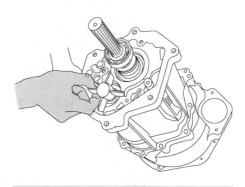
图2-41 手动变速器的分解(10)

(14)拆中间轴后轴承压板。如图2-42所示,用扳手拆下中间轴后轴承压板螺栓,取下中间轴后轴承压板、调整垫片。

(15)拆输出轴后轴承卡圈。用卡圈钳拆下输出轴后轴承卡圈。

(16)拆轴承箱总成。如图2-43所示,用扳手拆下轴承箱与离合器壳体连接螺栓,取出轴承箱(可用胶木榔敲击)。

(17)如图2-44所示,取下输出轴总成。

(18)拆自锁弹簧、钢球。如图2-45所示,用扳手拆下自锁弹簧锁紧螺栓,取出自锁弹簧、钢球。

(19)拆一、二挡,三、四挡,五、倒挡换挡拨叉、拨块、拨叉轴。如图2-46所示,先用冲子把一、二挡,三、四挡,五、倒挡换挡拨叉销、拨块销打下,依次拉出五、倒挡,三、四挡,一、二挡拨叉轴,同时取下各挡拨叉、拨块。

(20)拆倒挡换挡摇臂总成。先用扳手拆下挡换挡摇臂紧固螺栓,取出倒挡换挡摇臂总成,然后取出离合器壳体相应槽内2个互锁块。

(21)拆倒挡惰轮总成。如图2-47所示,取出倒挡惰轮总成。

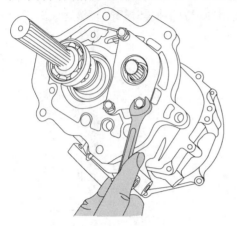

图2-42 手动变速器的分解(11)

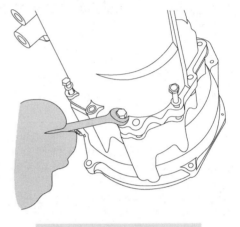

图2-43 手动变速器的分解(12)

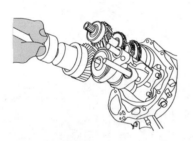

图2-44 手动变速器的分解(13)

图2-45 手动变速器的分解(14)

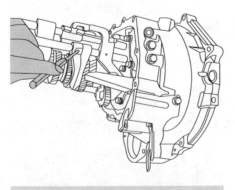

图2-46 手动变速器的分解(15)

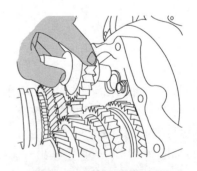

图2-47 手动变速器的分解(16)

(22)拆输入轴前轴承压板。如图2-48所示,用扳手拆下输入轴前轴承压板紧固螺栓,取出输入轴前轴承压板。

(23)如图2-49所示,取出输入轴、中间轴。将输入轴、中间轴轴合起一并从离合器壳体取出。

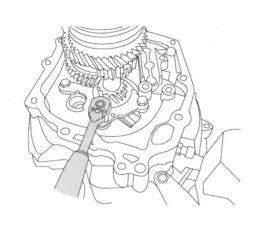

图2-48 手动变速器的分解(17)

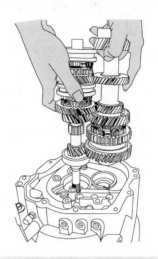

图2-49 手动变速器的分解(18)

2 手动变速器的装配

① 注意事项

(1)清洗所有零件。
(2)在有相对运动的零件表面淋齿轮油。
(3)滚针轴承装配前应在其圆周表面涂抹润滑脂。
(4)深沟球轴承装配前应在轴承外圈和内圈之间涂抹润滑脂。
(5)油封装配前应在其唇口部位涂抹润滑脂。
(6)对每一个螺栓必须按规定的拧紧力矩拧紧。

② 装配程序

(1)离合器分离轴承、分离拨叉等装配(见图2-33)。将离合器分离轴承装入分离拨叉,再将分离摇臂装入离合器壳体,同时装入离合器分离叉组件,装上分离拨叉定位螺栓。以10~13N·m的力矩紧固分离拨叉定位螺栓。

(2)输入轴、输出轴等装配(见图2-49)。将输入轴、中间轴合起一并放入离合器壳体。

(3)输入轴前轴承压板装配(见图2-48)。将输入轴前轴承压板放置到位,装上紧固螺栓。紧固输入轴前轴承压板螺栓至14~19N·m。

(4)倒挡换挡摇臂总成装配。将2个互锁块放入相应槽内,然后将倒挡换挡摇臂总成放置到位,装上倒挡换挡摇臂紧固螺栓。紧固倒挡换挡摇臂螺栓至14~19N·m。

(5)拨叉、拨块及拨叉轴装配(见图2-46)。把各拨叉放到对应位置,依次插入三、四挡,五、倒挡,一、二挡拨叉轴,插入拨叉轴的同时,套入对应的拨块。然后把销子打上。

(6)自锁弹簧、钢球等装配(见图2-45)。把自锁钢球、弹簧放入离合器3自锁孔中,装上自锁销螺栓。紧固自锁销螺栓至14~19N·m。

（7）倒挡轴、倒挡惰轮装配（见图2-47）。倒挡轴放置到位，将倒挡惰轮、倒挡惰轮尼龙垫圈套入倒挡轴。

（8）输出轴总成装配（见图2-44）。将输出轴总成放于输出轴座孔中。

（9）轴承箱装配（见图2-43）。将2个定位销放入离合器壳体孔中，将涂好胶的轴承箱合于离合器壳体上，装上轴承箱与离合器壳体连接螺栓。用20～30N·m的力矩紧固轴承箱与离合器壳体连接螺栓。

（10）倒车灯开关装配（见图2-34）。倒车灯开关穿入铝垫圈一起拧入轴承箱。用20～30N·m的力矩紧固倒车灯开关。

（11）倒挡轴吊紧螺栓装配（见图2-40）。倒挡轴吊紧螺栓穿入铝垫圈8一起拧入轴承箱。用15～22N·m的力矩紧固倒挡轴吊紧螺栓。

（12）中间轴后轴承压板装配（见图2-42）。先把中间后轴承压入中间轴，测量中间轴后轴承与轴承箱间距离，选取调整垫片，将中间轴后轴承压板放置到位，装上螺栓。用14～19N·m的力矩紧固中间轴后轴承压板螺栓。

（13）导油轮装配（见图2-41）。将导油轮压入中间轴。

（14）换挡拨头、摇臂装配。先套入换挡摇臂防尘罩，装入换挡摇臂，同时将换挡拨头套入换挡摇臂，压入弹性销。

（15）装倒挡锁扭簧、锁块、倒挡锁销轴。如图2-50所示，将倒挡锁扭簧、倒挡锁块、倒挡锁销轴放置到位，装上锁紧螺栓。用14～19N·m的力矩紧固中间轴后轴承压板螺栓。

图2-50　手动变速器的装配

（16）后盖总成装配。将涂好胶的后盖合装于轴承箱上，装上后盖螺栓。用14～19N·m的力矩紧固后盖与轴承箱连接螺栓。

（17）操纵盖总成装配（见图2-37）。将涂好胶的操纵盖装于轴承箱上，装上操纵盖定位螺栓。用15～22N·m的力矩紧固操纵盖定位螺栓。

（18）将变速器总成安装到汽车上。

工 作 页

第一部分：理论知识

1. 变速器安装＿＿＿＿＿＿＿＿＿＿＿＿，具体功用是＿＿＿＿＿＿＿＿＿＿＿＿，＿＿＿＿＿＿＿＿＿＿＿，＿＿＿＿＿＿＿＿＿＿。

2. 变速器按传动比的级数可分为＿＿＿＿＿＿式、＿＿＿＿＿＿式和＿＿＿＿＿＿式三种。

3. 手动变速器包括＿＿＿＿＿＿＿＿＿和＿＿＿＿＿＿＿＿＿＿两大部分。

4. 写出图中各部件的名称。

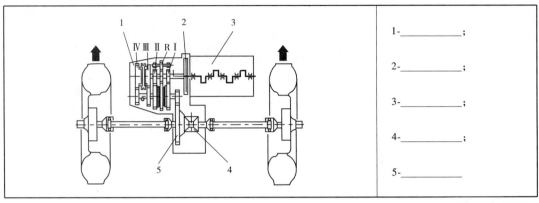

1-_____；
2-_____；
3-_____；
4-_____；
5-_____。

5. 同步器的功用是_____；_____。目前所采用的同步器几乎都是_____惯性同步器,按锁止装置不同,可分为_____式惯性同步器和_____式惯性同步器。

6. 写出图中各部件的名称。

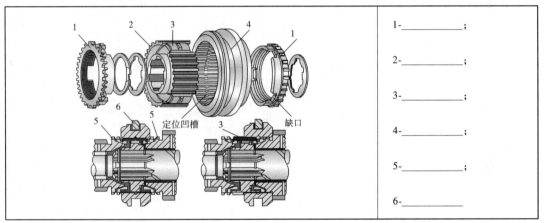

1-_____；
2-_____；
3-_____；
4-_____；
5-_____；
6-_____。

7. 变速器操纵机构按照变速操纵杆（变速杆）位置的不同,可分为_____式和_____式两种类型。

8. 为了保证变速器在任何情况下都能准确、安全、可靠地工作,变速器操纵机构一般都具有换挡锁装置,包括_____装置、_____装置和_____装置。

9. 写出图中各部件的名称。

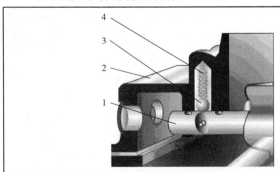

1-_____；
2-_____；
3-_____；
4-_____。

10. 正确选用车辆齿轮油必须做到两点：一是_____；
二是_____。

第二部分：实践操作

1. 在实训室中找到变速器,观察它的安装位置。想一想,变速器的功用是什么?

2. 认识二轴、三轴变速器。结合实物绘制你所拆装的二轴变速器的结构简图,并说出各挡动力传动路线。

3. 查阅资料,说明常见车型变速器润滑油的型号。试着找出更多车型所使用变速器润滑油的规格。

汽车型号	变速器润滑油型号	汽车型号	变速器润滑油型号
速腾轿车		景逸	
索纳塔		新乐驰	
荣威		宝骏630	

4. 手动变速器润滑油的检查项目有哪些?

5. 五菱荣光汽车每行驶_____km或_____个月,需更换手动变速器润滑油。五菱荣光汽车所使用的变速器,润滑油全部排放后,应重新注入_____L的润滑油。

6. 简述五菱荣光汽车手动变速器润滑油的更换方法。

第三部分：评价与反馈

考核项目	评分标准	分　数	学生自评	小组评价	教师评价	小　计
团队合作	是否和谐	5				
活动参与	是否积极主动	5				
安全生产	有无安全隐患	10				
现场5S	是否做到	10				
任务方案	是否合理	15				
操作过程	手动变速器润滑油的检查； 手动变速器润滑油的更换； 手动变速器总成的分解与装配	30				
任务完成情况	是否圆满完成	5				
工具和设备使用	是否规范、标准	10				
劳动纪律	是否能严格遵守	5				
工单填写	是否完整、规范	5				
总　分		100				
教师签名：			年　月　日		得　分	

项目三　自动变速器的构造与维修

任务一　自动变速器的认知

一　概述

自动变速器是指汽车驾驶中离合器的操纵和变速器的操纵都实现了自动化,简称 AT(Automatic Transmission)。目前自动变速器的自动换挡等过程都是由电子控制单元(英文缩写为 ECU,俗称电脑)控制的,因此自动变速器又可简称为 EAT、ECAT、ECT 等。

1 自动变速器的分类

自动变速器按结构、控制方式的不同,可以分为液力式自动变速器、无级自动变速器(简称 CVT,Continuously Variable Transmission)和机械式自动变速器(简称 AMT,Automated Mechanical Transmission)。

按车辆驱动方式的不同,可以分为自动变速器(Automatic Transmission,图 3-1)和自动变速驱动桥(Automatic Transaxle,图 3-2)。

按照自动变速器选挡杆置于前进挡时的挡位数,可以分为四挡、五挡、六挡等。

2 自动变速器选挡杆的使用

轿车自动变速器的选挡杆通常有 6 或 7 个位置,如图 3-3 所示。其功能如下:
P 位:驻车挡。选挡杆置于此位置时,驻车锁止机构将自动变速器输出轴锁止。
R 位:倒挡。选挡杆置于此位置时,液压系统倒挡油路被接通,驱动轮反转,实现倒向行驶。

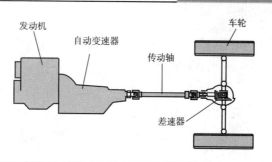

图 3-1　前轮驱动式自动变速器示意图

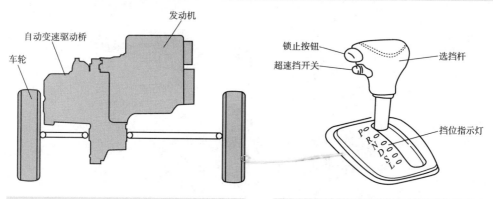

图 3-2　后轮驱动式自动变速驱动桥示意图　　图 3-3　自动变速器选挡杆位置示意图

N 位：空挡。选挡杆置于此位置时，所有机械变速器的齿轮机构空转，不能输出动力。

D_4（或 D）位：前进挡。选挡杆置于此位置时，液压系统控制装置根据节气门开度信号和车速信号自动接通相应的前进挡油路，行星齿轮变速器在换挡执行元件的控制下得到相应的传动比。随着行驶条件的变化，在前进挡中自动升降挡，实现自动变速功能。

D_3（或 3）位：高速发动机制动挡。选挡杆位于该位置时，液压制动系统只能接通前进挡中的一、二、三挡油路，自动变速器只能在这三个挡位间自动换挡，无法升入四挡位，从而使汽车获得发动机制动效果。

2（或 S）位：中速发动机制动挡。选挡杆置于此位置时，液压控制系统只能接通前进挡中的一、二挡油路，自动变速器只能在这两个挡位间自动换挡，无法升入更高的挡位，从而使汽车获得发动机制动效果。

1 位（或 L）位：低速发动机制动挡。选挡杆置于此位置时，自动变速器被锁定在前进挡的一挡，只能在该挡位行驶而无法升入高挡，发动机制动效果更强。

发动机只有在选挡杆置于 N 或 P 位时，汽车才能起动，此功能靠空挡起动开关来实现。

自动变速器的基本组成及工作原理

1 基本组成

自动变速器主要由液力变矩器、齿轮变速机构、换挡执行元件、液压控制系统、电子控制系统等组成,如图3-4所示。

(1)液力变矩器。液力变矩器安装在发动机与变速器之间,将发动机转矩传给变速器输入轴。液力变矩器相当于普通汽车上的离合器,但它是一个通过自动变速器油(ATF)传递动力的装置。

(2)齿轮变速机构。齿轮变速机构可形成不同的传动比,组合成电控自动变速器不同的挡位。目前绝大多数电控自动变速器采用行星齿轮机构进行变速,有的车型(如本田车系)采用普通齿轮机构进行变速。

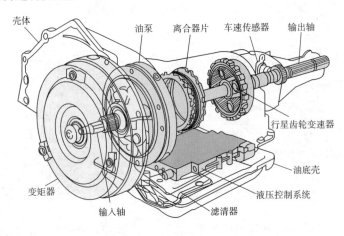

图3-4 液力自动变速器的结构

(3)换挡执行元件。电控自动变速器换挡执行机构主要包括离合器、制动器和单向离合器,由液压控制系统控制其工作。

(4)液压控制系统。液压控制系统是由油泵、各种控制阀及与之相连通的液压换挡执行元件,如离合器、制动器油缸等组成液压控制回路。汽车行驶中根据驾驶人的要求和行驶条件的需要,控制离合器和制动器工作状况的改变来实现机械变速器的自动换挡。

(5)电子控制系统。电子控制系统主要包括各类传感器及开关、电子控制单元、执行器等。电子控制系统中的传感器及各种控制开关将发动机工况、车速等信号传递给电子控制单元(ECU),经ECU处理后发出控制指令给执行器,执行器和液压系统按一定规律控制换挡执行机构工作,实现自动变速器自动换挡。

2 基本原理

图3-5为电控自动变速器的组成和原理图。电控自动变速器是通过各种传感器,将发动机的转速、节气门开度、车速、发动机冷却液温度、自动变速器油(ATF)温度等参数信号输入ECU,ECU根据这些信号,按照设定的换挡规律,向换挡电磁阀、油压电磁阀等发出动作控制信号,换挡电磁阀和油压电磁阀再将ECU的动作控制信号转变为液压控制信号,阀板中的各控制阀根据这些液压控制信号,控制换挡执行元件的动作,从而实现自动换挡过程。

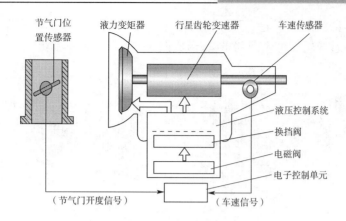

图 3-5　电控自动变速器的组成和原理图

三　自动变速器各部件的结构及工作原理

1　液力变矩器

1　液力变矩器的功用

液力变矩器位于发动机和机械变速器之间,以 ATF 为工作介质,主要完成以下功用:

(1)传递转矩。发动机的转矩通过液力变矩器的主动元件,再通过 ATF 传给液力变矩器的从动元件,最后传给变速器。

(2)无级变速。根据工况的不同,液力变矩器可以在一定范围内实现转速和转矩的无级变化。

(3)自动离合。液力变矩器由于采用 ATF 传递动力,当踩下制动踏板时,发动机也不会熄火,此时相当于离合器分离;当抬起制动踏板时,汽车可以起步,此时相当于离合器接合。

(4)驱动油泵。ATF 在工作的时候需要油泵提供一定的压力,而油泵一般是由液力变矩器壳体驱动的。

同时由于采用 ATF 传递动力,液力变矩器的动力传递柔和,且能防止传动系过载。

2　液力变矩器的结构和工作原理

(1)液力变矩器的结构。如图 3-6 所示,液力变矩器通常由泵轮、涡轮和导轮 3 个元件组成,称为三元件液力变矩器;也有的采用两个导轮,则称为四元件液力变矩器。

液力变矩器总成封在一个钢制壳体(变矩器壳体)中,内部充满 ATF。液力变矩器壳体通过螺栓与发动机曲轴后端的飞轮连接,与发动机曲轴一起旋转。泵轮位于液力变矩器的后部,与变矩器壳体连在一起。涡轮位于泵轮前,通过带花键的从动轴向后面的机械变速器输出动力。泵轮、涡轮和导轮上都带有叶片。导轮位于泵轮与涡轮之间,通过单向离合器支承在固定套管上,使得导轮只能单向旋转(顺时针旋转)。液力变矩器装配好后形成环形内腔,其间充满 ATF。

(2)液力变矩器的工作原理。液力变矩器工作时,发动机带动壳体旋转,壳体带动泵轮旋转,泵轮的叶片将 ATF 带动起来,并冲击到涡轮的叶片;如果作用在涡轮叶片上的冲击力大于作用在涡轮上的阻力,涡轮将开始转动,并使机械变速器的输入轴一起转动。由涡轮叶片流出的 ATF 经过导轮后再流回到泵轮,形成图 3-7 所示的循环流动。

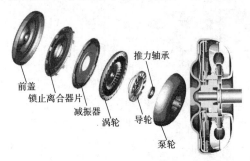

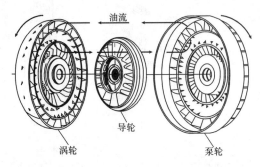

图 3-6　液力变矩器的组成　　　　　　　图 3-7　ATF 在液力变矩器中的循环流动

（3）单向离合器。单向离合器又称为自由轮机构或超越离合器,其功用是实现导轮的单向锁止,即导轮只能顺时针转动而不能逆时针转动,当涡轮与泵轮转速差较大时,单向离合器处于锁止状态,导轮不能转动。当涡轮转速升高到一定程度后,单向离合器导通,即导轮空转,使得液力变矩器不能改变输出转矩,在高速区实现偶合传动。常见的单向离合器有滚柱式及楔块式两种。

楔块式单向离合器由内座圈、外座圈、楔块、保持架等组成（图 3-8）,内外座圈组成的滚道宽度是均匀的,采用不均匀形状的楔块,楔块的大端长度大于滚道宽度。内座圈固定,当外座圈顺时针旋转时,楔块顺时针旋转,$L_1 < L$,外座圈可相对楔块和内座圈旋转;反之,当外座圈逆时针旋转时,楔块逆时针旋转,$L_2 > L$,楔块阻止外座圈旋转（图 3-9）。

图 3-8　单向离合器的构造

滚柱式单向离合器由内座圈、外座圈、滚柱、叠片弹簧等组成,如图 3-10 所示。当外座圈顺时针转动时,滚柱进入楔形槽的宽处,内、外座圈不能被滚柱楔紧,外座圈可以顺时针自由转动。当外座圈逆时针转动时,滚柱进入楔形槽的窄处,内、外座圈被滚柱楔紧,外座圈固定不动。

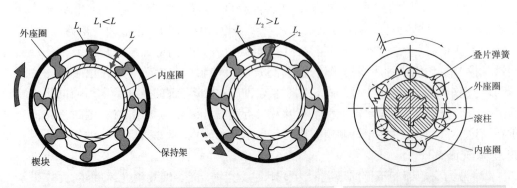

图 3-9　单向离合器的工作原理　　　　　　　图 3-10　滚柱式单向离合器

（4）锁止离合器（简称 TCC，Torque Converter Clutch）。将泵轮和涡轮直接连接起来，即将发动机与机械变速器直接连接起来，这样减少液力变矩器在高速比时的能量损耗，提高了传动效率，提高汽车在正常行驶时的燃油经济性，并防止 ATF 过热。锁止离合器的结构和工作原理如图 3-11 所示。

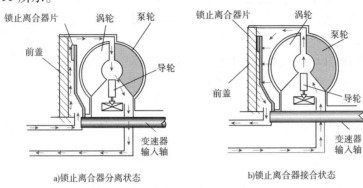

图 3-11　锁止离合器的结构和工作原理

当车辆起步、低速或在坏路面上行驶时，应将锁止离合器分离，使液力变矩器具有变矩作用。此时油液流至锁止离合器的前端，锁止离合器片前端与后端的压力相同，使锁止离合器分离。当车辆以中速至高速行驶时，油液流至锁止离合器的后端，使锁止离合器片与前盖一起转动。此时发动机的动力经液力变矩器壳体、锁止离合器、涡轮轮毂传给后面的机械变速器，相当于将泵轮和涡轮刚性连在一起，传动效率为 100%。

2　齿轮变速机构

自动变速器的齿轮变速机构主要有行星齿轮变速机构和平行轴齿轮变速机构。齿轮变速机构与液力变矩器配合使用，执行机构根据自动变速器控制系统的命令来接合或分离、制动或放松齿轮机构的某个元件，通过改变动力传动路线得到不同的传动比。

如图 3-12 所示，单排行星齿轮机构主要由一个太阳轮（又称为中心轮）、一个带有若干个行星齿轮的行星架和一个齿圈组成。

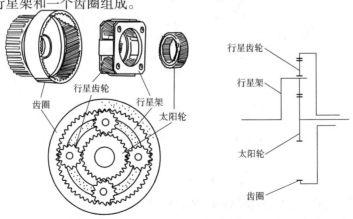

图 3-12　单排行星齿轮机构

齿圈又称为齿环,制有内齿,其余齿轮均为外齿轮。太阳轮位于机构的中心,行星齿轮与太阳轮外啮合,与齿圈内啮合。通常行星齿轮有 3~6 个,通过滚针轴承安装在行星齿轮轴上,行星齿轮轴对称、均匀地安装在行星架上。行星齿轮机构工作时,行星齿轮除了绕自身轴线的自转外,同时还绕着太阳轮公转,行星齿轮绕太阳轮公转,行星架也绕太阳轮旋转。由于太阳轮与行星齿轮是外啮合,所以两者的旋转方向是相反的;而行星齿轮与齿圈是内啮合,则这两者的旋转方向是相同的。

根据能量守恒定律,由作用在单排行星齿轮机构各元件上的力矩和结构参数,可以得出表示单排行星齿轮变速机构运动规律的特性方程式为:

$$n_1 + \alpha n_2 - (1+\alpha)n_3 = 0$$

式中:n_1——太阳轮转速;

n_2——齿圈转速;

n_3——行星架转速;

α——齿圈齿数 z_2 与太阳轮齿数 z_1 之比,即 $\alpha = z_2/z_1$,且 $\alpha > 1$。

由于一个方程有三个变量,如果将太阳轮、齿圈和行星架中某个元件作为主动(输入)部分,让另一个元件作为从动(输出)部分,则由于第三个元件不受任何约束和限制,所以从动部分的运动是不确定的。因此为了得到确定的运动,必须对太阳轮、齿圈和行星架三者中的某个元件的运动进行约束和限制。

如图 3-13 所示,通过对不同的元件进行约束和限制,可以得到不同的动力传动方式。

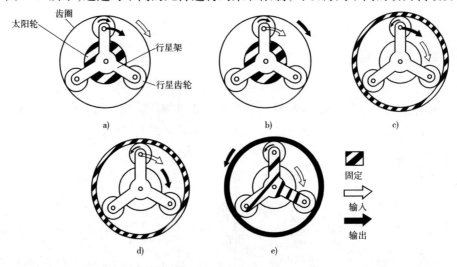

图 3-13 单排行星齿轮变速机构的动力传动方式

(1) 齿圈为主动件(输入),行星架为从动件(输出),太阳轮固定,见图 3-13a)。此时,$n_1 = 0$,则传动比 i_{23} 为:

$$i_{23} = n_2/n_3 = 1 + 1/\alpha > 1$$

由于传动比大于 1,说明为减速传动,可以作为降速挡。

(2) 行星架为主动件(输入),齿圈为从动件(输出),太阳轮固定,见图 3-13b)。此时,$n_1 = 0$,则传动比 i_{32} 为:

$$i_{32} = n_3/n_2 = \alpha/(1+\alpha) < 1$$

由于传动比小于1,说明为增速传动,可以作为超速挡。

(3)太阳轮为主动件(输入),行星架为从动件(输出),齿圈固定,见图3-13c)。此时,$n_2 = 0$,则传动比i_{13}为:

$$i_{13} = n_1/n_3 = 1 + \alpha > 1$$

由于传动比大于1,说明为减速传动,可以作为降速挡。

对比这两种情况的传动比,由于$i_{13} > i_{23}$,虽然都为降速挡,但i_{13}是降速挡中的低挡,而i_{23}为降速挡中的高挡。

(4)行星架为主动件(输入),太阳轮为从动件(输出),齿圈固定,见图3-13d)。此时,$n_2 = 0$,则传动比i_{31}为:

$$i_{31} = n_3/n_1 = 1/(1+\alpha) < 1$$

由于传动比小于1,说明为增速传动,可以作为超速挡。

(5)太阳轮为主动件(输入),齿圈为从动件(输出),行星架固定,见图3-13e)。此时,$n_3 = 0$,则传动比i_{12}为:

$$i_{12} = n_1/n_2 = -\alpha$$

由于传动比为负值,说明主从动件的旋转方向相反;又由于$|i_{12}| > 1$,说明为增速传动,可以作为倒挡。

(6)如果$n_1 = n_2$,则可以得到$n_3 = n_1 = n_2$。同样,$n_1 = n_3$或$n_2 = n_3$时,均可以得到$n_1 = n_2 = n_3$的结论。因此,若使太阳轮、齿圈和行星架三个元件中的任何两个元件连为一体转动,则另一个元件的转速必然与前两者等速同向转动。即行星齿轮机构中所有元件(包含行星齿轮)之间均无相对运动,传动比$i = 1$。这种传动方式用于变速器的直接挡传动。

(7)如果太阳轮、齿圈和行星架三个元件没有任何约束,则各元件的运动是不确定的,此时为空挡。

自动变速器中的行星齿轮变速器一般是采用2~3排行星齿轮机构传动,其各挡传动比就是根据上述单排行星齿轮机构传动特点进行合理组合得到的。

双排行星齿轮机构如图3-14所示。设太阳轮、齿圈和行星架的转速分别为n_1、n_2和n_3,齿数分别为z_1、z_2和z_3,齿圈与太阳轮的齿数比为α,则其运动规律为:

$$n_1 - \alpha n_2 + (\alpha - 1)n_3 = 0$$

双行星排齿轮机构的运动分析与单行星排相同。

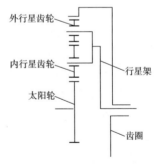

图3-14 双排行星齿轮变速机构

3 换挡执行元件

行星齿轮变速器的换挡执行元件包括离合器、制动器和单向离合器。离合器和制动器以液压方式控制行星齿轮机构元件的旋转,单向离合器是以机械方式对行星齿轮机构的元件进行锁止。单向离合器的结构、原理与导轮单向离合器相同,此处不作介绍。

1 离合器

离合器的功用是连接轴和行星齿轮机构中的元件或是连接行星齿轮机构中的不同

元件。

离合器主要由离合器鼓、花键毂、活塞、主动摩擦片、从动钢片、复位弹簧等组成,如图3-15所示。

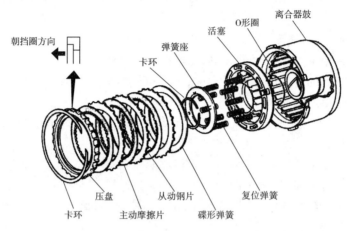

图3-15 离合器零件分解图

离合器的工作原理如图3-16所示。

当一定压力的ATF经控制油道进入活塞左面的液压缸时,液压作用力便克服弹簧力使活塞右移,将所有离合器片压紧,即离合器接合,与离合器主、从动部分相连的元件也被连接在一起,以相同的速度旋转。

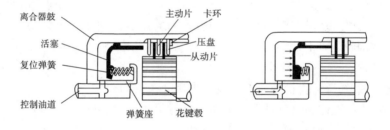

图3-16 离合器工作原理

当控制阀将作用在离合器液压缸的油压撤除后,离合器活塞在复位弹簧的作用下回复原位,并将缸内的变速器油从进油孔排出,使离合器分离,离合器主从动部分可以不同转速旋转。

❷ 制动器

制动器的功用是固定行星齿轮机构中的元件,防止其转动。制动器有片式和带式两种形式。

片式制动器与离合器的结构和原理相同,不同之处是离合器通过连接作用来传递动力,而片式制动器是通过连接而起制动作用。

带式制动器由制动带和控制油缸等组成。制动带是内表面带有镀层的开口式环形钢带。制动带的一端支承在与变速器壳体固连的支座上,另一端与控制油缸的活塞杆相连。

制动器的工作原理如图3-17所示。制动时,压力油进入活塞右腔,克服左腔油压和复位弹簧的作用力推动活塞左移,制动带以固定支座为支点收紧。在制动力矩的作用下,制动鼓停止旋转,行星齿轮机构某元件被锁止。随着油压撤除,活塞逐渐复位,制动解除。若仅依靠弹簧张力,则活塞复位速度较慢,目前大多数制动器设置了左腔进油道。在右腔撤除油压的同时,左腔进油,活塞在油压和复位弹簧的共同作用下复位,可迅速解除制动。

4 液压控制系统

1 液压控制系统的基本组成

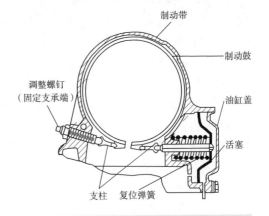

图3-17 制动器的工作原理

液压控制系统的基本组成包括动力源、执行机构和控制机构三大部分。

(1)动力源。液压控制系统的动力源是油泵(或称为液压泵),它是整个液压控制系统的工作基础。如各种阀体的动作、换挡执行元件的工作等都需要一定压力的ATF。油泵的基本功用就是提供满足需求的ATF数量和油压。

(2)执行机构。执行机构主要由离合器、制动器油缸等组成,其功用是在控制油压的作用下实现离合器的接合和分离、制动器的制动和松开动作,以便得到相应的挡位。

(3)控制机构。控制机构包括阀体和各种阀,包括主调压阀、手动阀、换挡阀等。此外,液压控制系统还包括一些辅助装置,如用于防止换挡冲击的蓄能器、单向阀等。

2 液压控制系统主要元件

(1)油泵。油泵的功用是产生一定压力和流量的ATF,供给液力变矩器、液压控制系统和行星齿轮机构。油泵一般位于液力变矩器和行星齿轮系统之间,由液力变矩器泵轮驱动。油泵的类型主要有齿轮泵、转子泵和叶片泵。

图3-18为内啮合齿轮泵的结构和工作原理示意图,主要由主动齿轮、从动齿轮、月牙板、壳体等组成。

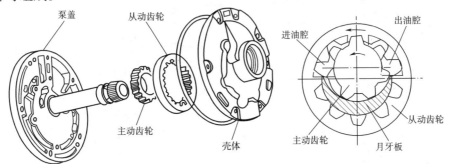

图3-18 内啮合齿轮泵的结构和工作原理

油泵在工作过程中,主动齿轮带动从动齿轮转动,在齿轮脱离啮合的一端(进油腔),容积不断变大,产生真空吸力,把ATF从油底壳经滤网吸入油泵。在齿轮进入啮合的一端(出油腔),容积不断减小,油压升高,把ATF从出油腔挤压出去。这样,油泵不断地运转,就形成了具有一定压力的油液,供给自动变速器工作。

(2)主调压阀。主调压阀的作用是将液压泵输出压力精确调节到所需值后再输入主油路,应满足主油路系统在不同工况、不同挡位时,具有不同油压的要求。

①节气门开度较小时,自动变速器所传递的转矩较小,执行机构中的离合器、制动器不易打滑,主油路压力可以降低;而当发动机节气门开度较大时,因传递的转矩增大,为防止离合器、制动器打滑,主油路压力要升高。

②汽车低速挡行驶时,所传递的转矩较大,主油路压力要高;而在高速挡行驶时,自动变速器传递的转矩较小,可降低主油路油压,以减少液压泵的运转阻力。

③倒挡的使用时间较少,为减小自动变速器尺寸,倒挡执行机构被做得较小,为避免出现打滑,需提高操纵油压。

主油路调压阀结构如图3-19所示。油压的调节是靠电子控制,主调压电磁阀调整出不同的油压值,使滑阀改变节流口 a 的大小,通过节流作用控制主油压的大小。节流口 b 泄出的油压经二次调压阀的节流作用,调整出变矩器油压。

(3)次调压阀。次调压阀是把主调压阀泄出的油压调节成变矩器油压。

如图3-20所示,滑阀上端作用着手动阀来的油压,向下推阀,还作用着一个主油压,也向下推阀。而向上推阀的力有弹簧弹力和来自主调压阀调节后的油压力,上下两力的平衡决定了节流口 a 的开度,即通过节流口的开度将主油压调节成变矩器油压。

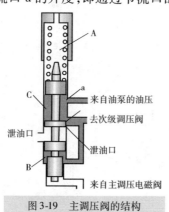

图3-19 主调压阀的结构

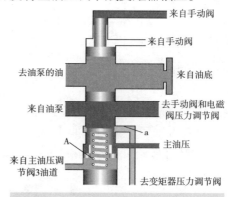

图3-20 次调压阀

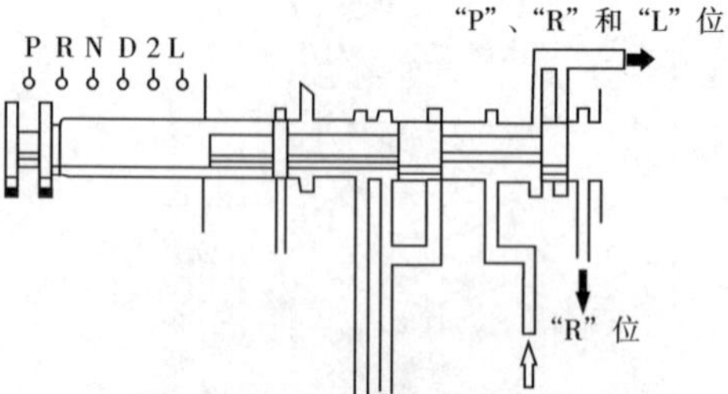

图3-21 手动阀的结构

(4)手动阀。手动阀又称为手控阀或手动换挡阀,与驾驶室内的选挡杆相连,其功用是控制各挡位油路的转换。如图3-21所示,当驾驶人操纵选挡杆时,手动阀会移动,使主油压通往不同的油道。如当选挡杆置于 P 位时,主油压会通往"P"、"R"和"L"位油道;当选挡杆置于 R 位时,主油压会同时通往"P"、"R"和"L"位油道与"R"位油道;当选挡杆置于 N 位时,手动阀会将主油压进油道切断,主油压不会通往各换挡阀;当选挡杆置于 D 位时,主油压会通往"D"、"2"和"L"位油道;当选挡杆置于2位时，主油压会同时通往"D"、"2"和"L"位油道与"2"和"L"位油道；当选挡杆置于L位时，主油压会同时通往"D"、"2"和"L"位油道与"2"和"L"位油道及"P"、"R"和"L"位油道。

（5）换挡阀。电控自动变速器换挡阀的工作由换挡电磁阀控制，其控制方式有两种：加压控制和泄压控制，即通过开启或关闭换挡阀控制油路泄油孔来控制换挡阀的工作。加压控制方式的工作原理如图3-22所示，压力油经电磁阀后通至换挡阀的左端。当电磁阀关闭时，没有油压作用在换挡阀左端，换挡阀在右端弹簧力的作用下移向左端；当电磁阀开启时，压力油作用在换挡阀左端，使换挡阀克服弹簧力右移，从而改变油路，实现挡位变换。

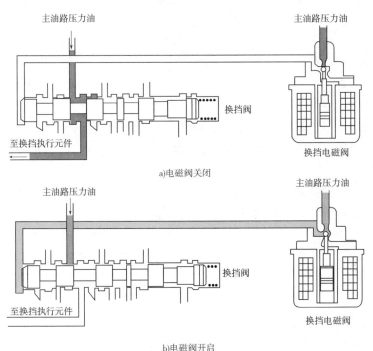

图3-22　电控换挡阀工作原理

（6）锁止离合器控制阀。锁止电磁阀采用脉冲式电磁阀，ECU可利用脉冲电信号占空比大小来调节锁止电磁阀的开度，以控制作用在锁止离合器控制阀右端的油压，调节锁止离合器控制阀左移时排油孔的开度，从而控制锁止离合器活塞右侧油压的大小（图3-23）。当作用在锁止电磁阀上的脉冲电信号的占空比为0时，电磁阀关闭，没有油压作用在锁止离合器控制阀的右端，此时锁止离合器活塞左右两侧的油压相同，锁止离合器处于分离状态。当作用在锁止电磁阀上的脉冲电信号较小时，电磁阀的开度和作用在锁止离合器控制阀右端的油压以及锁止控制阀左移打开的排油孔开度均较小，锁止离合器活塞左右两侧油压差以及由此产生的锁止离合器接合力也较小，使锁止离合器处于半接合状态。ECU在控制锁止离合器接合时，可以通过电磁阀来调节其接合速度，让接合力逐渐增大，使接合过程更加柔和。

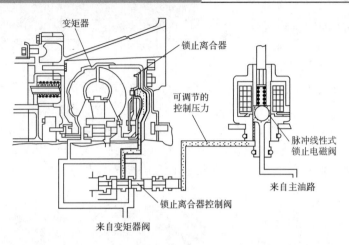

图 3-23 电控系统锁止离合器控制阀工作原理(脉冲式电子阀)

5 电子控制系统

1 组成

自动变速器的电子控制系统包括传感器、电子控制单元(ECU)和执行器三部分,如图 3-24 所示。

传感器部分主要包括节气门位置传感器、车速传感器、发动机转速传感器、冷却液温度传感器、ATF 温度传感器、空挡起动开关、制动灯开关等。

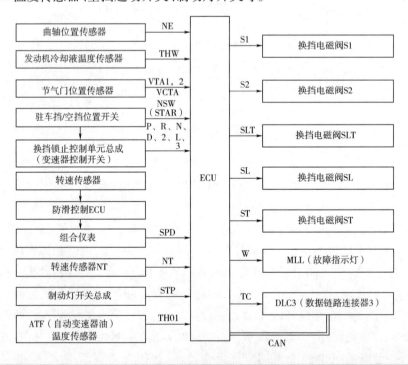

图 3-24 电子控制系统组成框图

ECU主要完成换挡控制、锁止离合器控制、油压控制、故障诊断和失效保护等功能。执行器部分主要包括各种电磁阀和故障指示灯等。

❷ 传感器

（1）车速传感器（VSS）。车速传感器用于检测自动变速器输出轴转速，自动变速器ECU根据车速传感器输入的信号计算出车速，并以此信号控制自动变速器的换挡和锁止离合器的锁止。

常见的车速传感器有电磁式、舌簧开关式、光电式三种形式。

如图3-25所示，电磁式车速传感器主要由永久磁铁、电磁感应线圈、转子等组成。转子一般安装在变速器输出轴上，永久磁铁和电磁感应线圈安装在变速器壳体上。

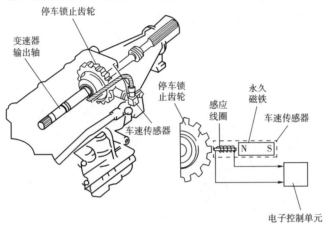

图3-25 电磁式车速传感器的结构、原理

（2）空挡起动开关。空挡起动开关有两个功用：一是给自动变速器ECU提供挡位信息；二是保证只有选挡杆置于P或N位才能起动发动机。

空挡起动开关的外形如图3-26所示，当选挡杆置于不同的挡位时，仪表盘上相应的挡位指示灯会点亮，且只有当选挡杆置于P或N位时，才能起动发动机。

（3）制动灯开关。制动灯开关安装在制动踏板支架上，如图3-27所示。自动变速器ECU通过制动灯开关检测是否踩下制动踏板，如果踩下制动踏板，ECU会取消锁止离合器的工作。

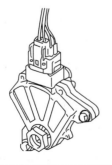

图3-26 空挡起动开关

图3-27 制动灯开关

3 执行器

电子控制系统的执行器主要指电磁阀和故障指示灯,这里只介绍电磁阀。

电磁阀根据功能的不同可以分为换挡电磁阀、锁止离合器电磁阀和油压电磁阀。根据工作原理的不同可以分为开关式电磁阀和占空比式电磁阀。绝大多数换挡电磁阀是采用开关式电磁阀,油压电磁阀是采用占空比式电磁阀,而锁止离合器电磁阀有些采用开关式的,有些采用占空比式的。

(1)开关式电磁阀。开关式电磁阀的功用是开启或关闭液压油路,通常用于控制换挡阀和部分车型锁止离合器的工作。

开关式电磁阀由电磁线圈、衔铁、阀芯等组成,如图3-28所示。当电磁阀通电时,在电磁吸力作用下衔铁和阀芯下移,关闭泄油口,主油压供给到控制油路。当电磁阀断电时,在复位弹簧的作用下衔铁和阀芯上移,打开泄油口,主油压被泄掉,控制油路压力很小。

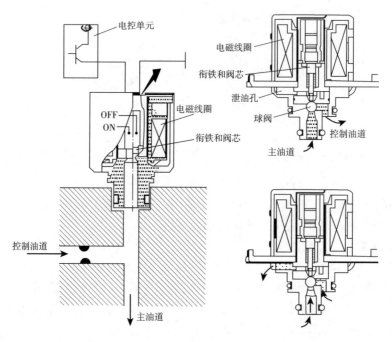

图3-28 开关式电磁阀

(2)占空比式电磁阀。占空比式电磁阀(又称为线性脉冲式电磁阀)与开关式电磁阀类似,也是由电磁线圈、滑阀、弹簧等组成,如图3-29所示。它通常用于控制油路的油压,有的车型的锁止离合器也采用此种电磁阀控制。与开关式电磁阀不同的是,控制占空比式电磁阀的电信号不是恒定不变的电压信号,而是一个固定频率的脉冲电信号。在脉冲电信号的作用下,电磁阀不断开启、关闭泄油口。

占空比式电磁阀有两种工作方式:一是占空比越大,经电磁阀泄油越多,油压就越低;另一种是占空比越大,油压越高。

四 典型自动变速器

1 辛普森式行星齿轮自动变速器

辛普森(Simpson)式行星齿轮变速器是在自动变速器中应用最广泛的一种行星齿轮变速器,它是由美国福特公司的工程师 H·W·辛普森发明的。下面以应用较多的四挡辛普森行星齿轮变速器为例进行介绍。

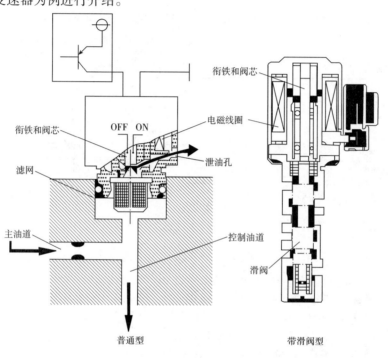

图 3-29 占空比式电磁阀

1 结构和组成

图 3-30 为丰田 A340E 四挡辛普森行星齿轮变速器的结构简图。

四挡辛普森行星齿轮机构由三排行星齿轮机构组成,前面一排为超速行星排,中间一排为前行星排,后面一排为后行星排。输入轴与超速行星排的行星架相连,超速行星排的齿圈与中间轴相连,中间轴通过前进挡离合器或直接挡、倒挡离合器与前、后行星排相连。前、后行星排的结构特点是,共用一个太阳轮,前行星排的行星架与后行星排的齿圈相连并与输出轴相连。

换挡执行机构包括 3 个离合器、4 个制动器和 3 个单向离合器,具体的功能见表 3-1。

换挡执行元件的功能   表 3-1

换挡执行元件	功　　能
C_0	超速挡(OD)离合器	连接超速行星排太阳轮与超速行星排行星架
C_1	前进挡离合器	连接中间轴与前行星排齿圈
C_2	直接挡、倒挡离合器	连接中间轴与前后行星排太阳轮

续上表

换挡执行元件		功　能
B_0	超速挡（OD）制动器	制动超速行星排太阳轮
B_1	二挡滑行制动器	制动前后行星排太阳轮
B_2	二挡制动器	制动 F_1 外座圈，当 F_1 也起作用时，可以防止前后行星排太阳轮逆时针转动
B_3	低、倒挡制动器	制动后行星排行星架
F_0	超速挡（OD）单向离合器	连接超速行星排太阳轮与超速行星排行星架
F_1	二挡（一号）单向离合器	当 B_2 工作时，防止前后行星排太阳轮逆时针转动
F_2	低挡（二号）单向离合器	防止后行星排行星架逆时针转动

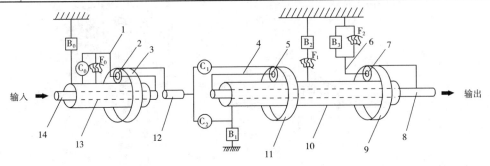

图 3-30　四挡辛普森行星齿轮变速器的结构简图
1-超速（OD）行星排行星架；2-超速（OD）行星排行星齿轮；3-超速（OD）行星排齿圈；4-前行星排行星架；5-前行星排行星齿轮；6-后行星排行星架；7-后行星排行星齿轮；8-输出轴；9-后行星排齿圈；10-前后行星排太阳轮；11-前行星排齿圈；12-中间轴；13-超速（OD）行星排太阳轮；14-输入轴；C_0-超速挡（OD）离合器；C_1-前进挡离合器；C_2-直接挡、倒挡离合器；B_0-超速挡（OD）制动器；B_1-二挡滑行制动器；B_2-二挡制动器；B_3-低、倒挡制动器；F_0-超速挡（OD）单向离合器；F_1-二挡（一号）单向离合器；F_2-低挡（二号）单向离合器

❷ 各挡动力传动路线

在变速器各挡位时，换挡执行元件的动作情况见表3-2。

各挡位时换挡执行元件的动作情况表　　表3-2

选挡杆位置	挡　位	换挡执行元件									发动机制动
		C_0	C_1	C_2	B_0	B_1	B_2	B_3	F_0	F_1	F_2	
P	驻车挡	○										
R	倒挡	○		○				○				
N	空挡	○										
D	一挡	○	○						○		○	
	二挡	○	○				○		○	○		
	三挡	○	○	○					○			
	四挡（OD挡）		○	○	○							

续上表

选挡杆位置	挡位	换挡执行元件										发动机制动
		C_0	C_1	C_2	B_0	B_1	B_2	B_3	F_0	F_1	F_2	
2	一挡	○	○						○	○		
	二挡	○	○				○		○	○		○
	三挡*	○	○	○					○			
L	一挡							○				
	一挡*	○	○				○	○	○			○

注：*-只能降挡不能升挡；

○-换挡元件工作或有发动机制动。

（1）D_1挡。如图3-31所示，D位一挡时，C_0、C_1、F_0、F_2工作。C_0和F_0工作将超速行星排的太阳轮和行星架相连，此时超速行星排成为一个刚性整体，输入轴的动力顺时针传到中间轴。C_1工作将中间轴与前行星排齿圈相连，前行星排齿圈顺时针转动驱动前行星排行星齿轮，前行星排行星齿轮既顺时针自转又顺时针公转，前行星排行星齿轮顺时针公转则输出轴也顺时针转动，这是一条动力传动路线。由于前行星排行星齿轮顺时针自转，则前后排太阳轮逆时针转动，再驱动后行星排行星齿轮顺时针自转，此时后行星排行星齿轮在前后行星排太阳轮的作用下有逆时针公转的趋势，但由于F_2的作用，使得后行星排行星架不动。这样顺时针转动的后行星排行星齿轮驱动齿圈顺时针转动，从输出轴也输出动力，这是第二条动力传动路线。

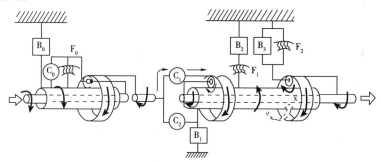

图3-31　D位一挡动力传动路线

（2）D_2挡。如图3-32所示，D位二挡时，C_0、C_1、B_2、F_0、F_1工作。C_0和F_0工作如前所述直接将动力传给中间轴。C_1工作，动力顺时针传到前行星排齿圈，驱动前行星排行星齿轮顺时针转动，并使前后太阳轮有逆时针转动的趋势，由于B_2的作用，F_1将防止前后太阳轮逆时针转动，即前后太阳轮不动。此时前行星排行星齿轮将带动行星架也顺时针转动，从输出轴输出动力。后行星排不参与动力的传动。

（3）D_3挡。如图3-33所示，D位三挡时，C_0、C_1、C_2、B_2、F_0工作。C_0和F_0工作如前所述直接将动力传给中间轴。C_1、C_2工作将中间轴与前行星排的齿圈和太阳轮同时连接起来，前行星排成为刚性整体，动力直接传给前行星排行星架，从输出轴输出动力。此挡为直接挡。

（4）D_4挡。如图3-34所示，D位四挡时，C_1、C_2、B_0、B_2工作。B_0工作，将超速行星排太

阳轮固定。动力由输入轴输入,带动超速行星排行星架顺时针转动,并驱动行星齿轮及齿圈都顺时针转动,此时的传动比小于1。C_1、C_2工作使得前后星排的工作同D_3挡,即处于直接挡。所以整个机构以超速挡传递动力。B_2的作用同前所述。

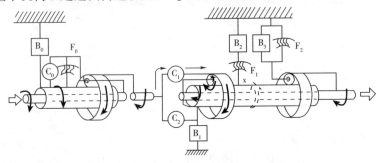

图3-32　D位二挡动力传动路线

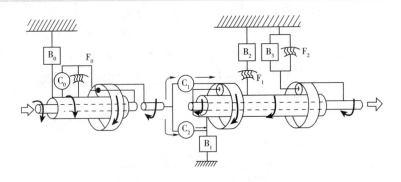

图3-33　D位三挡动力传动路线

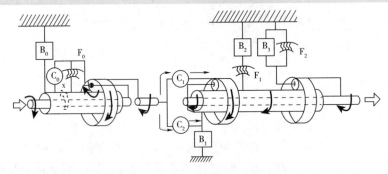

图3-34　D位四挡动力传动路线

(5)2_1挡。2位一挡的工作与D位一挡相同。

(6)2_2挡。如图3-35所示,2位二挡时,C_0、C_1、B_1、B_2、F_0、F_1工作。动力传动路线与D位二挡时相同,区别只是由于B_1的工作,使得2位二挡有发动机制动,而D位二挡没有。此挡为发动机制动挡。

(7)2_3挡。2位三挡的工作与D位三挡相同。

(8)L_1挡。如图3-36所示,L位一挡时,C_0、C_1、B_3、F_0、F_2工作。动力传动路线与D位一挡时相同,区别只是由于B_3的工作,使后行星排行星架固定,有发动机制动,原因同前所述。此挡为低速发动机制动挡。

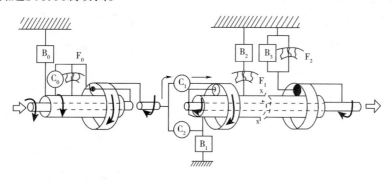

图 3-35　2 位二挡动力传动路线

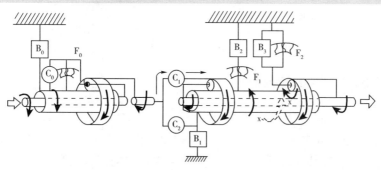

图 3-36　L 位一挡动力传动路线

（9）L_2 挡。L 位二挡的工作与 2 位二挡相同。

（10）R 位。如图 3-37 所示，倒挡时，C_0、C_2、B_3、F_0 工作。C_0 和 F_0 工作如前所述直接将动力传给中间轴。C_2 工作将动力传给前后行星排太阳轮。由于 B_3 工作，将后行星排行星架固定，使得行星齿轮仅相当于一个惰轮。前后行星排太阳轮顺时针转动驱动后行星排行星架逆时针转动，进而驱动后行星排齿圈也逆时针转动，从输出轴逆时针输出动力。

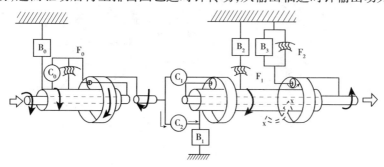

图 3-37　R 位动力传动路线

（11）P 位（驻车挡）。选挡杆置于 P 位时，一般自动变速器都是通过驻车锁止机构将变速器输出轴锁止实现驻车。如图 3-38 所示，驻车锁止机构由输出轴外齿圈、锁止棘爪、锁止凸轮等组成。锁止棘爪与固定在变速器壳体上的枢轴相连。当选挡杆处于 P 位时，与选挡杆相连的手动阀通过锁止凸轮将锁止棘爪推向输出轴外齿圈，并嵌入齿中，使变速器输出轴与壳体相连而无法转动,如图3-38b)所示。当选挡杆处于其他位置时,锁止凸轮退回,锁止棘爪在复位弹簧的作用离开输出轴外齿圈,锁止撤销,如图3-38a)所示。

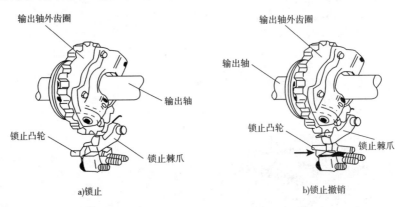

图3-38 驻车锁止机构

2 拉威挪式行星齿轮变速器

1 结构和组成

桑塔纳2000GSi-AT型轿车的01N型四挡拉威挪式行星齿轮自动变速器的结构如图3-39所示,包括拉威挪行星齿轮机构、离合器、制动器和单向离合器。

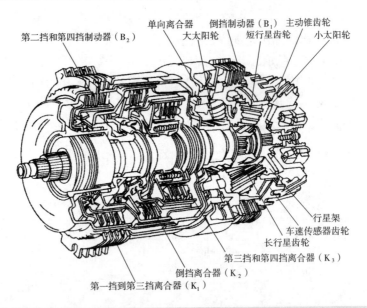

图3-39 拉威挪式行星齿轮变速器

拉威挪式行星齿轮变速器的结构示意图如图3-40和图3-41所示。行星齿轮系由大、小太阳轮各一个,长、短行星齿轮各3个,行星架和齿圈组成。短行星齿轮与长行星齿轮及小太阳轮啮合;长行星齿轮同时与大太阳轮、短行星齿轮及齿圈啮合,动力通过齿圈输出。

如图 3-42 所示,离合器 K_1 用于驱动小太阳轮,离合器 K_2 用于驱动大太阳轮,离合器 K_3 用于驱动行星架,制动器 B_1 用于制动行星架,制动器 B_2 用于制动大太阳轮,单向离合器 F 防止行星架逆时针转动。

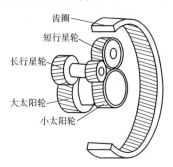
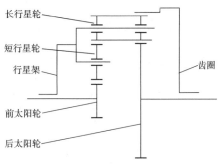

图 3-40　拉威挪行星齿轮变速器的结构示意图(1)　　图 3-41　拉威挪行星齿轮变速器的结构示意图(2)

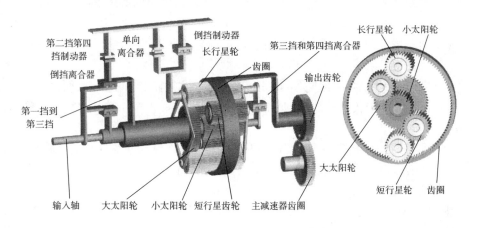

图 3-42　拉威挪行星齿轮变速器的结构

2 各挡动力传动路线

拉威挪式行星齿轮变速器的简图如图 3-43 所示,其中锁止离合器(LC)将变矩器的泵轮和涡轮刚性连在一起。

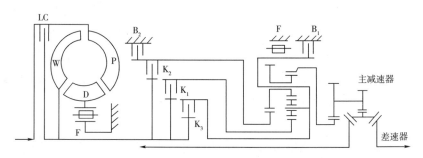

图 3-43　拉威挪行星齿轮变速器的简图

各挡位换挡元件的工作情况见表 3-3。

项目三 自动变速器的构造与维修

各挡位换挡元件的工作情况　　　　　　　　　　　　表 3-3

挡位	B_1	B_2	K_1	K_2	K_3	F
R	○			○		○
一挡			○			○
二挡		○	○			
三挡			○		○	
四挡		○			○	

注：○表示离合器、制动器或单向离合器工作。

各挡动力传动路线如下：

(1)一挡。一挡时,离合器 K_1 接合,单向离合器 F 工作。动力传动路线为:泵轮→涡轮→涡轮轴→离合器 K_1→小太阳轮→短行星齿轮→长行星齿轮驱动齿圈。

(2)二挡。二挡时,离合器 K_1 接合,制动器 B_2 制动大太阳轮。动力传动路线为:泵轮→涡轮→涡轮轴→离合器 K_1→小太阳轮→短行星齿轮→长行星齿轮围绕大太阳轮转动并驱动齿圈。

(3)三挡。三挡时,离合器 K_1 和 K_3 接合,驱动小太阳轮和行星架,因而使行星齿轮机构锁止并一同转动。动力传动路线为:泵轮→涡轮→涡轮轴→离合器 K_1 和 K_3→整个行星齿轮转动。

(4)四挡。四挡时,离合器 K_3 接合,制动器 B_2 工作,使行星架工作,并制动大太阳轮。动力传动路线为:泵轮→涡轮→涡轮轴→离合器 K_3→行星架→长行星齿轮围绕大太阳轮转动并驱动齿圈。

(5)R 挡。换挡杆处于 R 位时,离合器 K_2 接合,驱动大太阳轮;制动器 B_1 工作,使行星架制动。动力传动路线为:泵轮→涡轮→涡轮轴→离合器 K_2→大太阳轮→长行星齿轮反向驱动齿圈。

3 平行轴式自动变速器

广州本田雅阁轿车 MAXA 自动变速器采用了定轴式齿轮变速传动机构,可以提供 4 个前进挡和一个倒车挡。

1 结构和组成

广州本田雅阁轿车用 MAXA 自动变速器的内部结构如图 3-44 所示,图 3-45 为 MAXA 自动变速器的齿轮机构。定轴式齿轮变速传动机构主要由平行轴、各挡齿轮和湿式多片离合器等组成。平行轴有三根,即主轴(输入轴)、中间轴和副轴(输出轴)。

2 各挡动力传动路线

MAXA 型自动变速器各挡位参与工作的相关部件见表 3-4。

各挡动力传动路线如下：

(1)P 位。液压油不作用到任何离合器,所有离合器均分离,动力不传递给副轴。此时,依靠制动锁块与驻车挡齿轮的互锁作用实现驻车。

（2）N位。发动机动力由液力变矩器传递给主轴惰轮、副轴惰轮和中间轴惰轮，但液压油没有作用到任何离合器上，动力没有传递给副轴。

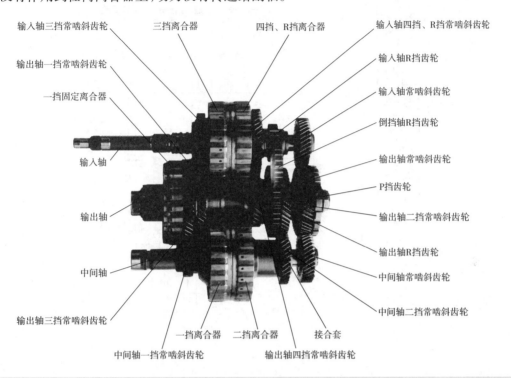

图3-44　广州本田雅阁轿车自动变速器的内部结构

MAXA型自动变速器各挡位参与工作的相关部件　　　　表3-4

挡位		液力变矩器	一挡齿轮一挡离合器	一挡固定离合器	二挡齿轮二挡离合器	三挡齿轮三挡离合器	四挡		倒挡齿轮	驻车挡齿轮
							齿轮	离合器		
P										○
R		○						○	○	
N		○								
D_4	一挡	○	○							
	二挡	○	○		○					
	三挡	○	○			○				
	四挡	○	○				○	○		
D_3	一挡	○	○							
	二挡	○	○		○					
	三挡	○	○			○				
2		○	○		○					
1		○	○	○						

注：○表示工作。

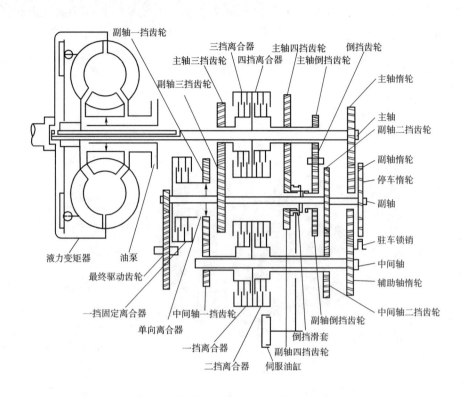

图 3-45　MAXA 自动变速器的齿轮机构

当选挡杆从 D_4 位变换到 N 位时，倒挡接合套将中间轴四挡齿轮与倒挡接合套及副轴相连；当选挡杆从 R 位变换到 N 位时，副轴倒挡齿轮也将处于啮合状态。但由于无动力传递给副轴，上述两种情况均无动力输出，从而使车辆处于空挡位置。

（3）D_4 或 D_3 位一挡。液力变矩器→主轴→主轴惰齿轮→中间轴惰齿轮→中间轴→一挡离合器→中间轴一挡齿轮→副轴一挡齿轮→单向离合器→副轴→最终驱动齿轮。

（4）D_4 或 D_3 位二挡。液力变矩器→主轴→主轴惰齿轮→中间轴惰齿轮→二挡离合器→中间轴二挡齿轮→副轴二挡齿轮→最终驱动齿轮。

（5）D_4 或 D_3 位三挡。液力变矩器→主轴→三挡离合器→主轴三挡齿轮→副轴三挡齿轮→副轴→最终驱动齿轮。

（6）D_4 位四挡。液力变矩器→主轴→四挡离合器→主轴四挡齿轮→副轴四挡齿轮→倒挡滑套→副轴→最终驱动齿轮。

（7）1 位一挡。动力传递路线与 D_4 或 D_3 位一挡基本相同，区别仅在于一挡固定离合器接合，使动力分流，实现发动机制动。阻力传递路线：车轮→驱动桥→最终驱动齿轮→副轴→一挡固定离合器→副轴一挡齿轮→中间轴一挡齿轮→一挡离合器→中间轴→中间轴惰齿轮→主轴惰齿轮→主轴→液力变矩器→发动机。

（8）R 位。液力变矩器→主轴→四挡离合器→主轴倒挡齿轮→倒挡惰轮→副轴倒挡齿轮→副轴→最终驱动齿轮。

任务二 自动变速器油（ATF）的检查

一 实训准备

1 实训器材

（1）卡罗拉轿车（自动挡）（图3-46）。
（2）自动变速器油"Toyota Genuine ATF WS"（丰田纯正 ATF WS）（图3-47）。

图3-46　卡罗拉轿车（自动挡）　　　图3-47　自动变速器油液

（3）其他工具及器材：举升机（见图1-17）、组合工具（见图1-18）、回收桶（见图2-18）、扭力扳手、加油机、转向盘护套、选挡杆手柄套、座位套、脚垫、翼子板和前格栅磁力护裙等。

2 准备工作

（1）汽车进入工位前，将工位清理干净，准备好相关的器材。
（2）将汽车停驻在举升机中央位置（见图1-22）。
（3）拉紧驻车制动器操纵杆（见图1-23），并将自动变速器选挡杆置于驻车挡（P挡）位置（图3-48）。
（4）套上转向盘护套（见图1-24）、选挡杆手柄套和座位套，铺设脚垫。
（5）在车内拉动发动机舱盖手柄（见图1-25），在车外打开并支撑发动机舱盖（图3-49）。

图3-48　将自动变速器选挡杆置　　图3-49　打开并支撑发动机舱盖
　　　　于驻车挡（P位）位置

(6)粘贴翼子板和前格栅磁力护裙(见图1-27)。

二、自动变速器油(ATF)液面高度的检查

(1)驾驶车辆,使发动机和自动变速器处于正常工作温度下。自动变速器油液温度:70~80℃。自动变速器油液容量:6.4L。

(2)在发动机怠速且制动踏板踩下的情况下,将选挡杆换到从P位置到L位置的所有位置。然后回到P位置。

(3)拉出ATF油尺并将其擦干净(图3-50)。

(4)将ATF油尺完全推回到油管中(图3-51)。

(5)再次拉出ATF油尺,并检查液位是否在HOT范围内,如图3-52所示。如果液位低于HOT范围,加注新ATF并重新检查液位高度。如果液位超过HOT范围,排放一次,添加适量新的ATF并重新检查液位。

图3-50 将ATF油尺擦拭干净

图3-51 将ATF油尺完全推回到油管中

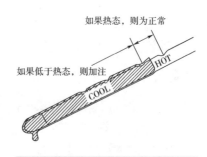

图3-52 ATF液面高度的检查

任务三 自动变速器故障码的读取与清除

一、实训准备

1 实训器材

(1)智能检测仪(图3-53)。

(2)其他工具及器材:卡罗拉轿车(见图3-46)、转向盘护套、选挡杆手柄套、座位套、脚垫等。

图 3-53　智能检测仪及其配件

2 准备工作

（1）汽车进入工位前，将工位清理干净，准备好相关的器材。
（2）将汽车停驻在举升机中央位置（见图 1-22）。
（3）拉紧驻车制动器操纵杆，并将自动变速器选挡杆置于驻车挡（P 位）位置（见图 3-48）。
（4）套上转向盘护套（见图 1-24）、选挡杆手柄套和座位套（图 3-54），铺设脚垫。

故障码的读取

存储在电控单元（ECM）中的 DTC（故障码）可以在智能检测仪上显示。这些诊断工具可显示待定 DTC 和当前 DTC。在连续行驶过程中，如果 ECM 未检测到故障，则有些 DTC 将不会存储。然而，在一次行驶中检测到的故障作为待定 DTC 存储。

（1）将智能检测仪连接到 DLC3。
（2）将点火开关置于 ON（IG）位置。
（3）进入以下菜单项：Enter/Powertrain/Engine and ECT/DTC/Current（or Pending）。
（4）确认 DTC 和定格数据，然后将它们记录下来。
（5）确认 DTC 的详情。卡罗拉轿车 U341E 型自动变速器故障码见表 3-5。

图 3-54　套上座位套

U341E 型自动变速器故障码　　表 3-5

故障码（DTC）	检测项目	故障部位
P0705	变速器挡位传感器电路故障（PRNDL 输入）	1. 空挡起动开关电路断路或短路； 2. 空挡起动开关； 3. ECM
P0710	变速器油温度传感器"A"电路	1. ATF 温度传感器电路断路或短路； 2. 变速器线束（ATF 温度传感器）； 3. ECM

续上表

故障码(DTC)	检 测 项 目	故 障 部 位
P0711	变速器油温度传感器"A"性能	变速器线束(ATF 温度传感器)
P0712	变速器油温度传感器"A"电路低输入	1. ATF 温度传感器电路短路; 2. 变速器线束(ATF 温度传感器); 3. ECM
P0713	变速器油温度传感器"A"电路高输入	1. ATF 温度传感器电路断路; 2. 变速器线束(ATF 温度传感器); 3. ECM
P0717	涡轮转速传感器电路无信号	1. 变速器转速传感器 NT(转速传感器 NT)电路断路或短路; 2. 变速器转速传感器 NT(转速传感器 NT); 3. ECM; 4. 自动变速器总成
P0724	制动开关"B"电路高电位	1. 制动灯开关电路短路; 2. 制动灯开关; 3. ECM
P0741	液力变矩器电磁阀性能(换挡电磁阀 SL)	1. 换挡电磁阀 SL 保持打开或关闭状态; 2. 阀体阻塞; 3. 换挡电磁阀 SL; 4. 液力变矩器; 5. 自动变速器(离合器、制动器或齿轮等); 6. 管路压力过低
P0751	换挡电磁阀"A"性能(换挡电磁阀 S_1)	1. 换挡电磁阀 S_1 保持打开或关闭状态; 2. 阀体阻塞; 3. 换挡电磁阀 S_1; 4. 自动变速器(离合器、制动器或齿轮等)
P0756	换挡电磁阀"B"性能(换挡电磁阀 S_2)	1. 换挡电磁阀 S_2 保持打开或关闭状态; 2. 阀体阻塞; 3. 换挡电磁阀 S_2; 4. 自动变速器(离合器、制动器或齿轮等)
P0787	换挡/正时电磁阀电位低(换挡电磁阀 ST)	1. 换挡电磁阀 ST 电路短路; 2. 换挡电磁阀 ST; 3. ECM
P0788	换挡/正时电磁阀电位高(换挡电磁阀 ST)	1. 换挡电磁阀 ST 电路断路; 2. 换挡电磁阀 ST; 3. ECM
P0973	换挡电磁阀"A"控制电路电位低(换挡电磁阀 S_1)	1. 换挡电磁阀 S_1 电路短路; 2. 换挡电磁阀 S_1; 3. ECM
P0974	换挡电磁阀"A"控制电路电位高(换挡电磁阀 S_1)	1. 换挡电磁阀 S_1 电路断路; 2. 换挡电磁阀 S_1; 3. ECM

续上表

故障码(DTC)	检测项目	故障部位
P0976	换挡电磁阀"B"控制电路电位低(换挡电磁阀 S_2)	1. 换挡电磁阀 S_2 电路短路; 2. 换挡电磁阀 S_2; 3. ECM
P0977	换挡电磁阀"B"控制电路电位高(换挡电磁阀 S_2)	1. 换挡电磁阀 S_2 电路断路; 2. 换挡电磁阀 S_2; 3. ECM
P2714	压力控制电磁阀"D"性能(换挡电磁阀 SLT)	1. 换挡电磁阀 SLT 保持关闭状态; 2. 阀体阻塞; 3. 液力变矩器; 4. 自动变速器(离合器、制动器或齿轮等)
P2716	压力控制电磁阀"D"电路(换挡电磁阀 SLT)	1. 换挡电磁阀 SLT 电路断路或短路; 2. 阀体阻塞; 3. 液力变矩器; 4. 自动变速器(离合器、制动器或齿轮等)
P2769	液力变矩器电磁阀电路短路(换挡电磁阀 SL)	1. 换挡电磁阀 SL 电路短路; 2. 换挡电磁阀 SL; 3. ECM
P2770	液力变矩器电磁阀电路断路(换挡电磁阀 SL)	1. 换挡电磁阀 SL 电路断路; 2. 换挡电磁阀 SL; 3. ECM

三 故障码的清除

使用智能检测仪清除 DTC。
(1)将智能检测仪连接到 DLC3。
(2)将点火开关置于 ON(IG)位置。
(3)进行以下菜单项:Enter/Powertrain/Engine and ECT/DTC/Clear。

任务四 主油路压力的测试

一 实训准备

1 实训器材

(1)扭力扳手(图 3-55)。
(2)其他工具及器材:卡罗拉自动挡轿车(见图 3-46)、智能检测仪(见图 3-53)、专用工具 SST 09992-00095(09992-00231,09992-00271)、举升机(见图 1-17)、组合工具(见图 1-18)、车轮止动楔、转向盘护套、选挡杆手柄套、座位套、脚垫、翼子板和前格栅磁力护裙等。

2 准备工作

(1) 汽车进入工位前,将工位清理干净,准备好相关的器材。
(2) 将汽车停驻在举升机中央位置(见图 1-22)。
(3) 拉紧驻车制动器操纵杆(见图 1-23),并将自动变速器选挡杆置于驻车挡(P位)位置(见图 3-48)。
(4) 套上转向盘护套(见图 1-24)、选挡杆手柄套和座位套,铺设脚垫。
(5) 在车内拉动发动机舱盖手柄(见图 1-25),在车外打开并支撑发动机舱盖(见图 1-26)。
(6) 粘贴翼子板和前格栅磁力护裙(图 3-56)。

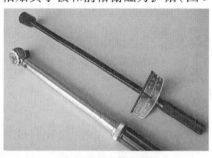

图 3-55 扭力扳手

图 3-56 粘贴翼子板和前格栅磁力护裙

二、主油路压力的测试

1 注意事项

(1) 在 ATF(自动变速器油)的正常工作温度(50~80℃)下执行测试。
(2) 管路压力测试务必由两人一起完成,一人进行测试时,另一人应在车外观察车轮或车轮挡块的状况。
(3) 注意不要使 SST 软管妨碍排气管。
(4) 检测必须在检查和调整发动机之后进行。
(5) 检测应在空调关闭的情况下进行。
(6) 失速测试时,测试的持续时间不得超过 5s。

2 管路压力测试

(1) 使 ATF 变暖。
(2) 拆下自动变速器壳左前侧的检测螺塞,并连接 SST 09992-00095(09992-00231,09992-00271),如图 3-57 所示。
(3) 完全拉紧驻车制动器,并塞住 4 个车轮。
(4) 将智能检测仪连接到 DLC3。
(5) 起动发动机并检查急速。
(6) 用左脚踩住制动踏板并换至 D 位置。

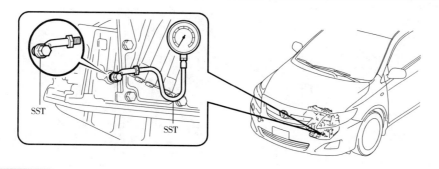

图 3-57 连接 SST

（7）在发动机怠速运转时测量管路压力。丰田卡罗拉自动变速器管路压力见表 3-6。

丰田卡罗拉自动变速器管路压力　　　　　表 3-6

条　件	D 位置（kPa）	R 位置（kPa）
怠速运转时	372～412	553～623
失速测试	1120～1230	1660～1870

（8）将加速踏板踩到底。发动机转速达到失速转速时，迅速读取最高管路压力，应符合表 3-6 所示要求。

（9）用同样的方法在 R 位置进行测试，应符合表 3-6 所示要求。

任务五　空挡起动开关的检查与调整

一　实训准备

1　实训器材

（1）万用表（图 3-58）。

（2）其他工具及器材：丰田卡罗拉轿车（自动挡）（见图 3-46）、举升机（见图 1-17）、组合工具（见图 1-18）、扭力扳手、螺丝刀、车轮止动楔、转向盘护套、选挡杆手柄套、座位套、脚垫、翼子板和前格栅磁力护裙等。

2　准备工作

（1）汽车进入工位前，将工位清理干净，准备好相关的器材。

（2）将汽车停驻在举升机中央位置（见图 1-22）。

（3）拉紧驻车制动器操纵杆（见图 1-23），并将自动变速器选挡杆置于驻车挡（P 位）位置（见图 3-48）。

（4）套上转向盘护套（见图 1-24）、选挡杆手柄套和座位套，铺设脚垫。

（5）在车内拉动发动机舱盖手柄（见图 1-25），在车外打开并支撑发动机舱盖（见图 1-26）。

（6）粘贴前格栅和翼子板磁力护裙（图 3-59）。

图 3-58 车用万用表

图 3-59 粘贴翼子板磁力护裙

二、空挡起动开关的检查与调整

丰田卡罗拉轿车空挡起动开关的安装位置如图 3-60 所示。

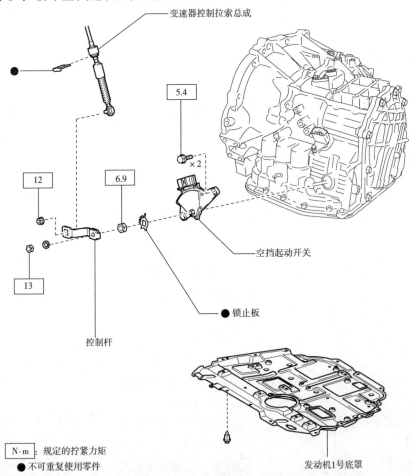

图 3-60 空挡起动开关安装位置

1 车上检查空挡起动开关总成

（1）施加驻车制动并将点火开关置于 ON(IG) 位置（图 3-61）。

（2）踩下制动踏板，检查并确认当换挡杆在 N 或 P 位置时发动机能起动，而在其他位置时不起动。

（3）检查并确认当换挡杆在 R 位置时倒车灯点亮，倒挡警告蜂鸣器鸣响，但在其他位置不起作用。

如果发现故障，则应检查空挡起动开关的导通性。

2 拆卸

（1）从蓄电池负极端子断开电缆。
（2）拆卸发动机 1 号底罩。
（3）分离变速器控制拉索总成（图 3-62）。
①从控制杆上拆下螺母，并断开控制拉索总成。
②从控制拉索支架上拆下卡子，并断开控制拉索总成。

图 3-61　点火开关置于 ON 位置

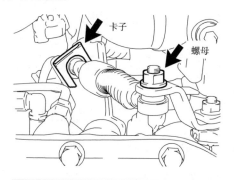

图 3-62　分离变速器控制拉索总成

（4）拆卸空挡起动开关总成。
①从空挡起动开关总成上断开连接器。
②拆下螺母、垫圈和控制杆（图 3-63）。
③撬出锁止板，并拆下手动阀轴螺母（图 3-64）。

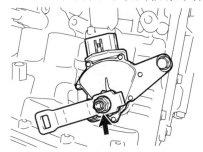

图 3-63　拆卸空挡起动开关总成（1）

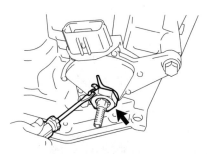

图 3-64　拆卸空挡起动开关总成（2）

④如图 3-65 所示，拆下 2 个螺栓，并拉出空挡起动开关总成。

3 空挡起动开关总成的检查

(1) 断开空挡起动开关连接器。

(2) 根据图3-66中连接器端子测量电阻,电阻值见表3-7。

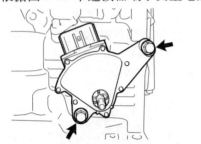

图3-65 拆卸空挡起动开关总成(3)

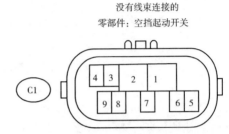

图3-66 连接器端子

标准电阻　　　　　　　　　　　　　　　　　　　　　表3-7

检测仪连接	条　件	规定连接	检测仪连接	条　件	规定连接
2-6 和 4-5	P 位置	小于 1Ω	2-7	D 位置和 3 位置	小于 1Ω
	除 P 位置外	10kΩ 或更大		除 N 位置和 3 位置外	10kΩ 或更大
2-1	R 位置	小于 1Ω	2-3	2 位置	小于 1Ω
	除 R 位置外	10kΩ 或更大		除 2 位置外	10kΩ 或更大
2-9 和 4-5	N 位置	小于 1Ω	2-8	L 位置	小于 1Ω
	除 N 位置外	10kΩ 或更大		除 L 位置外	10kΩ 或更大

4 空挡起动开关总成的调整

(1) 如图3-67所示,松开空挡起动开关的螺栓,并将选挡杆置于N位置。

(2) 将凹槽与空挡基线对准(图3-68)。

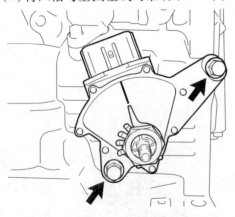

图3-67 松开空挡起动开关的螺栓

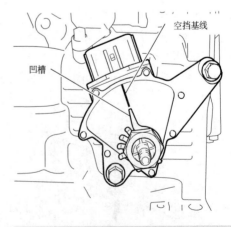

图3-68 对准基线

(3) 将开关固定到位,然后拧紧2个螺栓(见图3-67),拧紧力矩为5.4N·m。

(4) 调整完成后,进行开关工作情况检查。

5 安装

(1) 安装空挡起动开关总成。

①将空挡起动开关安总成安装至自动变速器上。

②暂时安装2个螺栓(见图3-65)。

③换上新的锁止板,并拧紧手动阀轴螺母(图3-69),拧紧力矩为6.9N·m。

④暂时安装控制杆。

⑤如图3-70所示,逆时针转动控制杆直到其停止,然后顺时针转动2个槽口。

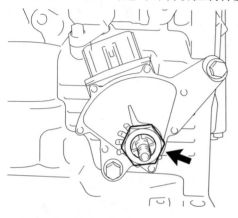
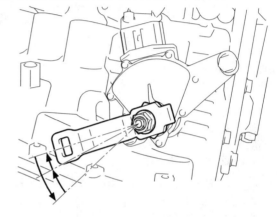

图3-69 拧紧手动阀轴螺母　　　　图3-70 逆时针转动控制杆

⑥拆下控制杆。

⑦如图3-71所示,将凹槽与空挡基线对准。将开关固定到位,然后拧紧2个螺栓(拧紧力矩为5.4N·m)。

⑧使用螺丝刀,用锁止板锁紧螺母(图3-72)。

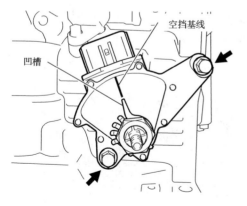
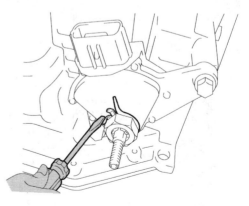

图3-71 安装开关总成　　　　图3-72 锁紧螺母

⑨用螺母和垫圈安装控制杆(见图3-63),拧紧力矩为13N·m。

⑩将连接器连接至空挡起动开关总成。

(2) 安装变速器控制拉索总成(见图3-62)。

项目三　自动变速器的构造与维修

①用螺母将变速器控制拉索总成安装至控制杆,拧紧力矩为 12N·m。
②用一个新的卡子将变速器控制拉索总成安装至支架。
(3)将电缆连接到蓄电池负极端子,拧紧力矩为 5.4N·m。
(4)调整选挡杆位置。
(5)检查选挡杆位置。
(6)检查空挡起动开关总成。
(7)安装发动机 1 号底罩。

任务六　自动变速器转速传感器的检查与更换

一　实训准备

1 实训器材

(1)螺丝刀(图 3-73)。
(2)其他工具及器材:丰田卡罗拉轿车(自动挡)(见图 3-46)、举升机(见图 1-17)、组合工具(见图 1-18)、万用表(见图 3-58)、扭力扳手、车轮止动楔、转向盘护套、选挡杆手柄套、座位套、脚垫、翼子板和前格栅磁力护裙等。

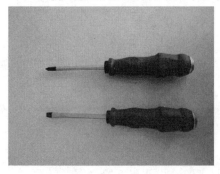

图 3-73　螺丝刀

2 准备工作

(1)汽车进入工位前,将工位清理干净,准备好相关的器材。
(2)将汽车停驻在举升机中央位置(图 3-74)。
(3)拉紧驻车制动器操纵杆(见图 1-23),并将自动变速器选挡杆置于驻车挡(P 位)位置(见图 3-48)。
(4)套上转向盘护套(见图 1-24)、选挡杆手柄套和座位套(图 3-75),铺设脚垫。

图 3-74　将汽车停驻在举升机中央位置

图 3-75　套上座位套

(5) 在车内拉动发动机舱盖手柄（见图 1-25），在车外打开并支撑发动机舱盖（见图 1-26）。

(6) 粘贴翼子板和前格栅磁力护裙（见图 1-27）。

一、自动变速器转速传感器的检查与更换

卡罗拉轿车 U341E 自动变速器转速传感器部件，如图 3-76 所示。

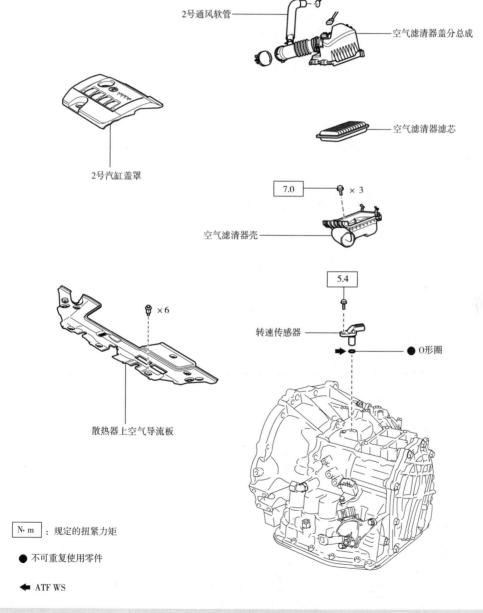

图 3-76 转速传感器部件

1 拆卸

(1) 拆卸散热器上空气导流板。
(2) 拆卸2号汽缸盖罩。
(3) 拆卸空气滤清器盖分总成。
(4) 拆卸空气滤清器壳。
(5) 拆卸转速传感器。
① 断开转速传感器连接器(图3-77)。
② 拆下螺栓和转速传感器。
③ 从转速传感器上拆下O形圈(图3-78)。

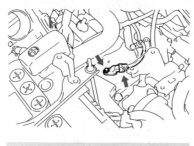

图3-77 断开转速传感器连接器

图3-78 拆下O形圈

2 检查

根据图3-79中连接器端子测量电阻,电阻值见表3-8。如果电阻值不符合规定,则更换转速传感器。

标准电阻　　　　　　　　　　　　　　　表3-8

检测仪连接	条　件	规定状态
1-2	20℃	560~680Ω

3 安装

(1) 安装转速传感器

没有线束连接的零部件:(转速传感谢器)

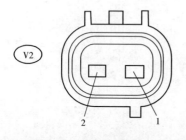

图3-79 连接器端子

① 在新O形圈上涂ATF,并将其安装至转速变速器(见图3-78)。
② 用螺栓安装转速传感器(见图3-77),拧紧力矩为5.4N·m。
③ 连接转速传感器连接器。
(2) 安装空气滤清器壳。
(3) 安装空气滤清器盖分总成。
(4) 安装2号汽缸盖罩。
(5) 安装散热器上空气导流板。

工作页

第一部分：理论知识

1. 自动变速器主要由_____、_____、_____、_____、_____等组成。写出图中各部件的名称。

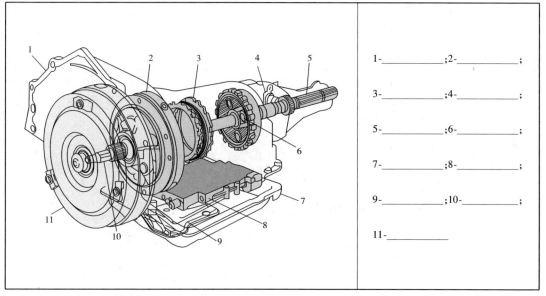

1-_____;2-_____;
3-_____;4-_____;
5-_____;6-_____;
7-_____;8-_____;
9-_____;10-_____;
11-_____

2. 液力变矩器的功用_____、_____、_____、_____。写出图中各部件的名称。

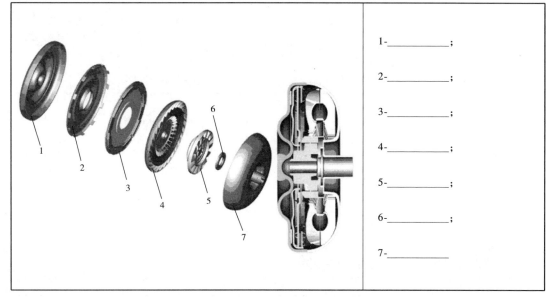

1-_____;
2-_____;
3-_____;
4-_____;
5-_____;
6-_____;
7-_____

项目三 自动变速器的构造与维修

3. 写出图中各部件的名称。

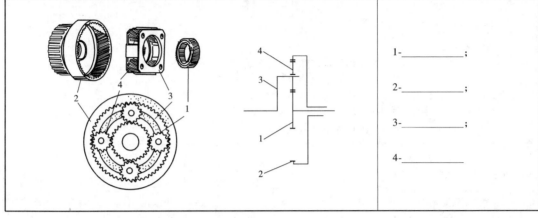

1-_____;

2-_____;

3-_____;

4-_____

4. 行星齿轮变速器的换挡执行元件包括_____、_____和_____。

5. 下图为内啮合齿轮泵的结构和工作原理示意图,写出图中各零部件的名称。

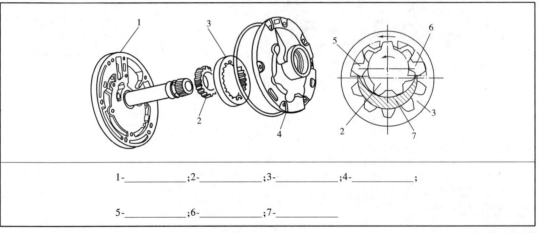

1-_____;2-_____;3-_____;4-_____;

5-_____;6-_____;7-_____

6. 自动变速器的电子控制系统包括传感器、_____和_____三部分,传感器部分主要包括_____、_____、_____、_____、_____、_____、_____等。

7. 下图为拉威挪行星齿轮变速器的结构示意图,写出图中各零部件的名称。

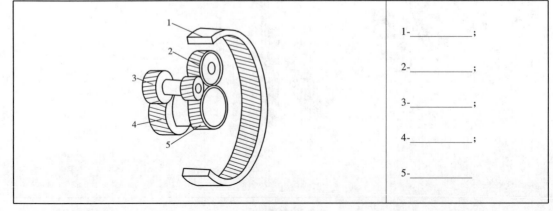

1-_____;

2-_____;

3-_____;

4-_____;

5-_____

第二部分：实践操作

1. 在实训室对照行星齿轮机构，认识基本组成，包括齿圈、行星齿轮、行星架、太阳轮、制动器、离合器等。写出图中零部件名称填入表格中。

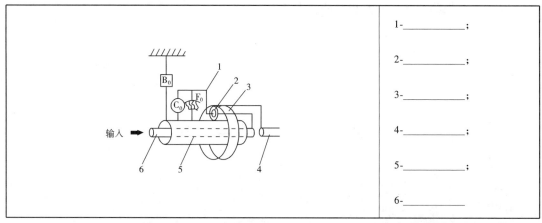

1-_____；

2-_____；

3-_____；

4-_____；

5-_____；

6-_____。

2. 已知某单排行星齿轮机构太阳轮齿数为30、齿圈齿数为70，填表说明其运动规律。

单排行星齿轮机构运动规律的特性方程式				
输入	固定元件	输出	传动比	可能挡位
齿圈	太阳轮	行星架		
太阳轮	齿圈	行星架		
行星架	太阳轮	齿圈		
行星架	齿圈	太阳轮		
太阳轮	行星架	齿圈		
太阳轮、齿圈连为一体输入				
太阳轮	无			

3. 简述自动变速器油（ATF）的检查方法。

4. 简述自动变速器故障码的读取与清除方法。

项目三 自动变速器的构造与维修

5. 简述主油路压力的测试方法。

6. 简述空挡起动开关的检查与调整方法。

第三部分：评价与反馈

考核项目	评分标准	分　数	学生自评	小组评价	教师评价	小　计
团队合作	是否和谐	5				
活动参与	是否积极主动	5				
安全生产	有无安全隐患	10				
现场5S	是否做到	10				
任务方案	是否合理	15				
操作过程	自动变速器油的检查； 自动变速器故障码的读取与清除； 主油路压力的测试； 空挡起动开关的检查与调整； 自动变速器转速传感器的检查与更换	30				
任务完成情况	是否圆满完成	5				
工具和设备使用	是否规范、标准	10				
劳动纪律	是否能严格遵守	5				
工单填写	是否完整、规范	5				
总　分		100				
教师签名：			年　月　日		得分	

项目四 万向传动装置的构造与维修

任务一 万向传动装置的认知

一、万向传动装置的功用和组成

1. 功用

万向传动装置在汽车上有很多应用,结构也稍有不同,但其功用都是一样的,即在轴线相交且相互位置经常发生变化的两转轴之间传递动力。

图 4-1 为万向传动装置在汽车中最常见的应用,位于变速器与驱动桥之间。

2. 组成

万向传动装置主要包括万向节和传动轴,对于传动距离较远的分段式传动轴,为了提高传动轴的刚度,还设置有中间支承,如图 4-2 所示。

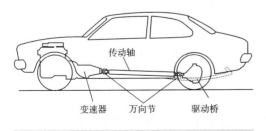

图 4-1 万向传动装置的位置

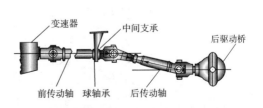

图 4-2 万向传动装置的组成

项目四 万向传动装置的构造与维修

3 万向传动装置的应用

万向传动装置在汽车上的应用主要有以下几个方面：

(1)变速器与驱动桥之间(4×2汽车)，如图4-3所示。一般汽车的变速器、离合器与发动机三者装合为一体装在车架上，驱动桥通过悬架与车架相连。在负荷变化及在不平路面行驶时引起的跳动，会使驱动桥输入轴与变速器输出轴之间的夹角和距离发生变化，需安装万向传动装置。

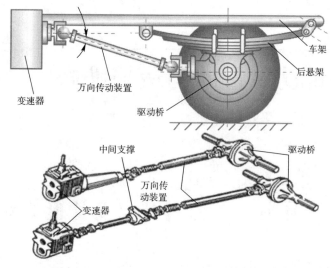

图4-3 变速器与驱动桥之间的万向传动装置

(2)变速器与分动器、分动器与驱动桥之间(越野汽车)，如图4-4所示。为消除车架变形及制造、装配误差等引起的其轴线同轴度误差对动力传递的影响，需装有万向传动装置。

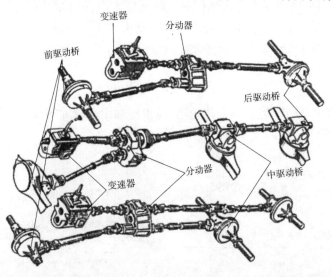

图4-4 变速器与分动器、分动器与驱动桥之间的万向传动装置

(3)转向驱动桥的内、外半轴之间,如图4-5所示。转向时两段半轴轴线相交且交角变化,因此要用万向节。

(4)断开式驱动桥的半轴之间,如图4-6所示。主减速器壳在车架上是固定的,桥壳上下摆动,半轴是分段的,需用万向节。

(5)转向机构的转向轴和转向器之间,如图4-7所示,有利于转向机构的总体布置。

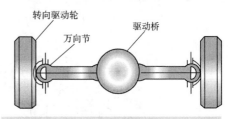

图4-5 转向驱动桥内、外半轴之间的万向传动装置

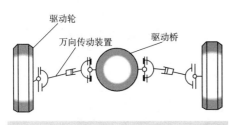

图4-6 断开式驱动桥半轴之间的万向传动装置

图4-7 转向机构的转向轴和转向器之间的万向传动装置

二、万向传动装置主要部件的结构

1. 万向节

在汽车上使用的万向节按其刚度大小,可分为刚性万向节和柔性万向节。刚性万向节按其速度特性又分为不等速万向节(常用的为十字轴式)、准等速万向节(双联式和三销轴式)和等速万向节(包括球叉式和球笼式等)。目前在汽车上应用较多的是十字轴式刚性万向节和等速万向节。十字轴式刚性万向节主要用于发动机前置后轮驱动的变速器与驱动桥之间,等角速万向节主要用于发动机前置前轮驱动的内、外半轴之间。

(1)十字轴刚性万向节。常见的不等速万向节为十字轴式刚性万向节,如图4-8所示,它允许相邻两轴的最大交角为15°~20°。

十字轴式刚性万向节主要由十字轴、万向节叉等组成。万向节叉上的孔分别套在十字轴的4个轴颈上。在十字轴轴颈与万向节叉孔之间装有滚针和套筒,用带有锁片的螺钉和轴承盖来使之轴向定位。为了润滑轴承,十字轴内钻有油道,且与油嘴、安全阀相通,如图4-9所示。为避免润滑油流出及尘垢进入轴承,十字轴轴颈的内端套装着油封。

单个十字轴式刚性万向节在主动轴和从动轴之间有夹角的情况下,当主动叉等角速转动时,从动叉是不等角速的,这称为十字轴式刚性万向节的不等速特性。且两转轴之间的夹角越大,不等速性就越大,图4-10为传动轴每转一圈时速度变化情况。

十字轴式刚性万向节的不等速特性将使从动轴及其相连的传动部件产生扭转振动,从而产生附加的交变载荷,影响部件寿命。可以采用图4-11所示的双十字轴刚性万向节的传动方式,第一万向节的不等速特性可以被第二万向节的不等速特性所抵消,从而实现两轴间的等角速传动。具体条件是:①第一万向节两轴间夹角 α_1 与第二万向节两轴间夹角 α_2 相等;②第一万向节的从动叉与第二万向节的主动叉处于同一平面。

项目四 万向传动装置的构造与维修

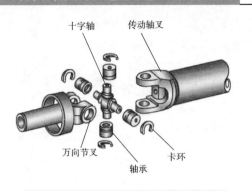

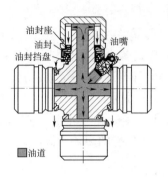

图4-8 十字轴式刚性万向节　　　　　图4-9 润滑油道及密封装置

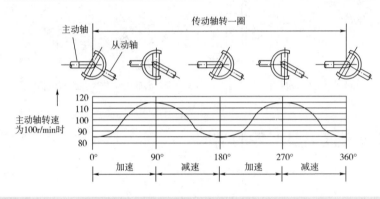

图4-10 十字轴式刚性万向节的不等速特性

由于悬架的振动,不可能在任何时候都能保证 $\alpha_1 = \alpha_2$,因此双十字轴刚性万向节的传动只能近似地解决等速传动问题,且由于两轴夹角最大只能是20°,因此使用上受到一定限制。

(2)等速万向节。等速万向节的工作原理是保证万向节在工作过程中,其传力点永远位于两轴交角的平分面上,如图4-12所示。

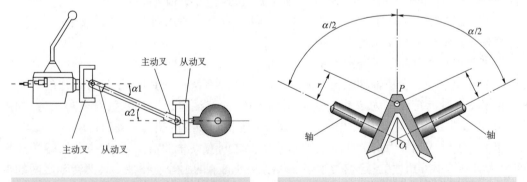

图4-11 双十字轴刚性万向节等速传动布置图　　　　图4-12 等速万向节的工作原理

常见的球笼式等速万向节有固定型球笼式等速万向节(RF节)和伸缩型球笼式等速万向节(VL节)。

固定型球笼式万向节由六个钢球、星形套、球形壳和保持架等组成,如图4-13所示。万向节星形套与主动轴用花键固接在一起,星形套外表面有六条弧形凹槽滚道,球形壳的内表面有相应的六条凹槽,六个钢球分别装在各条凹槽中,由球笼使其保持在同一平面内。动力由主动轴、钢球、球形壳输出。

球笼式万向节工作时六个钢球都参与传力,故承载能力强、磨损小、寿命长。它被广泛应用于各种型号的转向驱动桥和独立悬架的驱动桥。

伸缩型球笼式等角速万向节又称直槽滚道型等速万向节。如图 4-14 所示,其结构与上述球笼式相近,只是内、外滚道为圆筒形直槽,使万向节本身可轴向伸缩(伸缩量可达 40～50mm),省去其他万向节传动中的滑动花键,且滚动阻力小,适用于断开式驱动桥的万向传动装置。这种万向节所连接的两轴夹角不能太大,因此常常和固定型球笼式等速万向节组合在一起使用,以保证在夹角和距离发生变化的条件下传递动力。

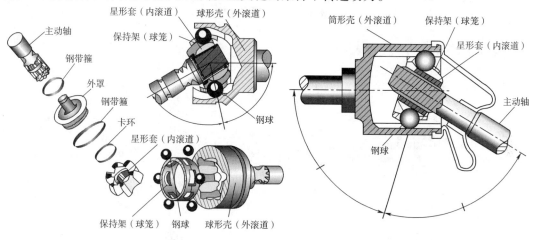

图 4-13　固定型球笼式等速万向节　　　图 4-14　伸缩型球笼式等速万向节

RF 节和 VL 节广泛应用于采用独立悬架的轿车转向驱动桥,如红旗、桑塔纳、捷达、宝来、奥迪等轿车的前桥。其中 RF 节用于靠近车轮处,VL 节用于靠近驱动桥处,如图 4-15 所示。

2 传动轴

传动轴是万向传动装置中的主要传力部件,通常用来连接变速器(或分动器)和驱动桥,在转向驱动桥和断开式驱动桥中,则用来连接差速器和驱动车轮。

图 4-16 为传动轴的构造。传动轴有实心轴和空心轴之分。为了减小传动轴的质量,节省材料,提高轴的强度、刚度,传动轴多为空心轴,超重型货车则直接采用无缝钢管。转向驱动桥、断开式驱动桥或微型汽车的传动轴通常制成实心轴。传动轴两端的连接件装好后,应进行动平衡试验。在质量小的一侧补焊平衡片,使其不平衡量不超过规定值。

汽车行驶过程中,变速器与驱动桥的相对位置会发生变化,随着传动轴角度的改变,其长度也会改变,因此采用滑动叉和花键组成的滑套连接,以实现传动轴长度的变化,如图 4-17 所示。

3 中间支承

传动轴分段时需加中间支承,中间支承通常装在车架横梁上,能补偿传动轴轴向和角度方向的安装误差,以及汽车行驶过程中因发动机窜动或车架变形等引起的位移。

图4-18所示的中间支承是由支架和轴承等组成,轴承固定在中间传动轴后部的轴颈上。带油封的支承盖之间装有弹性元件橡胶垫环,用3个螺栓紧固。紧固时,橡胶垫环会径向扩张,其外圆被挤紧于支架的内孔。

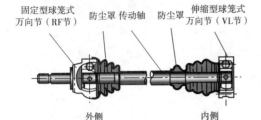

图4-15　RF节与VL节在转向驱动桥中的布置

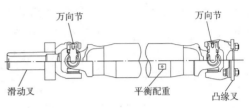

图4-16　传动轴的构造

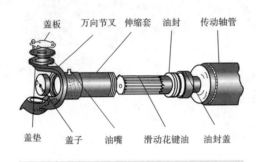

图4-17　滑动叉的构造

图4-18　中间支承

任务二　万向传动装置的检查与更换（发动机前置后轮驱动）

一、实训准备

1　实训器材

（1）五菱荣光汽车(图4-19)。
（2）所需专业工具：
①PT－0008 百分表(图4-20)。
②PT－0009 百分表固定座(图4-21)。
③CH－0009 万向节轴承拆卸安装器(图4-22)。
（3）台虎钳(图4-23)。
（4）其他工具及器材：举升机(见图1-17)、组合工具(见图1-18)、扭力扳手(见图3-55)、卡簧钳、钳子、PT－0015 厚薄规、锤子、7022 汽车高级润滑脂或锂基高级润滑脂、转向盘护套、变速杆手柄套、座位套、脚垫、翼子板和前格栅磁力护裙等。

图 4-19 五菱荣光汽车

图 4-20 PT-0008 百分表

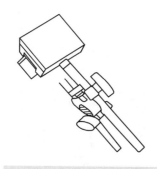

图 4-21 PT-0009 百分表固定座

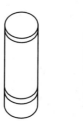

图 4-22 CH-0009 万向节轴承拆卸安装器

2 准备工作

（1）汽车进入工位前，将工位清理干净，准备好相关的器材。

（2）将汽车停驻在举升机中央位置（见图 1-51）。

（3）拉紧驻车制动器操纵杆（见图 1-52），并将变速杆置于空挡位置。

（4）套上转向盘护套、变速杆手柄套和座位套，铺设脚垫（见图 1-53）。

（5）在车内拉动发动机舱盖手柄（见图 1-54）。

（6）在车外打开并支撑发动机舱盖（见图 1-55）。

（7）粘贴翼子板和前格栅磁力护裙（见图 1-56）。

图 4-23 台虎钳

二、传动轴的检查

1 传动轴间隙的检查

如图 4-24 所示，固定滑动叉手握传动轴，转动传动轴，确认有无间隙。如有间隙，检查十字轴滚针轴承有无磨损，滚针轴承或花键磨损，在低速换挡时会出现噪声。

图4-24　传动轴间隙的检查

2 传动轴弯曲的检查

如图4-25所示，用专用工具PT-0008和PT-0009检查传动轴弯曲，弯曲限度在0.5mm以下。若超过该值，应当到专业厂进行校正传动轴，并需经动平衡校正或更换传动轴。

3 轴颈轴向侧隙的检查

如图4-26所示，用工具PT-0015检查轴颈轴向侧隙，标准数值0~0.06mm。若超过该值，应当到专业厂进行传动轴的校正或更换传动轴。

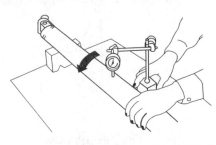

图4-25　传动轴弯曲的检查

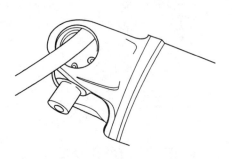

图4-26　轴颈轴向侧隙的检查

4 传动轴噪声的检查

在高速时出现噪声，整车有抖动感觉，一般是因传动轴总成动平衡超过规定或已弯曲变形而引起的，应当到专业厂进行校正，并需经动平衡校正传动轴或是更换传动轴。

在低速或变速时出现噪声一般是由零件磨损松动引起。如系滑动叉花键，十字轴和滚针轴承磨损严重，则应更换整根传动轴。

三、万向传动装置的更换

五菱荣光汽车万向传动装置分解图，如图4-27所示。

1 拆卸程序

（1）抬升并适当支承车辆。

（2）如图4-28所示，在凸缘叉上与后桥减速器上刻接配记号。

（3）如图4-29所示，适当支撑传动轴，拆卸凸缘叉连接螺栓。

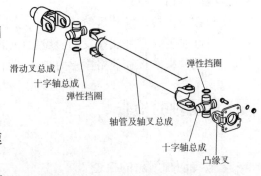

图4-27　万向传动装置分解图

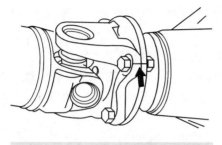

图4-28 万向传动装置的拆卸(1)

图4-29 万向传动装置的拆卸(2)

(4)如图4-30所示,将传动轴滑动叉从变速器输出轴连接花键中抽出。

(5)取下传动轴总成。

(6)如图4-31所示,使用卡簧钳拆下弹性挡圈。

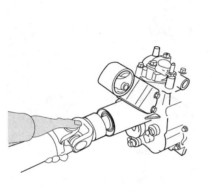

图4-30 万向传动装置的拆卸(3)

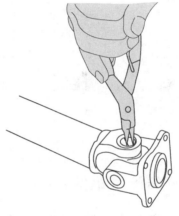

图4-31 万向传动装置的拆卸(4)

(7)如图4-32所示,使用工具CH-0009,把十字轴的轴承座圈从轴叉座圈内顶出3~4mm。

注意:在顶出十字轴轴承座圈之前,应在轴承座圈和轴叉座圈之间涂抹渗透性润滑剂。

(8)如图4-33所示,用锤子敲击轴管叉,拆出轴承座圈。

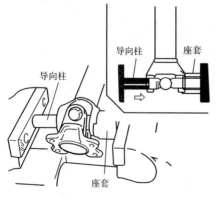

图4-32 万向传动装置的拆卸(5)

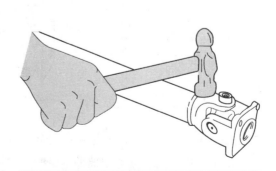

图4-33 万向传动装置的拆卸(6)

项目四 万向传动装置的构造与维修

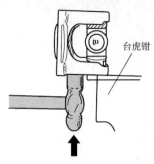

图4-34 万向传动装置的拆卸(7)

(9)重复步骤(7)和(8),用同样的方法取出另一侧的轴承座圈。

(10)如图4-34所示,拆卸凸缘叉。用步骤(6)和(7)的方法顶出凸缘叉侧的轴承座圈,然后用台虎钳夹住轴承座圈,敲击凸缘叉,取出座圈。再用同方法取出另一侧轴承座圈。

2 安装程序

(1)如图4-35所示,给十字轴轴承座圈涂抹润滑脂。润滑脂规格:7022汽车高级润滑脂或锂基高级润滑脂。

注意:重新组装时,一定要使用新的卡环、十字轴和轴承,拆下的卡环、十字轴和轴承禁止再使用,如图4-36所示。

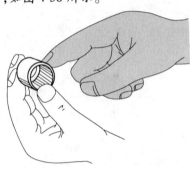

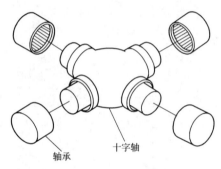

图4-35 万向传动装置的安装(1)　　图4-36 万向传动装置的安装(2)

(2)如图4-37所示,把轴承座圈插入传动轴轴管叉内,用锤子敲击,直到它与叉面平齐为止。同时,应把十字轴插入轴承座圈内,防止轴承座圈内的滚针掉出。

(3)如图4-38所示,把相对侧的另一轴承座圈插入轴管叉内,用锤子敲击,直到它与轴叉内卡簧槽侧面平齐为止。

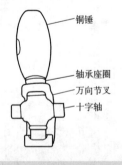

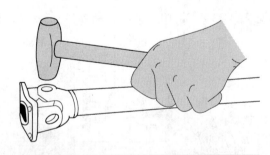

图4-37 万向传动装置的安装(3)　　图4-38 万向传动装置的安装(4)

注意:敲入轴承座圈时,为避免损坏万向节的轴叉,应在轴承座圈上放一块金属板。

(4)按照相同的方法,将十字轴轴承座圈安装到凸缘叉内。

(5)在轴叉和凸缘叉的叉孔装上适当厚度(十字轴轴向总间隙为0~0.06mm)的弹性挡圈固定(见图4-31)。

(6)适当举升传动轴总成。

(7)将传动轴滑动叉插入变速器输出轴连接花键中(见图4-30)。

(8)对准凸缘叉上与后桥减速器上刻的接配记号,安装凸缘叉连接螺栓(见图4-29)。凸缘叉连接螺栓拧紧力矩为35~40N·m。

注意:安装连接凸缘叉到后桥时,须对准接配记号。否则,行驶时会产生振动。

(9)移走支撑设备。

(10)降下车辆。

任务三 等速万向节的检查与更换（发动机前置前轮驱动）

一 实训准备

1 实训器材

(1)桑塔纳2000GSi 轿车(图4-39)。

(2)金属锤子(图4-40)。

(3)钢锯(图4-41)。

(4)其他工具及器材:举升机(见图1-17)、组合工具(见图1-18)、扭力扳手(见图3-55)、车轮止动楔、螺丝刀、钳子、压力装置 V.A.G1389、金属锤子、电蚀笔、专用工具 VW408a、专用工具 VW402、专用工具专用工具 VW522、专用工具 VW401、专用工具40-204、润滑脂G-6、防护剂D6、转向盘护套、变速杆手柄套、座位套、脚垫、翼子板和前格栅磁力护裙等。

图4-39 桑塔纳2000GSi 轿车

图4-40 金属锤子

2 准备工作

(1)汽车进入工位前,将工位清理干净,准备好相关的器材。

(2)将汽车停驻在举升机中央位置(图4-42)。

(3)拉紧驻车制动器操纵杆(图4-43),并将变速杆置于空挡位置。

(4)套上转向盘护套(图4-44)、变速杆手柄套和座位套,铺设脚垫。

项目四　万向传动装置的构造与维修

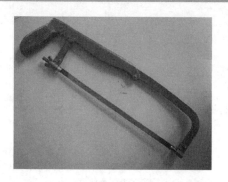

图4-41　钢锯

图4-42　停放汽车

图4-43　拉紧驻车制动器操纵杆

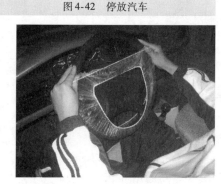

图4-44　套上转向盘护套

二、等速万向节的检查与更换

桑塔纳2000GSi轿车传动轴（半轴）示意图，如图4-45所示；传动轴和万向节分解图，如图4-46所示。

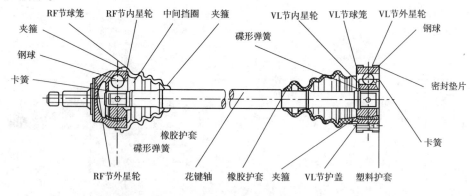

图4-45　桑塔纳2000GSi轿车传动轴（半轴）示意图

1. 传动轴（半轴）总成的拆卸

（1）在车轮着地时，旋下轮毂的紧固螺母。

（2）旋下传动轴凸缘上的紧固螺栓（图4-47中箭头所示），将传动轴与凸缘分开。

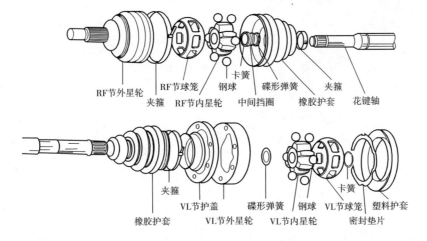

图 4-46 传动轴和万向节分解图

(3)从车轮轴承壳内拉出传动轴,或利用 V. A. G1389 压力装置拉出传动轴。

注意:拆卸传动轴时轮毂绝对不能加热,否则会损坏车轮轴承,原则上应使用拉具。其次,拆掉传动轴后,应装上一根连接轴来代替传动轴,防止移动卸掉传动轴的车辆时,损坏前轮轴承总成。

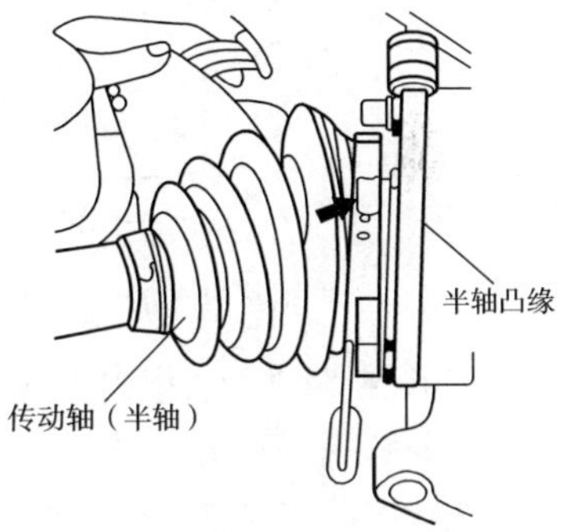

2 万向节的分解

(1)用钢锯将等速万向联轴器金属环锯开(图 4-48 中箭头处),拆卸防尘罩。

图 4-47 旋下传动轴凸缘上的紧固螺栓

(2)用一把轻金属锤子用力从传动轴上敲下万向节外圈(图 4-49)。

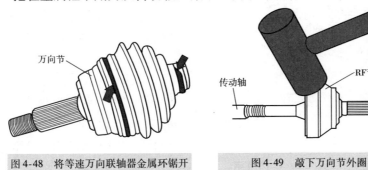

图 4-48 将等速万向联轴器金属环锯开　　图 4-49 敲下万向节外圈

(3)拆卸弹簧锁环(图 4-50)。

(4)压出万向节内圈(图 4-51)。

(5)分解外等速万向节。

①拆散之前用电蚀笔或油石在钢球球笼和外星轮上标出内星轮的位置。

②如图 4-52 所示,旋转内星轮与球笼,依次取出钢球。

③用力转动钢球笼直至两个方孔(图 4-53 中箭头所示)与外星轮对齐,连外星轮一起拆

下球笼。

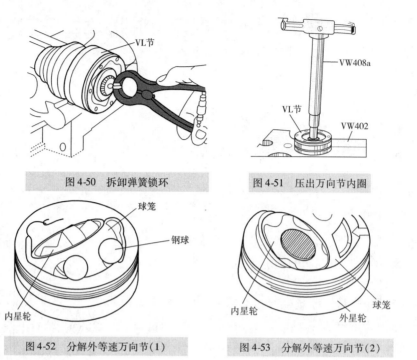

图 4-50　拆卸弹簧锁环

图 4-51　压出万向节内圈

图 4-52　分解外等速万向节（1）

图 4-53　分解外等速万向节（2）

④如图 4-54 所示，把内星轮上扇形齿旋入球笼的方孔，然后从球笼中取下内星轮。

(6) 分解内等速万向节。

①转动内星轮与球笼，按图 4-55 中箭头所示方向压出球笼里的钢球。

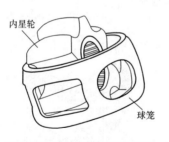

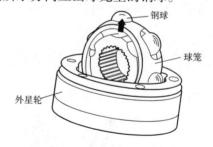

图 4-54　分解外等速万向节（3）

图 4-55　分解内等速万向节（1）

②内星轮与外星轮一起选配，不能互换。

③从球槽上面（图 4-56 中箭头所示）取出球笼里的内星轮。

3 万向节的检查

(1) 检查外星轮、内星轮、球笼及钢球有无凹陷与磨损。

(2) 各球节处的 6 个钢球要求一定的配合公差，并与内星轮一起成为一组配合件。

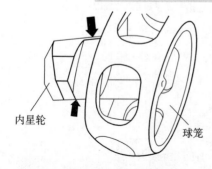

图 4-56　分解内等速万向节（2）

(3)如果万向节间隙已经明显过大,万向节必须更换。如果万向节呈光滑无损,或者能看到钢球在运转,则不必更换万向节。

4 万向节的组装

(1)组装内万向节:

①对准凹槽将内星轮嵌入球笼,内星轮在球笼内的位置无关紧要。

②如图4-57所示,将钢球压入球笼,并注入润滑脂。

③将带钢球与球笼的外星轮垂直装入壳体。如图4-58所示,安装时应注意旋转之后,外星轮上的宽间隔 a 应对准内星轮上的窄间隔 b,转动球笼,嵌入到位。内星轮内径(花键齿)上的倒角必须对准外星轮的大直径端。

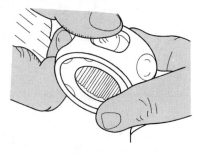

图4-57 组装内万向节(1)

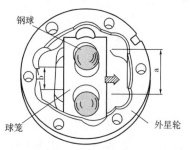

图4-58 组装内万向节(2)

④扭转内星轮,这样内星轮就能转出球笼(图4-59中箭头所示),使钢球在与壳体中的球槽相配合有足够的间隙。

⑤用力撬压球笼(图4-60中箭头所示),使装有钢球的内星轮完全转入外星轮内。

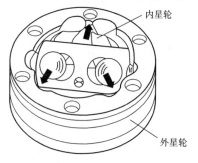

图4-59 组装内万向节(3)

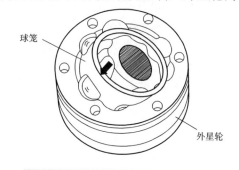

图4-60 组装内万向节(4)

⑥用手能将内星轮在轴向范围内来回推动,应灵活。

(2)组装外万向节。

①用汽油清洗各部件,将G-6润滑脂总量的一半(45g)注入万向节内。

②将球箱连同内星轮一起装入外星轮。

③对角交替地压入钢球,必须保持内星轮在球笼以及外星轮内的原先位置。

④将弹簧锁环装入内星轮,将剩余的润滑脂压入万向节。

⑤用手将内星轮在轴向范围内来回推动,检查安装是否正确。

5 万向节与传动轴的组装

（1）如图4-61所示，在传动轴上安装防护罩，正确安装碟形座圈。

（2）把万向节压入传动轴。如图4-62所示，使碟形座圈贴合，内星轮内径（花键齿）上的倒角必须面向传动轴靠肩。

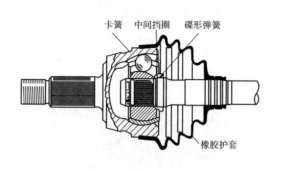

图4-61 万向节与传动轴的组装（1）

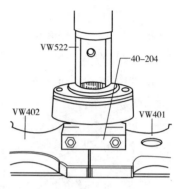

图4-62 万向节与传动轴的组装（2）

（3）安装弹簧锁环，装上外万向节。

（4）在万向节上安装防尘罩时，防尘罩经常受到挤压，因而在防尘罩内部产生一定真空，它在车辆行驶中会产生一个内吸的折痕（图4-63中箭头所示）。因此在安装防尘罩小口径之后，要稍微充点气，使得压力平衡，不产生褶皱。

（5）用夹箍夹住防尘罩（图4-64）。

图4-63 万向节与传动轴的组装（3）

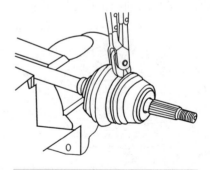

图4-64 万向节与传动轴的组装（4）

6 传动轴（半轴）总成的安装

（1）如图4-65所示，在等速万向节的花键涂上一圈5mm的防护剂D6，然后装上传动轴花键套。涂防护剂D6后的传动轴装车后应停车60min之后才可使用汽车。

（2）如图4-66所示，将球销接头重新装配在原位置，并拧紧螺母。在安装球销接头时，不能损坏波纹管护套。

（3）必要时检查前轮外倾角。

（4）车轮着地后，拧紧轮毂固定螺母。

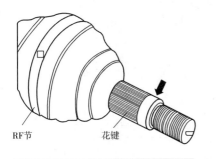

图 4-65 传动轴(半轴)总成的安装(1)

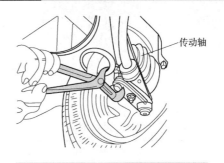

图 4-66 传动轴(半轴)总成的安装(2)

工 作 页

第一部分:理论知识

1. 万向传动装置功用是＿＿＿＿＿＿＿＿＿＿＿＿＿＿＿＿＿＿＿＿＿＿＿＿＿＿＿＿＿＿＿＿。

2. 万向传动装置主要包括＿＿＿＿＿＿和＿＿＿＿＿＿,对于传动距离较远的分段式传动轴,为了提高传动轴的刚度,还设置有＿＿＿＿＿＿。写出图中各零部件的名称。

1-＿＿＿＿＿＿;2-＿＿＿＿＿＿;3-＿＿＿＿＿＿;   4-＿＿＿＿＿＿;5-＿＿＿＿＿＿;6-＿＿＿＿＿＿

3. 刚性万向节按其速度特性分为＿＿＿＿＿＿(常用的为十字轴式)、＿＿＿＿＿＿(双联式和三销轴式)和＿＿＿＿＿＿(包括球叉式和球笼式等)。

4. 十字轴式刚性万向节允许相邻两轴的最大交角为＿＿＿＿＿＿。写出图中各零部件的名称。

	1-＿＿＿＿＿＿;
	2-＿＿＿＿＿＿;
	3-＿＿＿＿＿＿;
	4-＿＿＿＿＿＿;
	5-＿＿＿＿＿＿

项目四 万向传动装置的构造与维修

5. 分析十字轴万向节的不等速特性及实现等速传动的条件。

6. 下图为伸缩型球笼式等速万向节的构造，写出图中各零部件的名称。

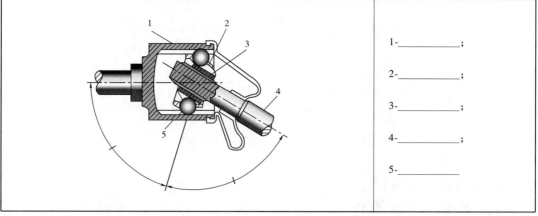

1-_____；

2-_____；

3-_____；

4-_____；

5-_____

7. 下图为传动轴及滑动叉的构造，写出图中各零部件的名称。

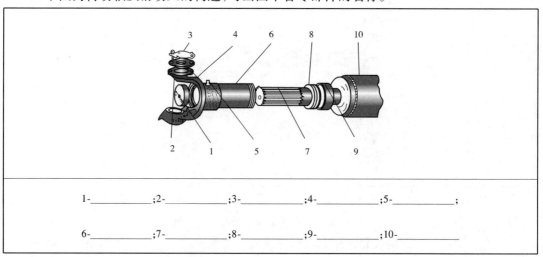

1-_____；2-_____；3-_____；4-_____；5-_____；

6-_____；7-_____；8-_____；9-_____；10-_____

8. 下图为中间支承的构造，写出图中各零部件的名称。

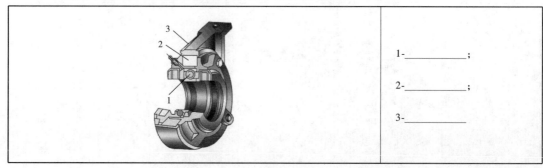

1-_____；

2-_____；

3-_____

第二部分：实践操作

1. 在实训室中找到万向传动装置，并观察其在汽车上的典型应用。

变速器（或分动器）与驱动桥之间	是□	否□
越野汽车变速器与分动器之间	是□	否□
汽车转向驱动桥的内、外半轴之间	是□	否□
断开式驱动桥的半轴	是□	否□
转向机构的转向轴和转向器之间	是□	否□

2. 检查传动轴间隙。固定滑动叉手握传动轴，转动传动轴，确认有无间隙。如有间隙，检查十字轴滚针轴承有无磨损，滚针轴承或花键磨损，在低速换挡时会出现噪声。

检查记录：

3. 检查传动轴弯曲。用专用工具 PT－0008 和 PT－0009 检查传动轴弯曲，弯曲限度在 0.5mm 以下。若超过该值，应当到专业厂进行校正传动轴，并需经动平衡校正或更换传动轴。

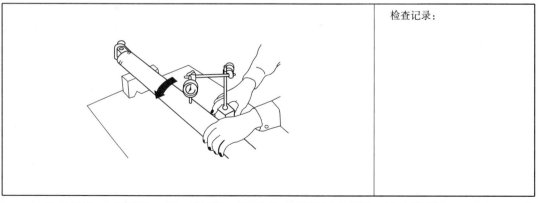

检查记录：

4. 检查轴颈轴向侧隙。用工具 PT－0015 检查轴颈轴向侧隙，标准数值 0～0.06mm。若超过该值，应当到专业厂进行传动轴的校正或更换传动轴。

项目四　万向传动装置的构造与维修

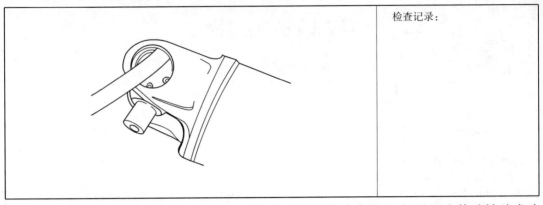

检查记录：

5. 检查传动轴噪声。在高速时出现噪声，且整车有抖动感觉，一般是因为传动轴总成动平衡超过规定或已弯曲变形引起的。应当到专业厂进行校正，并需经动平衡校正传动轴或是更换传动轴。

在低速或变速时出现的噪声一般是由零件磨损松动引起的。如系滑动叉花键、十字轴和滚针轴承磨损严重，则应更换整根传动轴。

检查记录：_____。

第三部分：评价与反馈

考核项目	评分标准	分　数	学生自评	小组评价	教师评价	小　计
团队合作	是否和谐	5				
活动参与	是否积极主动	5				
安全生产	有无安全隐患	10				
现场5S	是否做到	10				
任务方案	是否合理	15				
操作过程	传动轴的检查；万向传动装置的更换；等速万向节的检查与更换	30				
任务完成情况	是否圆满完成	5				
工具和设备使用	是否规范、标准	10				
劳动纪律	是否能严格遵守	5				
工单填写	是否完整、规范	5				
总　分		100				
教师签名：			年　　月　　日		得分	

项目五 驱动桥的构造与维修

任务一　驱动桥的认知

一、驱动桥功用、组成和分类

1. 驱动桥功用

驱动桥的位置如图 5-1 所示，其功用是将由万向传动装置传来的发动机转矩传给驱动车轮，并经降速增矩、改变动力传动方向，使汽车行驶，而且允许左右驱动车轮以不同的转速旋转。

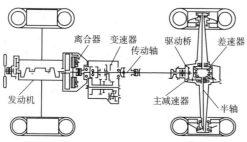

图 5-1　驱动桥在汽车上的安装位置及组成

2. 驱动桥的组成

驱动桥一般由主减速器、差速器、半轴和桥壳等组成，如图 5-2 所示。驱动桥的主要零部件都装在驱动桥的桥壳中。

项目五　驱动桥的构造与维修

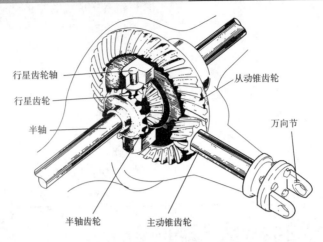

图 5-2　驱动桥的组成

3 驱动桥的分类

按照悬架结构的不同,驱动桥可以分为整体式驱动桥和断开式驱动桥,整体式驱动桥又称为非断开式驱动桥。

整体式驱动桥与非独立悬架配合使用,其驱动桥壳为一刚性整体,驱动桥两端通过悬架与车架或车身连接,左右半轴始终在一条直线上,即左右驱动轮不能相互独立地跳动。当某一侧车轮通过地面的凸出物或凹坑升高或下降时,整个驱动桥及车身都要随之发生倾斜,车身波动大。

断开式驱动桥与独立悬架配合使用,其主减速器固定在车架或车身上,驱动桥壳制成分段并用铰链连接,半轴也分段并用万向节连接。驱动桥两端分别用悬架与车架或车身连接。这样,两侧驱动车轮及桥壳可以彼此独立地相对于车架或车身上下跳动。

二　驱动桥主要部件的构造

1 主减速器

（1）主减速器的功用。将发动机转矩传给差速器;在动力的传动过程中要将转矩增大并相应地降低转速;对于纵置发动机,还要将转矩的旋转方向改变 90°。

（2）主减速器的类型。按参加传动的齿轮副数目,分为单级式主减速器和双级式主减速器。有些重型汽车又将双级式主减速器的第二级圆柱齿轮传动设置在两侧驱动车轮附近,称为轮边减速器。

按主减速器传动比个数,可分为单速式主减速器和双速式主减速器。单速式主减速器的传动比是固定的,而双速式主减速器则有两个传动比供驾驶人选择。

按齿轮副结构形式,可分为圆柱齿轮式(又可分为定轴轮系和行星轮系)主减速器和圆锥齿轮式(又可分为螺旋锥齿轮式和准双曲面锥齿轮式)主减速器。

（3）单级主减速器。单级主减速器结构简单,质量小,体积小,传动效率高,主要用于轿车及中型以下客货车。

对于发动机纵向布置的汽车,由于需要改变动力传递方向,单级主减速器都采用一对圆锥齿轮传动;对于发动机横向布置的汽车,单级主减速器采用一对圆柱齿轮即可。

桑塔纳2000轿车主减速器和差速器如图5-3所示,其传动比为4.444。由于发动机纵向前置前轮驱动,整个传动系都集中布置在汽车前部,因此其主减速器装于变速器壳体内,没有专门的主减速器壳体。由于省去了变速器到主减速器之间的万向传动装置,所以变速器输出轴即为主减速器主动轴。

2 差速器

1 差速器的功用

差速器的功用是将主减速器传来的动力传给左、右两半轴,并在必要时允许左、右半轴以不同转速旋转,使左、右驱动车轮相对地面纯滚动而不是滑动。

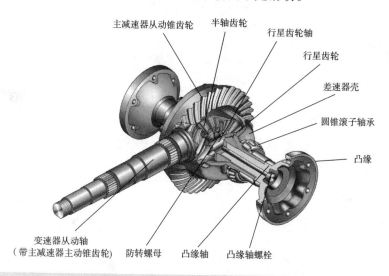

图5-3 桑塔纳2000轿车主减速器和差速器

当汽车转弯行驶时,内外两侧车轮中心在同一时间内移过的曲线距离显然不同,即外侧车轮移过的距离大于内侧车轮,如图5-4所示。若两侧车轮都固定在同一刚性转轴上,两轮角速度相等,则此时外轮必然是边滚动边滑移,内轮必然是边滚动边滑转。

2 差速器的结构和工作原理

应用最广泛的普通齿轮差速器为锥齿轮差速器。图5-5为桑塔纳2000轿车的差速器。

(1)结构。差速器由差速器壳、行星齿轮轴、2个行星齿轮、2个半轴齿轮、球面垫片和垫圈等组成。行星齿轮轴装入差速器壳体后用弹簧销定位。行星齿轮和

图5-4 汽车转向时驱动车轮的运动示意图

半轴齿轮的背面制成球面,与球面垫片和垫圈相配合,以减摩、耐磨。螺纹套用于紧固半轴齿轮。差速器通过一对圆锥滚子轴承支承在变速器壳体中。

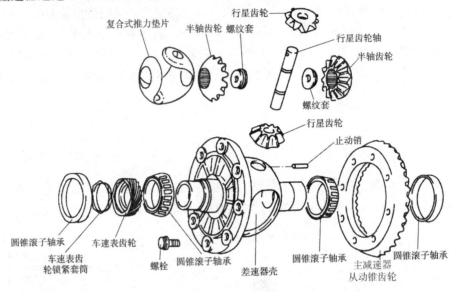

图 5-5 桑塔纳 2000 轿车差速器

(2) 工作原理。差速器的工作原理如图 5-6 所示。主减速器传来的动力带动差速器壳转动,经过行星齿轮轴、行星齿轮、半轴齿轮、半轴,最后传给两侧驱动车轮。

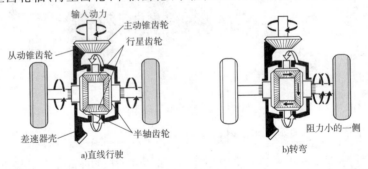

图 5-6 差速器运动原理

驱动轴在差速器内分成左右两段,并装上半轴齿轮。差速器壳固定在从动锥齿轮上,半轴齿轮和行星齿轮啮合,行星齿轮支承在差速器壳上。当从动锥齿轮旋转时,行星齿轮公转。当单侧半轴齿轮受到阻力时,行星齿轮一边公转一边自转,允许两侧车轮以不同的速度旋转。

普通齿轮式差速器的速度特性为:左、右两半轴的转速之和等于差速器壳转速的 2 倍,而与行星齿轮的转速无关;差速器转矩特性为:左、右两侧半轴的转矩始终相同,即平分特性。

3 半轴

半轴的功用是将差速器传来的动力传给驱动轮。因其传递的转矩较大,所以常制成实心轴。

半轴的结构因驱动桥结构形式的不同而异。整体式驱动桥中的半轴为一刚性整轴,而转向驱动桥和断开式驱动桥中的半轴则分段并用万向节连接。

现代汽车常采用全浮式和半浮式两种半轴支承形式。

(1)全浮式半轴支承。全浮式半轴支承广泛应用于各型货车上。图 5-7 为全浮式半轴支承的示意图。半轴外端锻造有半轴凸缘,用螺栓紧固在轮毂上,轮毂用一对圆锥滚子轴承支承在半轴套管上,半轴套管与空心梁压配成一体,组成驱动桥壳。这种半轴支承形式,半轴与桥壳没有直接联系,半轴只在两端承受转矩,不承受其他任何反力和弯矩,所以称为全浮式半轴支承。

(2)半浮式半轴支承。图 5-8 为半浮式半轴支承的示意图。半轴用一个圆锥滚子轴承直接支承在桥壳凸缘的座孔内。车轮与桥壳之间无直接联系,而支承于悬伸出的半轴外端。因此,地面作用于车轮的各种反力都须经半轴外端的悬伸部分传给桥壳,使半轴外端不仅要承受转矩,而且还要承受各种反力及其形成的弯矩。半轴内端通过花键与半轴齿轮连接,不承受弯矩,故称这种支承形式为半浮式半轴支承。

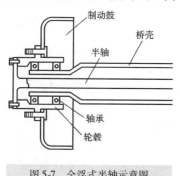
图 5-7 全浮式半轴示意图

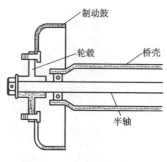
图 5-8 半浮式半轴示意图

4 桥壳

驱动桥壳既是传动系的组成部分,同时也是行驶系的组成部分。作为传动系的组成部分,其功用是安装并保护主减速器、差速器和半轴。作为行驶系的组成部分,其功用是安装悬架或轮毂,和从动桥一起支承汽车悬架以上各部分质量,承受驱动轮传来的反力和力矩,并在驱动轮与悬架之间传力。

驱动桥壳可分为整体式桥壳和分段式桥壳两种类型。整体式桥壳一般是铸造而成,具有较大的强度和刚度,且便于拆装和调整主减速器,适用于中型以上货车。分段式桥壳一般分为两段,由螺栓将两段连成一体,现已很少应用。

任务二 驱动桥润滑油的检查与更换

一 实训准备

1 实训器材

(1)五菱荣光汽车(图 5-9)。

项目五　驱动桥的构造与维修

图5-9　五菱荣光汽车

（2）五菱荣光汽车驱动桥（后桥）润滑油（图5-10）。

（3）其他工具及器材：举升机（见图1-17）、组合工具（见图1-18）、回收桶（见图2-18）、扭力扳手（见图3-55）、加油机、转向盘护套、变速杆手柄套、座位套、脚垫等。

2　准备工作

（1）汽车进入工位前，将工位清理干净，准备好相关的器材。

（2）将汽车停驻在举升机中央位置（见图1-51）。

（3）拉紧驻车制动器操纵杆（见图1-52），并将变速杆置于空挡位置（图5-11）。

图5-10　五菱荣光汽车驱动桥（后桥）润滑油

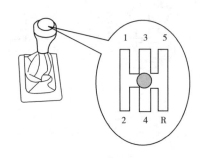

图5-11　将变速杆置于空挡位置

（4）套上转向盘护套、变速杆手柄套和座位套，铺设脚垫（见图1-53）。

二、驱动桥润滑油的检查与更换

1　驱动桥润滑油的检查

（1）将汽车举升到适当高度。

（2）如图5-12所示，先卸下加油口螺塞。

（3）如图5-13所示，伸手指进加油口感觉油面位置，油面应与加油口底部螺纹下端齐平。

（4）检查润滑油质量，若有稀释、结胶、过脏现象应更换。

（5）安装加油口螺塞。紧固加油口螺塞扭矩至40~60N·m。

注意：车辆行驶后，润滑油的温度会很高，应待温度降低后再检查油位高度。用手感觉放油口螺塞，不再烫手即可。

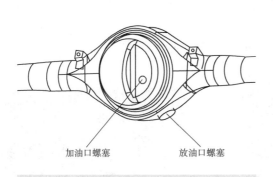

图5-12 加油口螺塞安装位置

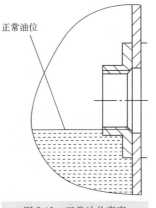

图5-13 正常油位高度

2 驱动桥润滑油的更换

1 驱动桥润滑油的选择

驱动桥润滑油的选择与"项目二 手动变速器的构造与维修"中"变速器润滑油(车辆齿轮油)的选择"方法相同。

如图5-14所示,不同温度环境的用油黏度不同:五菱荣光汽车驱动桥润滑油型号:GL-5 90(我国南方或北方夏季用);GL-5 80W90(严寒地区或北方冬季用,-35℃或以下)。

2 更换程序

注意:五菱荣光汽车每行驶37 500km或22.5个月,需更换驱动桥润滑油。

(1)举升车辆。

(2)先拆下加油口螺塞(见图5-12)。

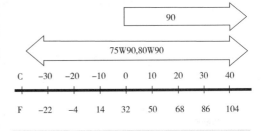

图5-14 驱动桥润滑油的选择

(3)如图5-15所示,再卸下放油口螺塞,将驱动桥润滑油完全排出。

(4)重新装上放油口螺塞。以50~70 N·m的扭矩紧固放油口螺塞(图5-16)。

图5-15 排放驱动桥润滑油

图5-16 紧固放油口螺塞

（5）选择适合季节的黏度和品牌的驱动桥润滑油，用加油机从加油口将驱动桥润滑油注入至加油口下部（图5-17），以油面对齐加油口下沿为准，也就是看到驱动桥润滑油从加油口流出为宜。

（6）安装加油口螺塞，以40～60N·m的扭矩紧固加油口螺塞（图5-18）。

（7）降下车辆。

图5-17 用加油机加注驱动桥润滑油

图5-18 紧固加油口螺塞

任务三 差速器总成的检查与更换

一 实训准备

1 实训器材

（1）所需专业工具：
① CH-0002 半轴拉拔器（图5-19）。
② PT-0017 拉码（图5-20）。

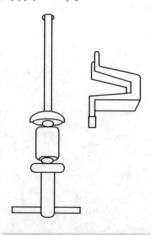

图5-19 CH-0002 半轴拉拔器

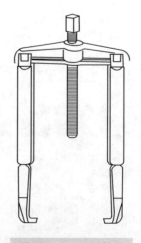

图5-20 PT-0017 拉码

(2)其他工具及器材:五菱荣光汽车(见图5-9)、举升机(见图1-17)、组合工具(见图1-18)、PT-0008百分表(见图4-20)、PT-0009百分表固定座(见图4-21)、扭力扳手(见图3-55)、钳子、木棒、压机、锂基高级润滑脂、密封胶、转向盘护套、变速杆手柄套、座位套、脚垫等。

2 准备工作

(1)汽车进入工位前,将工位清理干净,准备好相关的器材。
(2)将汽车停驻在举升机中央位置(见图1-51)。
(3)拉紧驻车制动器操纵杆(见图1-52),并将变速杆置于空挡位置。
(4)套上转向盘护套、变速杆手柄套和座位套,铺设脚垫(见图1-53)。

二、差速器的检查与更换

五菱荣光汽车差速器总成分解图,如图5-21所示。

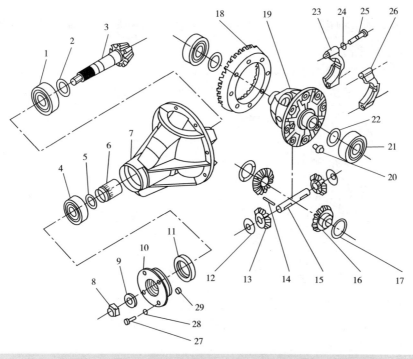

图5-21 五菱荣光汽车差速器分解图

1-轴承(Ⅰ);2-调整垫片(Ⅰ);3-主动锥齿轮;4-轴承(Ⅱ);5-调整垫片(Ⅱ);6-隔套;7-轴承座;8-主动锥齿轮锁紧螺母;9-垫圈(Ⅰ);10-连接凸缘总成;11-油封;12-球面垫片;13-行星齿轮;14-圆柱销;15-行星轮轴;16-半轴齿轮;17-调整垫片(Ⅲ);18-从动锥齿轮;19-差速器壳;20-螺栓(Ⅰ);21-轴承(Ⅲ);22-调整垫片(Ⅳ);23-左轴承盖;24-垫圈(Ⅱ);25-螺栓(Ⅱ);26-右轴承盖;27-螺栓(Ⅲ);28-垫圈(Ⅲ);29-螺母

1 拆卸程序

(1)抬升并适当支承车辆。

（2）拆卸左右后车轮和轮胎总成。
（3）适当支承后桥总成。
（4）拆卸半轴总成。
①如图5-22所示，拆卸半轴轴承盖与后桥连接螺栓，并松开制动油管螺母。
②用工具CH-0002拉出半轴总成（图5-23）。

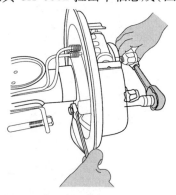

图5-22　拆卸半轴轴承盖与后桥连接螺栓　　　图5-23　拉出半轴总成

（5）拆卸主减速器总成。
①拆卸壳体固定螺栓（图5-24）。
②作配对记号（图5-25），使得在分解后重装时保证该零件按原位装配。

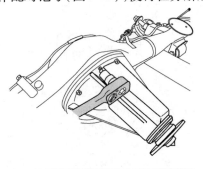
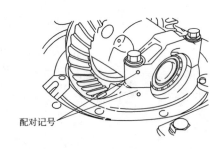

图5-24　拆卸壳体固定螺栓　　　图5-25　作配对记号

③用木棒从壳体中撬起并拿下主减速器总成（图5-26）。
（6）拆卸从动锥齿轮。如图5-27所示，松开从动锥齿轮固定螺栓，拆下从动锥齿轮。

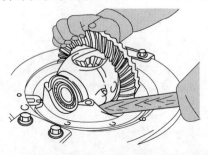
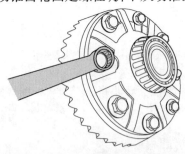

图5-26　撬起并拿下主减速器总成　　　图5-27　拆卸从动锥齿轮

注意：主动锥齿轮和从动锥齿轮需要成对更换。

(7)拆卸差速器轴承。如图5-28所示，用专用工具PT-0017拆卸差速器轴承内圈。

2 差速器的检查

(1)检查每个齿轮是否有断齿或裂纹以及齿面严重剥落、深度麻点等缺陷，如有则应更换。

(2)检查轴承及装轴承的轴孔处，如损坏或严重磨损则应更换。

(3)检查差速齿轮副侧隙。如图5-29所示，在一行星齿轮和半轴齿轮间楔入一根木制楔子，使齿轮副固定不能转动，把百分表触头放在另一行星齿轮轮齿工作面的中部，往复转动行星齿轮测量齿侧间隙。标准数值：0.15～0.25mm。如果间隙超过0.40mm，就更换该差速器总成。

图5-28 拆卸差速器轴承

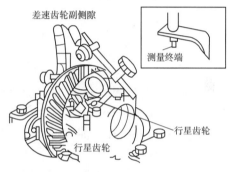

图5-29 检查差速齿轮副侧隙

3 安装程序

(1)安装差速器轴承。用压机把差速器轴承内圈压紧到差速器上。

(2)检查与调整差速器轴承侧隙。

①把差速器轴承内圈压紧到差速器上，暂不装调整垫片。

②把差速器总成装到轴承座内，并将之推向一侧（连轴承外圈），测量轴承座与差速器轴承外圈端面的间隙。

③从差速器壳上拆下轴承内圈，以便安装差速器轴承调整垫片。单侧差速器轴承调整垫片的厚度＝所测间隙的一半＋0.05mm（这是为保证轴承预紧度而提供的厚度）。

④根据上述单侧调整垫片的厚度选择调整垫片（片数要最少）两份分别装入差速器壳两侧，再压入轴承内圈。

⑤对准位置标记装上两侧轴承盖，用35～40N·m的力矩紧固连接螺栓。

⑥检查减速齿轮副侧隙。如图5-30所示，把百分表触头触及从动锥齿轮大端凸面的适当位置，固定主动锥齿轮，然后往复转动从动锥齿轮，测量减速齿轮副侧隙。该侧隙的标准数值应为0.1～0.2mm。

⑦如减速齿轮副侧隙不合要求，按图5-31进行调整，直到合适为止。

(3)安装从动锥齿轮。按对角线顺序依次安装从动锥齿轮固定螺栓（见图5-27）。用65～70N·m的扭矩紧固从动锥齿轮固定螺栓。

(4)安装主减速器总成。
①将主减速器总成安装到壳体中,注意对齐配对标记(见图5-25)。
②按对角线顺序依次拧紧壳体固定螺栓(见图5-24)。用24~29N·m的扭矩紧固壳体固定螺栓。

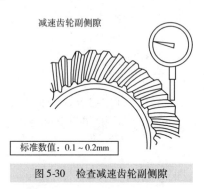
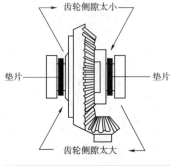

图5-30 检查减速齿轮副侧隙　　图5-31 调整侧隙

(5)半轴总成的安装。
①如图5-32所示,在驱动桥壳内拆下旧的半轴油封,装上新油封。油封的唇口及沟槽内要涂上适量锂基高级润滑脂。油封唇口向内。
②如图5-33所示,在驱动桥壳半轴套管端面及制动底板接触面涂上半干性密封胶,对好半轴总成方向,把半轴总成推入驱动桥壳中。

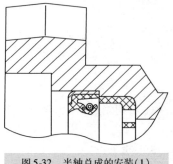
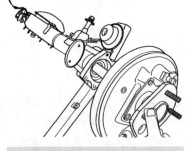

图5-32 半轴总成的安装(1)　　图5-33 半轴总成的安装(2)

③按对角线顺序分几次逐步拧紧半轴轴承盖与驱动桥连接螺栓,并拧紧制动油管螺母(见图5-22)。用40~60N·m的扭矩紧固半轴总成固定螺栓,用15~22N·m的扭矩紧固制动油管螺母。
(6)安装左右后车轮和轮胎总成。
(7)移走驱动桥总成支承物。
(8)降下车辆。

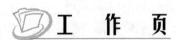

第一部分:理论知识

1.驱动桥的功用是_____,并

经_____、改变_____，使汽车行驶，而且允许_____。

2. 写出图中各部件的名称。

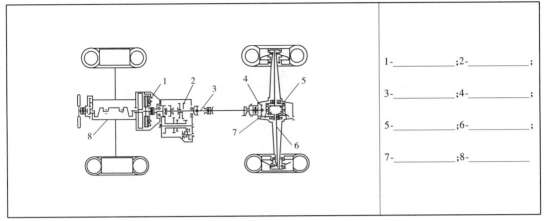

1-_____;2-_____;
3-_____;4-_____;
5-_____;6-_____;
7-_____;8-_____。

3. 驱动桥是一般由_____、_____、_____和_____等组成。

4. 差速器的功用是_____，并在必要时允许左、右半轴以不同转速旋转，使_____。

5. 写出图中桑塔纳2000轿车差速器各零件的名称，想一想差速器的工作原理。

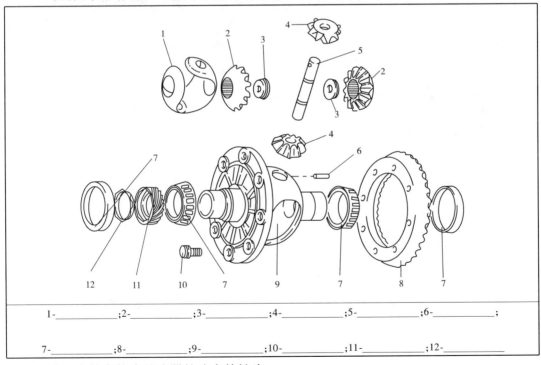

1-_____;2-_____;3-_____;4-_____;5-_____;6-_____;
7-_____;8-_____;9-_____;10-_____;11-_____;12-_____。

6. 普通齿轮齿轮式差速器的速度特性为：_____，而与行星齿轮的转速无关；差速器转矩特性为：_____。

7. 半轴的功用是_____。

8. 现代汽车常采用_____和_____两种半轴支承形式。

9. 写出图中各部件的名称。

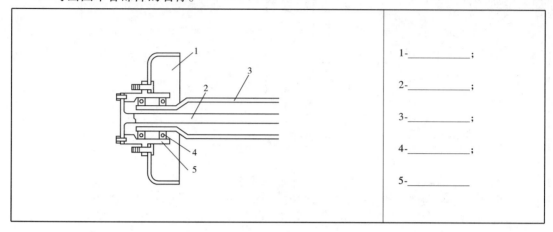

1-_____ ;

2-_____ ;

3-_____ ;

4-_____ ;

5-_____ 。

第二部分：实践操作

1. 查阅资料，解释驱动桥润滑油是如何分类的。在下表中写出常见车型所使用的驱动桥润滑油的规格，并试着找出更多车型所使用驱动桥润滑油的品牌及规格。

汽车型号	驱动桥润滑油规格	汽车型号	驱动桥润滑油规格
科鲁兹		悦动	
福克斯		朗逸	
迈腾		宝骏630	
宝来			

2. 五菱荣光汽车每行驶_____km或_____个月，需更换驱动桥润滑油。

3. 简述驱动桥润滑油的更换方法。

4. 差速器的检查。

（1）检查每个齿轮是否有断齿或裂纹以及齿面严重剥落、深度麻点等缺陷，如有则应更换。

检查记录：_____。

（2）检查轴承及装轴承的轴孔处，如损坏或严重磨损则应更换。

检查记录：_____。

（3）检查差速齿轮副侧隙。在一行星齿轮和半轴齿轮间楔入一根木制楔子，使齿轮副固定不能转动，把百分表触头放在另一行星齿轮轮齿工作面的中部，往复转动行星齿轮测量齿侧间隙。标准数值：0.15~0.25mm。如果间隙超过0.40mm，就要更换该差速器总成。

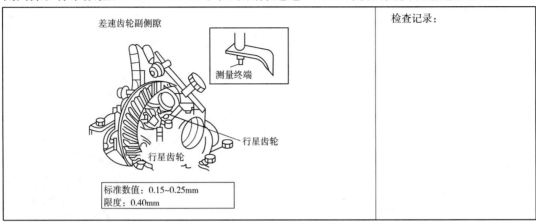

	检查记录：

第三部分：评价与反馈

考核项目	评分标准	分　数	学生自评	小组评价	教师评价	小　计
团队合作	是否和谐	5				
活动参与	是否积极主动	5				
安全生产	有无安全隐患	10				
现场5S	是否做到	10				
任务方案	是否合理	15				
操作过程	驱动桥润滑油的检查与更换；差速器总成的检查与更换	30				
任务完成情况	是否圆满完成	5				
工具和设备使用	是否规范、标准	10				
劳动纪律	是否能严格遵守	5				
工单填写	是否完整、规范	5				
总　分		100				
教师签名：			年　月　日		得分	

项目六 车桥的构造与维修

任务一 车桥和车轮定位的认知

一、车桥

车桥位于悬架与车轮之间,其两端安装车轮,通过悬架与车架(或车身)相连,其功用是传递车架(或车身)与车轮之间各种载荷的作用。

按悬架结构不同,车桥分为整体式车桥和断开式车桥两种。整体式车桥与非独立悬架配用;断开式车桥与独立悬架配用。

按车桥上车轮的作用不同,车桥分为转向桥、驱动桥、转向驱动桥和支持桥4种类型,其中转向桥和支持桥都属于从动桥。

在后轮驱动的汽车中,前桥不仅用于承载,而且兼起转向作用,称为转向桥;后桥不仅用于承载,而且兼起驱动的作用,称为驱动桥,如图6-1所示。

越野汽车和前轮驱动汽车的前桥,除了承载和转向的作用外,还兼起驱动作用,所以称为转向驱动桥。

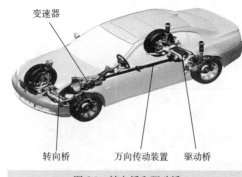

图6-1 转向桥和驱动桥

只起支承作用的车桥称为支持桥。挂车的车桥就是支持桥。支持桥除了不能转向外,其他功能和结构与转向桥相同。

1 转向桥

转向桥通常位于汽车前部,故也称为前桥。转向桥的作用是支承部分重量,安装前轮及前轮制动器,连接车架,承受车架与车轮之间的作用力及其产生的弯矩和转矩,同时还要使前轮偏转以实现转向。转向桥基本结构由前轴、转向节、主销、轮毂等部分组成,如图 6-2 所示。前轴是转向桥的主体,根据断面形状分有"工"字梁式和管式两种。

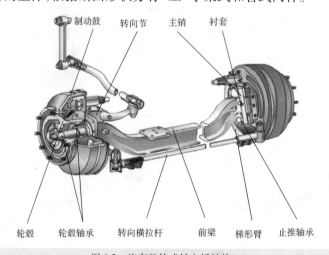

图 6-2 汽车整体式转向桥结构

2 转向驱动桥

转向驱动桥如图 6-3 所示,它同一般驱动桥一样,由主减速器、差速器、半轴和桥壳组成。但由于转向时转向车轮需要绕主销偏转一个角度,故与转向轮相连的半轴必须分成内外两段(内半轴和外半轴),其间用万向节(一般多用等角速万向节)连接,同时主销也因此而分制成两段(或用球头销代替)。转向节轴颈部分做成中空的,以便外半轴穿过其中。

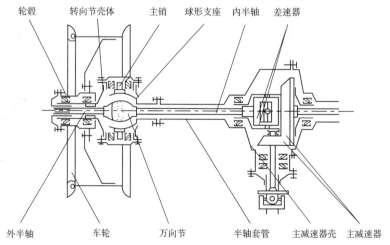

图 6-3 转向驱动桥示意图

图 6-4 为桑塔纳 2000 型轿车的前桥总成,采用的是断开式、独立悬架转向驱动桥。车桥上端通过左、右悬架与承载式车身相连接,下端通过左、右下摆臂与固定在车身上的副车架相连接。悬架车轮轴承壳与下摆臂之间通过可移动球形接头连接,从而使前轮固定,并通过下摆臂上的长孔可调整车轮外倾角,为了减小车辆转向时的车身倾斜,在副车架与下摆臂之间还装有横向稳定器。

3 支持桥

桑塔纳 2000GSi 型轿车后桥是纵向摆臂式非驱动桥,其结构如图 6-5 所示。

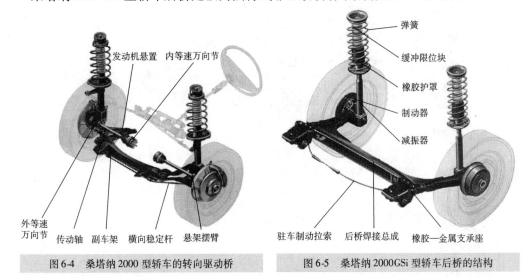

图 6-4 桑塔纳 2000 型轿车的转向驱动桥　　图 6-5 桑塔纳 2000GSi 型轿车后桥的结构

该车桥轮毂、制动鼓以及车轮与车桥的连接方式与转向桥一样,通过轴承支承,轴向定位。车桥只向其传递横、纵向推力或拉力,不传递转矩。

转向轮定位

为了保证汽车直线行驶的稳定性和操纵的轻便性,减少轮胎和其他机件的磨损,转向轮、转向节和前轴三者与车架的安装应保持一定的相对位置关系,这种安装位置关系称为转向车轮定位,也称前轮定位。

对于两端装有主销的转向桥,汽车转向时,转向车轮会围绕主销轴线偏转,如图 6-6a)所示。但在大多数断开式转向桥中没有主销,采用上、下球头销代替主销,上、下球头销球头中心的连心线相当于主销轴线,如图 6-6b)所示。

转向轮定位包括主销后倾、主销内倾、前轮外倾及前束 4 个参数。现以有主销的转向桥为例说明转向车轮定位。

1 主销后倾

主销安装在前轴上,其上端略向后倾斜,这种现象称为主销后倾。在垂直于汽车支承平面的纵向平面内,主销轴线与汽车支承平面垂线之间的夹角 γ 称为主销后倾角,如图 6-7

所示。

主销后倾的功用是形成回正力矩，保证汽车直线行驶的稳定性，并使汽车转向后回正操纵轻便。主销后倾角越大、车速越高，回正力矩越大，转向轮偏转后自动回正的能力也越强。

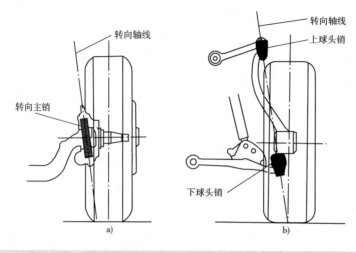

图6-6 主销的不同形式

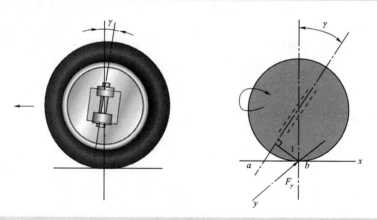

图6-7 主销后倾

此外，有些汽车由于采用超低压轮胎，弹性增加，转向时因轮胎弹性变形而使轮胎与路面的接触点后移，使回正力矩增加，故主销后倾角可以减小，甚至为负值（即主销前倾）。

主销后倾角一般是将前轴连同悬架安装在车架上时，使前轴向后倾斜而形成的。

2 主销内倾

主销安装在前轴上，其上端略向内侧倾斜，这种现象称为主销内倾。在垂直于汽车支承平面的横向平面内，主销轴线与汽车支承平面垂线之间的夹角 β 称为主销内倾角，如图6-8所示。

主销内倾的功用是使转向轮自动回正，并使转向操纵轻便。

由于主销内倾，转向时，路面作用在转向轮上的阻力对主销轴线产生的力矩减小，从而可减少转向时驾驶人施加在转向盘上的力,使转向操纵轻便。同时还可以减小因路面不平而从转向轮传到转向盘上的冲击力。

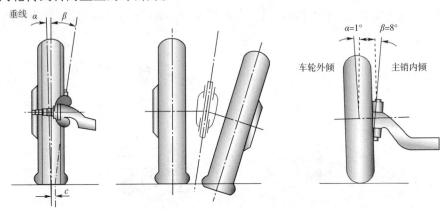

图 6-8　主销内倾及车轮外倾

当转向轮在外力作用下绕主销旋转而偏离中间位置时,由于主销内倾,车轮连同整个汽车前部被向上抬起。一旦外力消失,转向轮就会在汽车前部重力作用下力图自动回正到旋转前的中间位置。主销内倾角越大、转向轮偏转角越大,汽车前部就抬起得越高,转向轮自动回正的作用就越大。

主销后倾和主销内倾都具有使车轮自动回正及保证汽车直线行驶稳定性的作用,但其区别在于:主销后倾角的回正作用随着车速的增高而增大,而主销内倾的回正作用几乎与车速无关。

3　车轮外倾

转向轮安装在转向节上时,其旋转平面上端向外倾斜,这种现象称为转向车轮外倾。车轮旋转平面与垂直于车辆支承面的纵向平面之间的夹角 α 称为车轮外倾角,如图 6-9 所示。

车轮外倾角的功用是提高车轮工作的安全性和转向操纵的轻便性。

由于主销与衬套之间、轮毂与轴承等处都存在着装配间隙,若空车时车轮的安装正好垂直于路面,则满载时上述间隙将发生变化,车桥也因承载而变形,从而引起车轮向内倾斜,引起轮胎内侧磨损加剧;车轮内倾还将使路面对车轮的垂直反作用力的轴向分力压向轮毂外端的小轴承,使该轴承及其锁紧螺母等件承受的载荷增大,降低了它们的使用寿命,严重时会损坏锁紧螺母而使车轮脱落。为此,安装车轮时预先留有一定的外倾角,以降低上述不良影响。此外,车轮有一定的外倾角也可以与拱形路面相适应。

4　前轮前束

车轮安装在车桥上,两前车轮的中心平面不平行,其前端略向内侧收束,这种现象称为前轮前束。两前轮后端距离 A 大于前端距离 B,其差值 A − B 称为前轮前束值,如图 6-10 所示。

前轮前束的功用是消除因车轮外倾所造成的不良后果,保证车轮不向外滚动,防止车轮侧滑和减轻轮胎的磨损。

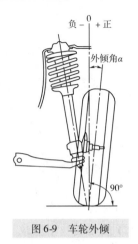

图 6-9　车轮外倾

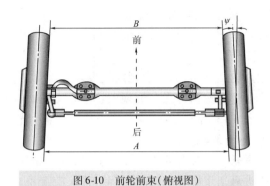

图 6-10　前轮前束（俯视图）

任务二　车轮定位的检测与调整

一　实训准备

1　实训器材

（1）五菱荣光汽车（图 6-11）。
（2）百分表及座（图 6-12）。

图 6-11　五菱荣光汽车

图 6-12　百分表及座

（3）其他工具及器材：举升机（见图 1-17）、组合工具（见图 1-18）、扭力扳手（见图 3-55）、轮胎气压表、直尺、转向盘限止器、前束测量仪、四轮定位仪、转角检测仪、车轮侧滑试验台、转向盘护套、变速杆手柄套、座位套、脚垫等。

145

2 车轮定位的检测与调整注意事项

在检查车轮定位前,先检查:

(1)检查全部车轮轮胎磨损情况,如左右轮胎磨损量不均等,或有严重磨损、偏磨现象,则应更换新轮胎。

(2)检查轮胎气压,应符合规定的要求。

(3)检查车轮轮辋有无变形现象。

(4)如图6-13所示,用百分表检查轮胎径向、横向圆跳动。径向圆跳动应小于3mm;横向圆跳动应小于3mm。

(5)检查悬架系统各部件有无变形及损坏,如有则须更换新零件。

(6)检查悬架系统各部件间紧固件连接有无松动,如有则须按相关技术要求重新拧紧。

(7)检查转向横拉杆端,如果发现松动,必须在调整前修正。

(8)检查测量设备的状态是否良好,并按照厂家提供的说明书进行操作。

注意:检查车轮定位时,燃油箱应为半满状态。

二 车轮定位的检测与调整

1 前束的检测与调整

1 前束的检测

如图6-14所示,车轮处于直向前位置后,用前束测量仪或四轮定位仪测量两前轮前后胎面中心间距离 A 和 B。前束值($A-B$):0~2.5mm。

注意:测量前束时,车辆不能向后倒行。

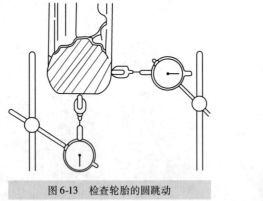

图6-13 检查轮胎的圆跳动

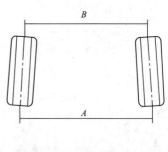

图6-14 前束的检测

2 前束的调整

(1)如图6-15所示,松开转向横拉杆锁紧螺母,并在转向拉杆与齿条防尘罩小口端施加润滑脂,以免防尘罩在前束调整时扭曲。通过转动转向拉杆组件调整螺母调整前束值。

(2)如图6-16所示,按设定的前束参数要求进行调整,以相同的力矩分别转动左右转向拉杆组件。在调整中注意保证左右两边球销到横拉杆根部距离 L 相等。

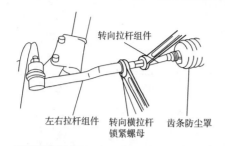

图6-15 前束的调整(1)

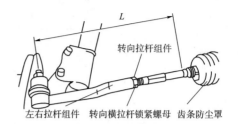

图6-16 前束的调整(2)

（3）调整完毕后,按规定力矩拧紧转向横拉杆锁紧螓母。用50~70N·m的力矩紧固转向横拉杆锁紧螓母。

2 前轮外倾角的检测

在四轮定位仪上测量前轮外倾角,其检查值为:40′±30′。

注意:前轮外倾角是不可调节的,如果测量值与标准值相差得过大,则要检查前悬架系统,并视情况更换前悬架系统相关部件。

3 主销后倾角的检测

在四轮定位仪上测量主销后倾角,其检查值应为2°45′±45′。注意:主销后倾是不可调节的。

4 主销内倾角的检测

在四轮定位仪上测量主销内倾角,其检查值应为8.9°。注意:主销内倾是不可调节的。

5 最大转向角的检查与调整

当更换转向横拉杆或者转向横拉杆接头座组件时,先检查车轮的前束,然后用转角检测仪或四轮定位仪检查转向角。如果转向角不正确,应检查左右转向横拉杆长度L是否相等。

转向角内侧:37.9°±2°;外侧:33.5°±2°。注意:如果为调整转向角而改变了转向横拉杆的长度,那么,应重新检查车轮的前束。

6 侧滑的检查与调整

用车轮侧滑试验台检测前轮侧滑。车轮侧滑范围:(−5~+5)m/km。如果车轮侧滑超过上述范围,车轮前束或者前轮定位可能不正确。

工 作 页

第一部分:理论知识

1. 车桥位于_____与_____之间,其功用是_____。

按车桥上车轮的作用不同,车桥分为_____、_____、_____和_____4种类型。

2. 写出图中各部件的名称。

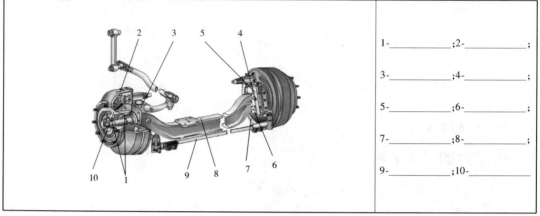

1-_____;2-_____;
3-_____;4-_____;
5-_____;6-_____;
7-_____;8-_____;
9-_____;10-_____

3. 写出图中各部件的名称。

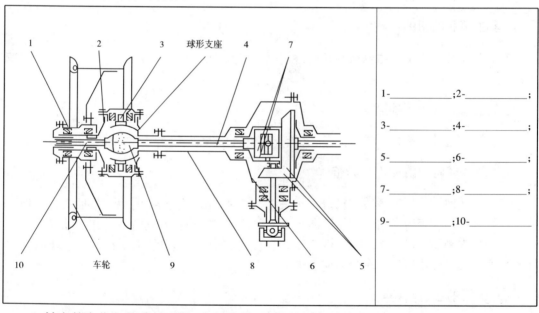

1-_____;2-_____;
3-_____;4-_____;
5-_____;6-_____;
7-_____;8-_____;
9-_____;10-_____

4. 转向轮定位包括主销后倾、主销内倾、前轮外倾及前束4个参数。
（1）主销后倾的功用是_____。
（2）主销内倾的功用是_____。
（3）车轮外倾角的功用是_____。
（4）前轮前束的功用是_____。

第二部分：实践操作

1. 查阅资料,说明常见车型前轮定位角数值。试着找出更多车型前轮定位角的数值。

汽车型号	主销后倾角	主销内倾角	前轮外倾角	前轮前束
上海帕萨特				
奥迪 A6				
别克凯越				
索纳塔				
卡罗拉				
景逸				
宝骏 630				

2. 如图 6-13 所示，用百分表检查轮胎径向、横向圆跳动。径向圆跳动应小于 3mm；横向圆跳动应小于 3mm。

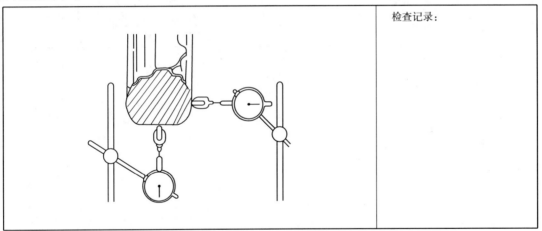

检查记录：

3. 前束的检测：车轮处于直向前位置后，用前束测量仪或四轮定位仪测量两前轮前后胎面中心间距离 A 和 B。

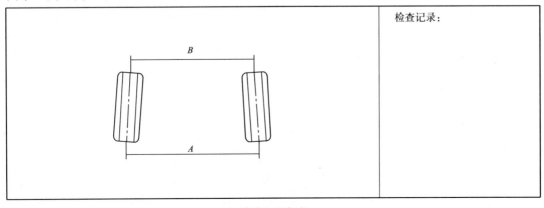

检查记录：

第三部分：评价与反馈

考核项目	评分标准	分　数	学生自评	小组评价	教师评价	小　计
团队合作	是否和谐	5				
活动参与	是否积极主动	5				
安全生产	有无安全隐患	10				
现场5S	是否做到	10				
任务方案	是否合理	15				
操作过程	前束的检测；前束的调整	30				
任务完成情况	是否圆满完成	5				
工具和设备使用	是否规范、标准	10				
劳动纪律	是否能严格遵守	5				
工单填写	是否完整、规范	5				
总　分		100				
教师签名：			年　　月　　日		得分	

项目七 车轮和轮胎的构造与维修

任务一 车轮和轮胎的认知

一、车轮总成的组成和作用

汽车车轮总成安装位置如图 7-1 所示,车轮总成由车轮和轮胎两大部分组成,它处于车桥与地面之间,具有如下基本功用:

图 7-1 车轮总成安装位置

(1)支承整车重量,包括在汽车上下运动时产生的惯性动载荷。
(2)缓和由路面传递来的冲击载荷。
(3)通过轮胎和路面之间的附着作用,产生驱动和阻止汽车运动的外力,即为汽车提供驱动力(牵引力)和制动力。
(4)产生平衡汽车转向离心力的侧向力,以便顺利转向,并通过轮胎产生的自动回正力矩,使车轮具有保持直线行驶的能力。

（5）承担跨越障碍的作用，保证汽车的通过性。

二、车轮

车轮是介于轮胎和车桥之间承受负荷的旋转组件（图7-2），其功用是安装轮胎，承受轮胎与车桥之间的各种载荷的作用。

车轮一般是由轮毂、轮辋和轮辐组成，如图7-3所示。轮毂通过圆锥滚子轴承装在车桥或转向节轴径上，用于连接车轮与车桥。轮辋用于安装和固定轮胎。轮辐用于将轮毂和轮辋连接起来，并通过螺栓与轮毂连接起来。

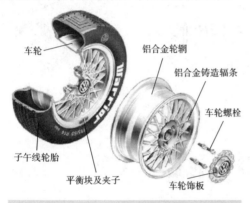

图7-2 车轮总成

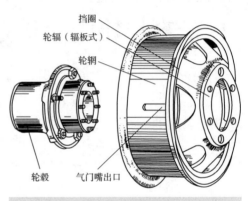

图7-3 车轮的组成

1 轮辐

按轮辐结构的不同，车轮可以分为两种形式：辐板式车轮和辐条式车轮。

普通轿车和轻、中型货车普遍采用辐板式车轮（见图7-3），由挡圈、轮辋、辐板和气门嘴伸出口组成。车轮中用以连接轮毂和轮辋的钢质圆盘称为辐板，大多是冲压制成的，少数是和轮毂铸成一体，后者主要用于重型汽车。

轿车的辐板所用板料较薄，常冲压成起伏多变的形状，以提高其刚度。目前广泛采用的轿车车轮为铝合金车轮（图7-4），且多为整体式的，即轮辋和轮辐铸成一体。它质量小，尺寸精度高，生产工艺好，美观大方，可以明显改善车轮的空气动力学特性，降低汽车油耗。

辐条式车轮按辐条结构的不同分为钢丝辐条式车轮和铸造辐条式车轮，如图7-5所示。

图7-4 轿车铝合金车轮

2 轮辋

轮辋用于安装和固定轮胎。按其结构不同，轮辋的常见结构形式有：深槽轮辋、平底轮辋和对开式轮辋，如图7-6所示。此外，还有半深槽轮辋、深槽宽轮辋、平底宽轮辋、全斜底轮辋等。

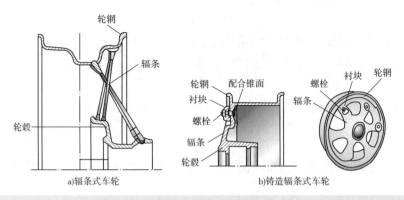

图 7-5　辐条式车轮

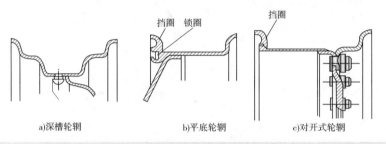

图 7-6　轮辋的常见结构形式

三　轮胎

1　轮胎的功用和类型

1　轮胎的功用

现代汽车都采用充气式轮胎,轮胎安装在轮辋上,直接与路面接触,它的功用是:

(1) 支承汽车,承受路面传来的各种载荷的作用。

(2) 和汽车悬架共同来缓和汽车行驶中所受到的冲击,并衰减由此而产生的振动,以保证汽车有良好的乘坐舒适性和行驶平顺性。

(3) 保证车轮和路面有良好的附着性,以提高汽车的动力性、制动性和通过性。

2　轮胎的类型

(1) 按轮胎内空气压力的大小,轮胎分为高压胎(0.5~0.7MPa)、低压胎(0.2~0.5MPa)和超低压胎(0.2MPa以下)三种。低压胎弹性好、减振性能强、壁薄散热性好、与地面接触面积大、附着性好,因而广泛用于轿车。超低压胎在松软路面上具有良好的通过能力,多用于越野汽车及部分高级轿车。

(2) 按轮胎有无内胎,轮胎分为有内胎轮胎和无内胎轮胎(俗称真空胎)两种。目前轿车上普遍采用无内胎轮胎。

项目七 车轮和轮胎的构造与维修

（3）按胎体帘布层结构的不同,轮胎分为斜交轮胎和子午线轮胎。目前,子午线胎在汽车上被广泛应用。

（4）根据花纹不同分为:普通花纹轮胎、组合花纹轮胎、越野花纹轮胎。

（5）根据帘线材料不同分为:人造丝(R)轮胎、棉帘线(M)轮胎、尼龙(N)轮胎、钢丝(G)轮胎。

目前轿车上应用的轮胎主要是低压(超低压)、无内胎的子午线轮胎。

2 轮胎的结构

充气轮胎按结构不同,可分为有内胎轮胎和无内胎轮胎两种,如图7-7所示。

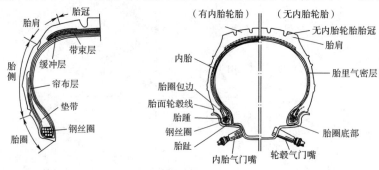

图7-7 轮胎的结构

有内胎轮胎由外胎、内胎和垫带等组成,使用时安装在汽车车轮的轮辋上。无内胎轮胎俗称真空胎,在外观上与普通轮胎相似,但是没有内胎及垫带。它的气门嘴用橡胶垫圈和螺母直接固定在轮辋上,空气直接充入外胎中,其密封性由外胎和轮辋来保证。

外胎主要由胎面、胎圈和胎体等组成,是轮胎的主要组成部分。它是用耐磨橡胶以及帘线制成的强度较高而又有弹性的外壳,直接与地面接触来保护内胎,使其不受损伤。

1 胎面

胎面是轮胎的外表面,可分为胎冠、胎肩和胎侧三部分。

胎冠也称行驶面,它与路面直接接触,直接承受冲击与摩擦,并保护胎体免受机械损伤。为使轮胎与地面有良好的附着性能,防止纵、横向滑移,在胎面上制有各种形状的花纹,主要有普通花纹、组合花纹、越野花纹等(图7-8)。

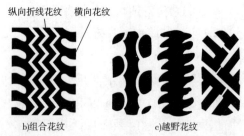

a)普通花纹　　b)组合花纹　　c)越野花纹

图7-8 胎面花纹

胎肩是较厚的胎冠和较薄的胎侧间的过渡部分,一般也制有各种花纹,以提高该部位的散热性能。

胎侧又称胎壁,它由数层橡胶构成,覆盖轮胎两侧,保护内胎免受外部损坏。胎侧可承受较大的挠曲变形,在行驶过程中,不断地在载荷作用下挠曲变形。胎侧上标有厂家名称、轮胎尺寸及其他资料。

胎冠部分磨损到磨损标记以下后将非常危险。如图 7-9 所示,胎面磨损标志位于胎面花纹沟底部,当胎面磨损到此处时,花纹沟断开,表明轮胎必须停止使用并送去翻新或报废。为便于用户找到磨损标志,通常在磨损标志对应的胎肩处标出"△"符号。这种磨损标志按国家标准的规定,每只轮胎应沿圆周等距离设置,不少于 4 个。

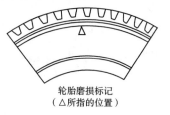

轮胎磨损标记
（△所指的位置）

图 7-9 轮胎磨损标记

❷ 胎圈

胎圈是帘布层的根基,由钢丝圈、帘布层包边和胎圈包布组成,具有很大的刚度和强度,可以使外胎牢固地安装在轮辋上。

❸ 胎体

胎体由帘布层和缓冲层组成。

(1)帘布层。帘布层是外胎的骨架,主要用于承受载荷,保持外胎的形状和尺寸,并使其具有足够的强度。为使载荷均匀分布,帘布层通常由成偶数的多层帘布用橡胶贴合而成,相邻层的帘线交叉排列。帘布层数越多,轮胎的强度越大,但弹性下降。在外胎表面上标有帘布层数。

按照帘布层帘线排列方式的不同,外胎可以分为斜交轮胎和子午线轮胎,如图 7-10 所示。

斜交轮胎帘布层的帘线按一定角度交叉排列,帘线与轮胎横断面的交角通常为 50°。子午线轮胎帘布层帘线排列的方向与轮胎横断面一致,即垂直于轮胎胎面中心线,类似于地球仪上的子午线。子午线轮胎胎侧比斜交轮胎软,在径向上容易变形,可以增加轮胎的接地面积,即使在充足气后,两侧壁上也有一个特殊的凸起部。

子午线胎与斜交轮胎相比较具有行驶里程长、滚动阻力小、节约燃料、承载能力大、减振性能好、附着性能好、不易爆胎等优势,目前在汽车上应用广泛。

(2)缓冲层。缓冲层夹在胎面和帘布层之间,质软而弹性大,一般由两层或数层较稀疏的帘布和橡胶制成,其相邻两层的帘线也是交叉排列的。其作用是加强胎面与帘布层之间的结合,防止汽车紧急制动时胎面与帘布层脱离,并缓和汽车行驶时所受到的路面冲击。

❸ 轮胎规格的表示方法

轮胎的尺寸标注如图 7-11 所示。

项目七　车轮和轮胎的构造与维修

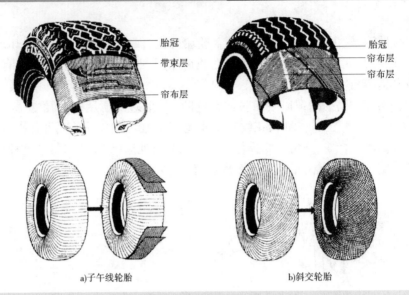

图7-10　轮胎的结构形式

1 斜交轮胎的规格

普通斜交轮胎的规格用 $B\text{-}d$ 表示，载货汽车斜交轮胎和轿车斜交轮胎的尺寸 B 和 d 均使用英寸（inch）为单位。示例如下：

2 子午线轮胎的规格

子午线轮胎的规格如图7-12所示。

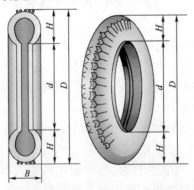

图7-11　轮胎的尺寸标注
D-轮胎外径；d-轮胎内径；H-轮胎断面高度；B-轮胎断面宽度

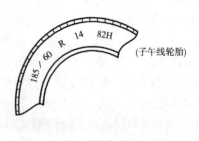

图7-12　子午线轮胎的规格

（1）185——轮胎名义断面宽度代号，表示轮胎宽度185mm。

(2)60——轮胎名义扁平比代号,表示扁平比为60%。扁平比为轮胎高度 H 与宽度 B 之比,有60、65、70、75、80 五个级别。

(3)R——子午线轮胎结构代号,即"Radial"的第一个字母。

(4)14——轮胎名义直径代号,表示轮胎内径14英寸(inch)。

(5)82——荷重等级,即最大载荷质量。荷重等级为82 的轮胎的最大载荷质量为475kg。

(6)H——速度等级代号,表明轮胎能行驶的最高车速。常见的速度等级及对应的最高车速见表7-1。

速度等级及对应的最高车速　　　　　　　　　　　　　　　表7-1

速 度 等 级	最高车速(km/h)	速 度 等 级	最高车速(km/h)
L	120	T	190
M	130	U	200
N	140	H	210
P	150	V	240
Q	160	Z	240 以上
R	170	W	270 以下
S	180	Y	300 以下

❸ 轮胎侧面标记

轮胎侧面标记如图7-13所示。在轮胎规格前加"P"表示轿车轮胎;在胎侧标有"REINFORCED"表示经强化处理,"RADIAL"表示子午线胎,"TUBELESS"(或 TL)表示无内胎(真空胎),"M+S"(Mud and Snow)表示适于泥地和雪地,"→"表示轮胎旋向,不可装反。

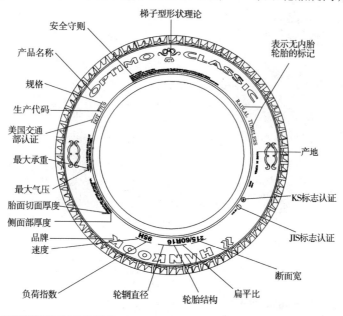

图7-13　轮胎侧面标记

项目七　车轮和轮胎的构造与维修

任务二　车轮总成的检查与换位

一　实训准备

1 实训器材

(1)五菱荣光汽车(图7-14)。
(2)轮胎气压表及充气枪(图7-15)。

图7-14　五菱荣光汽车

图7-15　轮胎气压表及充气枪

(3)轮胎花纹深度检测标尺(图7-16)。
(4)其他工具及器材:举升机(见图1-17)、组合工具(见图1-18)、扭力扳手(见图3-55)、橡胶槌棒、转向盘护套、变速杆手柄套、座位套、脚垫等。

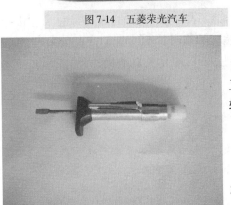

图7-16　轮胎花纹深度检测标尺

2 准备工作

(1)汽车进入工位前,将工位清理干净,准备好相关的器材。
(2)将汽车停驻在举升机中央位置(见图1-51)。
(3)拉紧驻车制动器操纵杆(见图1-52),并将变速杆置于空挡位置。
(4)套上转向盘护套、变速杆手柄套和座位套,铺设脚垫(见图1-53)。

二　车轮总成的检查

1 前轮轮毂轴承预紧度的检查

(1)举升起车辆(图7-17)。

(2)左右摆动车轮,上下摆动车轮(图7-18),检查车轮偏摆量。车轮轴承偏差(上、下):0mm。

图7-17 举升起车辆

图7-18 检查车轮偏摆量

(3)如果轴承太松,紧固槽形螺母。
(4)前轮轮毂锁紧螺母拧紧力矩为185~225N·m。
(5)如果紧固之后仍松,则更换前轮轮毂轴承。

2 轮胎磨损程度的检查

用专用工具检查轮胎的磨损程度(图7-19)。为安全起见,建议当轮胎胎面花纹高度接近3mm时更换轮胎。车轮花纹使用极限为1.6mm,若车轮花纹低于此数值,必须更换轮胎。

3 轮胎气压的检查

注意:轮胎严重磨损、轮胎气压过低或过高,都可能造成人和车的意外伤害。

(1)应每周一次,或者在驾车前以及需要汽车加大负载时,检查轮胎气压。不同气压的轮胎外形如图7-20所示。

图7-19 检查轮胎的磨损程度

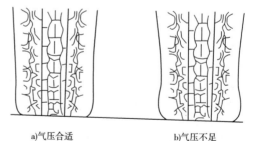

a)气压合适　　b)气压不足

图7-20 不同气压的轮胎外形

(2)给轮胎充气时,也要对备胎进行校准气压。
(3)检查轮胎气压时,应在冷态下进行。
(4)车辆行驶后,轮胎气压不应下降,因胎发热而使压力增加是正常现象。
(5)检查轮胎气压后,应安装好气门嘴保护盖帽。
(6)用轮胎气压表检查轮胎的气压(图7-21)。五菱荣光汽车轮胎气压规定值见表7-2。

项目七 车轮和轮胎的构造与维修

五菱荣光汽车轮胎规格与轮胎充气压力   表 7-2

项 目	参 数	项 目	参 数
车轮与备轮型号	14×5J	前轮胎气压(kPa)	220(空载)
轮胎型号	175/70R14 LT	后轮胎气压(kPa)	220(空载)

三、车轮总成的拆卸与安装

1 拆卸程序

由于腐蚀或者车轮中心定位孔与轮毂或制动盘间的配合很紧,车轮的拆卸可能较困难。按照以下程序安全地拆卸车轮:

(1)按图 7-22 所示顺序紧固车轮上的所有车轮螺母,然后将每个螺母拧松两圈。

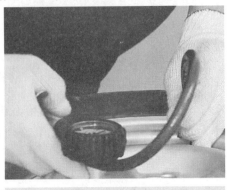

图 7-21 检查轮胎的气压

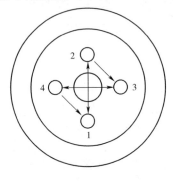

图 7-22 车轮螺母紧固顺序

(2)放低车辆至地板。

(3)左右尽量均衡用力地摇摆汽车,使车轮松开。此外也可使车辆前后方向移动几米,快速用力猛踩制动踏板以松开车轮。

(4)关闭发动机,抬高车辆。如果车轮和制动盘或制动鼓之间的垂直面上有渗透油,这将使车辆在行驶中车轮松动从而导致车辆失去控制,造成伤害事故。松开较紧的车轮绝不能加热,否则将缩短车轮、螺柱或轮毂及轴承总成的寿命。

(5)拆卸车轮螺母和车轮。在任何时候都不能使铝质车轮垂直站立,要将车轮的背面放在柔软干净的平面上。

注意:拆卸车轮或轮胎时不要用过大的力(如锤击等),而应用手或橡胶槌棒轻轻敲打轮胎侧壁。

2 安装程序

依据图 7-22 所示顺序,用 90~110N·m 的力矩分 2~3 次拧紧 4 个车轮螺母(图 7-23)。

图 7-23 紧固轮胎螺母

注意:在安装车轮前用刮削和钢丝刷去除车轮安装面和制动鼓或制动盘安装面上累积的腐蚀。车轮安装中安装面金属与金属接触不当会造成车轮螺母松动。这将可能导致车辆在行进过程中车轮脱落,从而造成车辆失控,并可能导致人员伤害。

为防止弯曲车轮、制动盘或制动鼓,车轮螺母必须用正确的力矩按顺序紧固。车轮螺栓、螺母或安装面上不得使用润滑液或渗透液。

四 车轮换位

(1)前、后轮胎所起的作用不同,因而磨损情况也不同,轮胎磨损的程度取决于路面类型、驾驶习惯、车轮定位、车轮平衡和轮胎气压等因素。

(2)定期将车轮换位,以平衡车轮的磨损。除了定期的车轮换位,每当发现轮胎已磨损不均匀,也应将车轮换位。注意:五菱荣光汽车第一次行驶15 000km或9个月,进行一次车轮换位;以后汽车每行驶10 000km进行一次车轮换位。

(3)子午线轮胎车轮换位顺序如图7-24所示。有备用胎时的车轮换位顺序如图7-25所示。

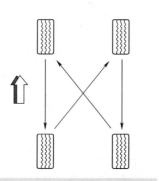

图7-24 子午线轮胎车轮换位顺序

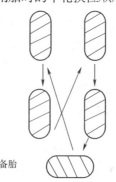

图7-25 有备用胎时的车胎换位顺序

(4)子午线轮胎在肩部区域特别是前端磨损较快。非驱动轴位置的子午线轮胎可能产生不规则磨损而提高轮胎噪声,这就需要定期进行四轮换位来解决。

(5)换位后应检查车轮螺母是否达到规定的紧固力矩(90~110N·m),然后设定轮胎压力。

任务三 车轮动平衡的检测

一 实训准备

1 实训器材

(1)平衡块拆卸钳(图7-26)。
(2)卡夹式平衡块(图7-27)。

（3）动平衡机专用卡尺（图7-28）。
（4）防护眼镜（图7-29）。

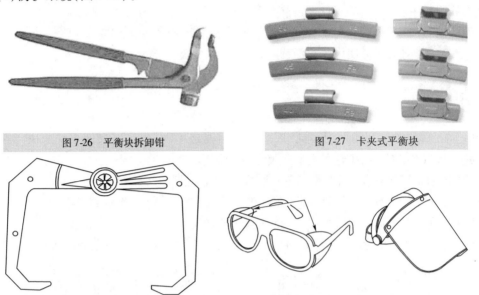

图7-26 平衡块拆卸钳　　　　图7-27 卡夹式平衡块

图7-28 动平衡机专用卡尺　　图7-29 防护眼镜

（5）其他工具及器材：五菱荣光汽车（见图7-14）、轮胎气压表（见图7-15）、举升机（见图1-17）、组合工具（见图1-18）、扭力扳手（见图3-55）、转向盘护套、变速杆手柄套、座位套、脚垫等。

2 准备工作

（1）汽车进入工位前，将工位清理干净，准备好相关的器材。
（2）将汽车停驻在举升机中央位置（见图1-51）。
（3）拉紧驻车制动器操纵杆（见图1-52），并将变速杆置于空挡位置。
（4）套上转向盘护套、变速杆手柄套和座位套，铺设脚垫（见图1-53）。
（5）清除被测车轮上的泥土、石子和旧平衡块。
（6）检查轮胎气压，视必要充至汽车制造厂的规定值。
（7）戴好防护眼镜。

二、车轮动平衡的检测

1 离车式车轮动平衡机简介

车轮的动平衡试验有离车式和就车式两种方法。常见的为离车式车轮的动平衡试验。

利用离车式车轮动平衡机对车轮进行动平衡检测时，需将车轮从车上拆下。图7-30为常见的车轮动平衡机。该动平衡机主要由驱动装置、转轴与支承装置、显示与控制装置、制动装置机箱和车轮防护罩组成。

（1）驱动装置主要由机箱内的驱动电动机和传动带等组成，其作用是驱动转轴转动。

(2) 转轴与支承装置主要由主轴、传感器及支承件等组成。车轮通过定位锥安装在转轴上，其旋转所产生的不平衡力被传感器感知并转变为电信号，经电测系统处理后得到的不平衡质量的数值和位置通过显示装置显示。

(3) 显示与控制装置还控制参数的输入，平衡机起动和停止。

(4) 制动装置和车轮防护罩起到安全保护作用。

(5) 动平衡机机箱桌面用来放置平衡块、定位锥体和工具等，如图 7-31 所示。

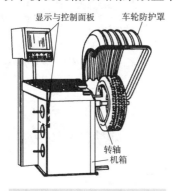

图 7-30　离车式车轮动平衡机

图 7-31　动平衡机机箱桌面

2 车轮动平衡检测操作步骤

(1) 拆卸车轮总成。

(2) 如图 7-32 所示，根据轮辋中心孔的大小选择锥体，仔细地装上车轮，用大螺距螺母上紧。

(3) 打开电源开关，检查指示与控制装置的面板是否指示正确。

(4) 用离车式车轮动平衡机的专用卡尺测量轮辋宽度 b、轮辋直径 d（也可由胎侧读出），用平衡机上的标尺测量轮辋边缘至机箱距离 a，再用键入或选择器旋钮对准测量值的方法，将 a、b、d 值输入到指示与控制装置中去。a、b、d 三尺寸如图 7-33 所示。为了适应不同计量制式，平衡机上的所有标尺一般都同时标有英制和米制刻度。

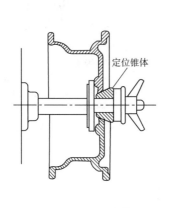

图 7-32　安装车轮

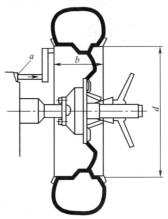

图 7-33　车轮在平衡机上的安装尺寸
a-轮辋边缘至右支承的距离；b-轮辋宽度；d-轮辋直径

（5）放下车轮防护罩，按下启动键，车轮旋转，平衡测试开始，微机自动采集数据。

（6）车轮自动停转或听到"笛"声按下停止键并操纵制动装置使车轮停转后，从指示装置读取车轮内、外两侧不平衡量和不平衡位置。

（7）抬起车轮防护罩，用手慢慢转动车轮。当指示装置发出指示（音响、指示灯亮、制动、显示点阵或显示检测数据等）时停止转动。在轮辋的内侧或外侧的上部（时钟12点位置）加装指示装置显示该侧平衡块质量。内、外侧要分别进行，平衡块装卡要牢固。

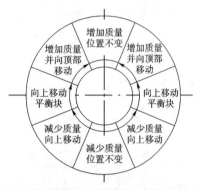

（8）安装平衡块后有可能产生新的不平衡，应重新进行平衡试验，直至不平衡量<5g，指示装置显示"00"或"OK"时才能满意。当不平衡量相差10g左右时，按图7-34所示沿轮辋边缘左右移动平衡块一定角度，将可获得满意的效果。平衡过程中，实践经验越丰富，平衡速度越快。

图7-34　复查时平衡块质量和位置的调整方法

（9）测试结束，关闭电源开关。

车轮动平衡机的平衡重也称配重，通常有卡夹式和粘贴式两种类型，如图7-35所示。卡夹式配重适用于轮辋有卷边的车轮。对于铝镁合金轮辋，因无卷边可夹，可使用粘贴式配重。粘贴式配重的外弯面有不干胶，粘贴于轮辋内表面。

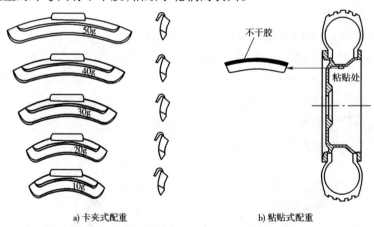

a）卡夹式配重　　　b）粘贴式配重

图7-35　配重的类型

工 作 页

第一部分：理论知识

1. 车轮是介于_____和_____之间承受负荷的旋转组件，其功用是_____。写出图中各零部件的名称。

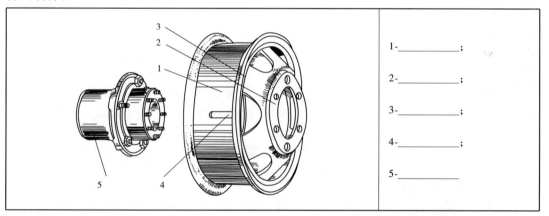

1-_____；
2-_____；
3-_____；
4-_____；
5-_____；
6-_____；
7-_____

2. 车轮一般是由_____、_____和_____组成。写出图中各零部件的名称。

1-_____；
2-_____；
3-_____；
4-_____；
5-_____

3. 充气轮胎按结构不同，可分为有内胎轮胎和无内胎轮胎两种。写出图中各零部件的名称。

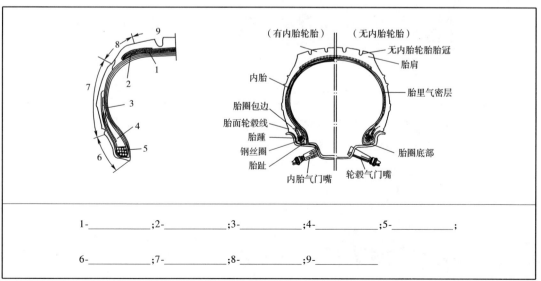

1-_____；2-_____；3-_____；4-_____；5-_____；
6-_____；7-_____；8-_____；9-_____

项目七 车轮和轮胎的构造与维修

4. 解释下表中轮胎型号的含义。在实训室中找到其他的轮胎,并记录它们的型号。

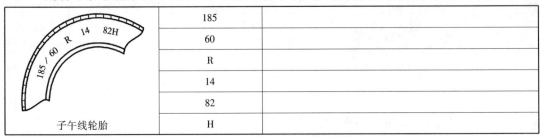

185	
60	
R	
14	
82	
H	

子午线轮胎

第二部分：实践操作

1. 简述前轮轮毂轴承预紧度的检查方法。

2. 轮胎磨损程度的检查。用专用工具检查轮胎的磨损程度。为安全起见,建议当轮胎胎面花纹高度接近3mm时更换轮胎。车轮花纹使用极限为1.6mm,若车轮花纹低于此数值,必须更换轮胎。

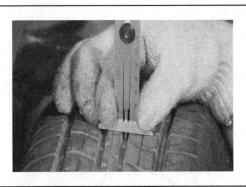

检查记录：

3. 用轮胎气压表检查轮胎的气压。

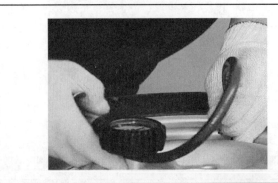

检查记录：

4.简述车轮动平衡检测操作步骤。

第三部分：评价与反馈

考核项目	评分标准	分　数	学生自评	小组评价	教师评价	小　计
团队合作	是否和谐	5				
活动参与	是否积极主动	5				
安全生产	有无安全隐患	10				
现场5S	是否做到	10				
任务方案	是否合理	15				
操作过程	车轮总成的检查； 车轮总成的拆卸与安装； 车轮换位； 车轮动平衡的检测	30				
任务完成情况	是否圆满完成	5				
工具和设备使用	是否规范、标准	10				
劳动纪律	是否严格遵守	5				
工单填写	是否完整、规范	5				
总　　分		100				
教师签名：			年　月　日		得　分	

项目八 悬架的构造与维修

一、悬架的功用和分类

1 悬架的功用

悬架(图 8-1)是车架(或车身)与车桥(或车轮)之间一切传力连接装置的总称。悬架具有如下的功用:

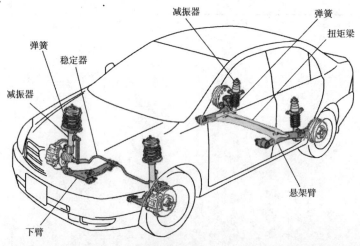

图 8-1 悬架在汽车上的安装位置

(1) 连接车架(或车身)和车轮,把路面作用到车轮的各种力传给车架(或车身)。
(2) 缓和冲击,衰减振动,使乘坐舒适,具有良好的平顺性。
(3) 保证汽车具有良好的操纵稳定性。

2 悬架的分类

汽车悬架可分为两大类:非独立悬架和独立悬架(图 8-2)。

a) 非独立悬架   b) 独立悬架

图 8-2 非独立悬架与独立悬架的示意图

非独立悬架的特点是左右车轮安装在一根整体式车桥的两端,车桥则通过悬架与车架相连。当一侧车轮发生位置变化后会导致另一侧车轮的位置也发生变化。

独立悬架的结构特点是车桥做成断开的,每一侧车轮单独通过悬架与车架(或车身)连接。与非独立悬架相比较,汽车采用独立悬架有以下优点:

(1) 两侧车轮可以单独运动而互不影响,这样在不平的道路上行驶时可减少车架和车身的振动,而且有助于消除转向轮不断偏摆的不良现象。

(2) 减少了汽车的非簧载质量(即不由弹簧支承的质量)。在道路条件和车速相同时,非簧载质量越小,悬架受到的冲击载荷也就越小,因而采用独立悬架可以提高汽车的平均行驶速度。

(3) 由于采用断开式车桥,发动机总成的位置可以降低和前移,使汽车重心下降,因而可提高汽车的行驶稳定性;同时由于赋予了车轮较大的上下运动空间,故可以将悬架刚度设计得较小,以降低车身振动频率,改善行驶平顺性。

(4) 越野汽车全部车轮采用独立悬架还可保证汽车在不平道路上行驶时,所有车轮和路面有良好的接触,从而可增大牵引力;此外,可增大汽车的离地间隙,使汽车的通过性能大大提高。

由于具有以上优点,独立悬架被现代汽车广泛采用。但是,独立悬架结构复杂,制造成本高,保养维修不便,在一般情况下,车轮跳动时,由于车轮外倾角与轮距变化较大,轮胎磨损较严重。

悬架的结构

现代汽车的悬架虽有不同的结构形式,但一般都由弹性元件、减振器、导向机构等组成,轿车一般还有横向稳定器。悬架的组成如图 8-3 所示。

弹性元件使车架(或车身)与车桥(或车轮)之间做弹性连接,可以缓和由于不平路面带

项目八 悬架的构造与维修

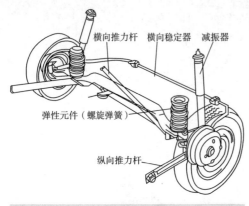

图 8-3 悬架的组成

来的冲击,并承受和传递垂直载荷。减振器可以衰减由于路面冲击产生的振动,使振动的振幅迅速减小。导向机构包括纵向推力杆和横向推力杆,用于传递纵向载荷和横向载荷,并保证车轮相对于车架(或车身)的运动关系。横向稳定器可以防止车身在转向等情况下发生过大的横向倾斜。

1 弹性元件

汽车上常用的弹性元件包括钢板弹簧、螺旋弹簧、扭杆弹簧、气体弹簧和油气弹簧等。

① 钢板弹簧

钢板弹簧也称叶片弹簧,其结构如图 8-4 所示,在车桥靠近车架或车身时靠钢板弹簧的弹性形变来起缓冲作用,并在车桥靠近和离开车架或车身的整个过程中,通过各片相互之间的滑动摩擦,部分衰减路面的冲击作用。

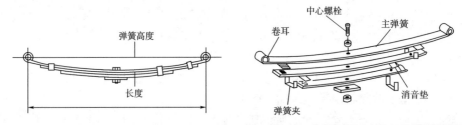

图 8-4 钢板弹簧结构

一副钢板弹簧通常由很多曲率半径不同、长度不等、宽度一样、厚度相等的弹簧钢板片叠成,在整体上近似等强度的弹性梁。第一片最长的钢板弹簧,称为主片,其两端或一端弯成卷耳状。在钢板弹簧全长内装有 2~4 个钢板夹。钢板弹簧的中部通过"U"形螺栓和压板与车桥刚性固定,两端用销子铰接在车架的支架和吊耳上。

② 螺旋弹簧

螺旋弹簧广泛应用于独立悬架,有些轿车的后轮非独立悬架也采用螺旋弹簧做弹性元件。螺旋弹簧如图 8-5 所示,由特殊的弹簧钢棒卷制而成,可以制成圆柱形或圆锥形,也可以制成等螺距或不等螺距。圆柱形等螺距螺旋弹簧的刚度是不变的,圆锥形或不等螺距螺旋弹簧的刚度是可变的。

螺旋弹簧与钢板弹簧相比,无需润滑,防污能力强,质量小,单位质量的能量吸收率较高。但是,螺旋弹簧本身的减振作用很差,因此在螺旋弹簧悬架中,必须另装减振器;螺旋弹簧只能承受垂直载荷,故必须加装导向装置,以传递垂直力以外的各种力和力矩。

③ 扭杆弹簧

扭杆弹簧是一根由铬钒弹簧钢制成的扭杆,如图 8-6 所示。扭杆一端固定在车架上,另一端固定在悬架的摆臂上,摆臂则与车轮相连。当车轮跳动时,摆臂便绕着扭杆轴线而摆动,使扭杆产生扭转导致弹性变形,以保证车轮与车架的弹性联系。

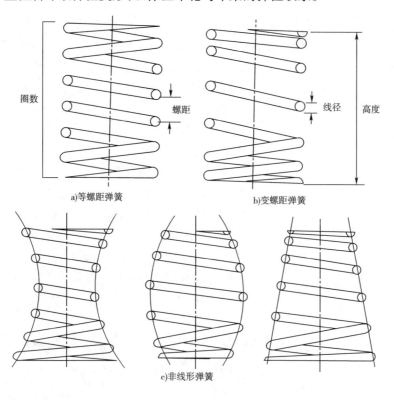

图8-5 螺旋弹簧

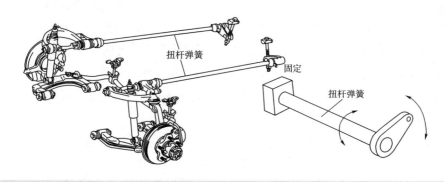

图8-6 扭杆弹簧示意图

扭杆弹簧在制造时,经热处理后预先施加一定的扭转力矩,使之产生一个永久的扭转变形,从而使其具有一定的预应力。左、右扭杆的预加扭转方向都与扭杆安装在车上后承受工作载荷时扭转的方向相同,目的是减少工作时的实际应力,以延长使用寿命。如果左、右扭杆换位安装,则将导致扭杆弹簧的实际工作应力加大,缩短其使用寿命。因此,左右扭杆弹簧刻有不同的标记,不可互换。

项目八　悬架的构造与维修

2 减振器

1 减振器的功用及原理

减振器在汽车中的作用是迅速衰减由车轮通过悬架弹簧传给车身的冲击和振动,提高汽车行驶的平顺性能。减振器在汽车悬架中是与弹性元件并联安装的(图8-7)。

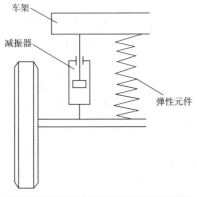

图8-7　减振器和弹性元件的安装示意图

目前,汽车悬架系统中广泛采用液压减振器,其基本原理如图8-8所示。当车架与车桥作往复的相对运动而使活塞在缸筒内往复移动时,减振器壳体内的油液便反复地从一个内腔通过一些窄小的孔隙流入另一个内腔,此时孔壁与油液间的摩擦及液体分子内的摩擦便形成对振动的阻尼力,使车身和车架的振动能量转化为热能被油液和减振器壳体所吸收,然后扩散到大气中。减振器阻尼力的大小随车架与车桥(或车轮)间相对速度的变化而增减,并且与油液的黏度有关。

阀门越大,阻尼力越小,反之亦然。相对运动速度越大,阻尼力越大,反之亦然。

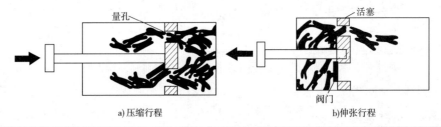

a)压缩行程　　　　　　　　b)伸张行程

图8-8　液压减振器的基本原理

阻尼力越大,振动衰减得越快,但悬架弹性元件的缓冲效果不能发挥,乘坐也不舒适,因此弹性元件的刚度与减振器的阻尼力要合理搭配,才能保证乘坐舒适性和操纵稳定性的要求。

2 双向作用筒式减振器

目前在汽车上应用最广泛的液力减振器是双向作用式减振器,它在伸张行程和压缩行程都具有阻尼减振作用。

双向作用筒式减振器如图8-9所示。双向作用筒式减振器在内筒和外筒之间设计了补偿孔,它可以调整油液量以适应活塞杆的移动体积。

如图8-9a)所示,在节流孔①上设置阀门,节流孔②没有阀门。压缩时,阀门①打开,下腔的油液通过节流孔①和②流到上腔,使活塞容易下行。伸张时,阀门①关闭,上腔的油液只能通过节流孔②流回下腔,使活塞上行阻尼增大。这样就实现了减振效果,它可以很快地吸收路面冲击,但汽车在坏路上行驶时的行驶平顺性较差。

如图8-9b)所示,在节流孔②上设计阀门②,伸张时油液通过节流孔②,压缩时油液通过节流孔①,因此在压缩和伸张时都受到阻尼力。对于激烈的车身振动,下腔的油液在伸张时通过补偿阀上的节流孔流入补偿腔,产生阻尼力;压缩时补偿阀打开,油液无阻尼地通过补

172

偿阀。补偿腔的上部有氮气,可以被油液压缩。

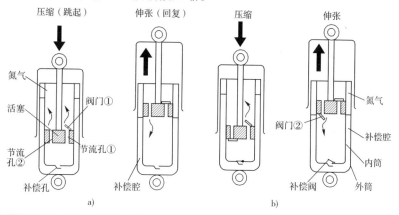

图8-9 双向作用筒式减振器的结构及工作原理

3 横向稳定器

横向稳定器如图8-10和图8-11所示。横向稳定器利用扭杆弹簧原理,将左右车轮通过横向稳定杆连接起来。在车身倾斜时,稳定杆两边的纵向部分向不同方向偏转,于是横向稳定杆便被扭转,弹性的稳定杆产生的扭转内力矩就阻碍了悬架弹簧的变形,从而减少车身的横向倾斜。

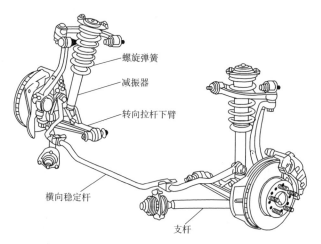

图8-10 横向稳定器

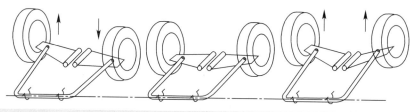

图8-11 横向稳定器的作用

三、非独立悬架

非独立悬架结构简单,工作可靠,一些轿车的后悬架中采用这一结构类型。

按照采用弹性元件的不同,非独立悬架可以分为钢板弹簧式非独立悬架和螺旋弹簧式非独立悬架。

1. 钢板弹簧非独立悬架

图 8-12 为钢板弹簧式非独立悬架。钢板弹簧中部通过 U 形螺栓(骑马螺栓)固定在前桥上。钢板弹簧的前端卷耳用弹簧销与前支架相连,形成固定式铰链支点,起传力和导向作用;而后端卷耳则用吊耳销与可在车架上摆动的吊耳相连,形成摆动式铰链支点,从而保证了弹簧变形时两卷耳中心线间的距离有改变的可能。

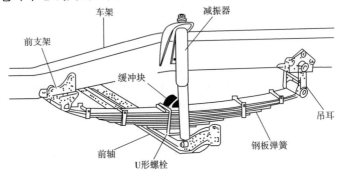

图 8-12 钢板弹簧式非独立悬架

减振器的上、下两个吊环通过橡胶衬套和连接销分别与车架上的上支架和车桥上的下支架相连接。盖板上装有橡胶缓冲块,以限制弹簧的最大变形,并防止弹簧直接碰撞车架。

2. 螺旋弹簧非独立悬架

螺旋弹簧非独立悬架由螺旋弹簧、减振器、纵向推力杆和横向推力杆组成,一般只用于轿车的后悬架,如图 8-13 所示。

四、独立悬架

1. 横臂式独立悬架

横臂式独立悬架分为单横臂式和双横臂式两种,目前单横臂式独立悬架应用得较少。

双横臂式独立悬架的两个横摆臂有等长的和不等长的,如图 8-14 所示。摆臂等长的独立悬架当车轮上下跳动时,虽然车轮平面不倾斜、主销轴线的方向也不发生变化,但轮距发生较大的变化,这将引起车轮的侧滑和轮胎的磨损。而摆臂不等长的独立悬架当车轮上下跳动时,虽然车轮平面、主销轴线、轮距都发生变化,但如果选择的长度比例合适,可使车轮和主销的角度及轮距变化不大,因而被广泛用在轿车前轮上。

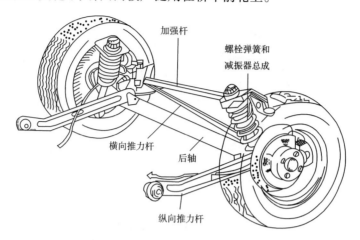

图 8-13　螺旋弹簧非独立悬架

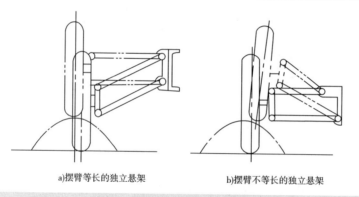

a) 摆臂等长的独立悬架　　　b) 摆臂不等长的独立悬架

图 8-14　双横臂式独立悬架示意图

2 纵臂式独立悬架

纵臂式独立悬架也分为单纵臂式和双纵臂式两种。

单纵臂式独立悬架如果用于前轮,车轮上下跳动时会使主销后倾角变化很大,所以单纵臂式独立悬架都用于后轮。

双纵臂式独立悬架的两纵摆臂一般长度相等,形成平行四连杆机构,如图 8-15 所示。这种悬架当车轮上下跳动时,车轮外倾角、轮距和主销后倾角都不发生变化,所以适用于前轮。

3 烛式独立悬架

图 8-16 为烛式独立悬架,主销的上下两端刚性地固定在车架上。套在主销上的套管固定在转向节上。套管的中部固定装着螺旋弹簧的下支座。筒式减振器的下端与转向节相连,上端与车架相连。悬架的摩擦部分套着防尘罩。通气管与防尘罩内腔相通,以免罩中空气被密封而影响悬架的弹性。

项目八 悬架的构造与维修

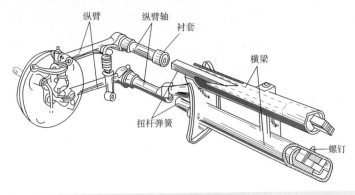

图 8-15 双纵臂式独立悬架

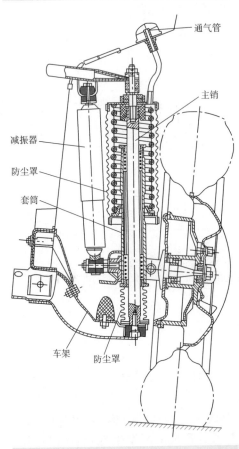

图 8-16 烛式独立悬架

烛式独立悬架的优点是当悬架变形时,主销的定位角不会发生变化,仅轮距、轴距稍有改变,有利于汽车的转向操纵性和行驶稳定性;缺点是侧向力全部由套筒和主销承受,两者间的摩擦阻力大,磨损严重。因此,这种结构形式目前很少采用。

4 麦弗逊式独立悬架

麦弗逊式悬架是目前轿车和某些轻型客车应用比较普遍的悬架结构形式。如图 8-17 所示,筒式减振器为滑动立柱,横摆臂的内端通过铰链与车身相连,外端通过球铰链与转向节相连。减振器的上端与车身相连,减振器的下端与转向节相连,车轮所受的侧向力大部分由横摆臂承受,其余部分由减振器活塞和活塞杆承受。筒式减振器上铰链的中心与横摆臂外端球铰链中心的连线为主销轴线,此结构也为无主销结构。当车轮上下跳动时,减振器下支点随前悬架摇臂摆动,故主销轴线角度是变化的,这说明车轮是沿着摆动的主销轴线而运动。

烛式独立悬架和麦弗逊式独立悬架都属于车轮沿主销移动的独立悬架。烛式独立悬架的车轮沿固定不动的主销移动,麦弗逊式独立悬架的车轮沿摆动的主销轴线移动。

5 多连杆式独立悬架

独立悬架中多采用螺旋弹簧,因而对于侧向力、垂直力以及纵向力需增设导向装置,即采用杆件来承受和传递这些力,因而一些轿车上为减轻车重和简化结构采用多连杆式悬架,如图 8-18 所示。上连杆用上连杆支架与车身(或车架)相连,上连杆外端与第三连杆相连。上连杆的两端都装有橡胶隔振套。第三连杆的下端通过重型止推轴承与转向节连接。下连杆与普通的下摆臂相同,其内端通过橡胶隔振套与前横梁相连接,球铰将下连杆的外端与转向节相连。多杆前悬架系统的主销轴线从下球铰延伸到上面的轴承,它与上连杆和第三连杆无关。

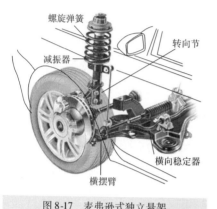

图 8-17 麦弗逊式独立悬架

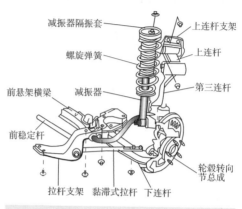

图 8-18 多连杆前悬架系统

任务二 前减振器的检查与更换

一、实训准备

1 实训器材

(1)五菱荣光汽车(图 8-19)。
(2)所需工具:CH-0003 弹簧压缩器(图 8-20)。

图 8-19 五菱荣光汽车

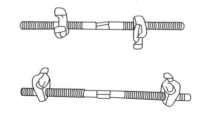

图 8-20 CH-0003 弹簧压缩器

(3)其他工具及器材:举升机(见图 1-17)、组合工具(见图 1-18)、扭力扳手(见图 3-55)、弹簧压缩器、量尺、转向盘护套、变速杆手柄套、座位套、脚垫等。

2 准备工作

(1)汽车进入工位前,将工位清理干净,准备好相关的器材。

(2)将汽车停驻在举升机中央位置(见图1-51)。

(3)拉紧驻车制动器操纵杆(见图1-52),并将变速杆置于空挡位置。

(4)套上转向盘护套、变速杆手柄套和座位套,铺设脚垫(见图1-53)。

二 前减振器的检查与更换

五菱荣光汽车前减振器总成分解图,如图8-21所示。

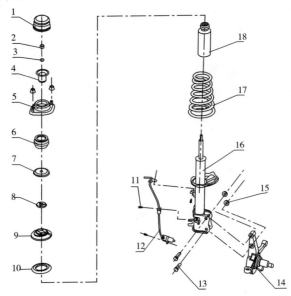

图8-21 前减振器总成分解图

1-防尘帽;2-螺母;3-垫圈;4-止动器毂架;5-前悬架支座;6-缓冲块;7-支撑托盘;8-平面轴承;9-前弹簧上座;10-衬垫;11-螺栓;12-轮速传感器(路况传感器);13-螺栓;14-左(右)转向节;15-螺母;16-左(右)前减振器总成;17-前螺旋弹簧;18-缓冲块及防尘罩

1 前减振器失效的检查

检查汽车的行驶平顺性,如汽车行驶时有异常振动,在不平坦道路上行驶时驾驶室内有"咚咚"的异常响声,说明减振器失效了。

注意:减振器只能整件更换,不能拆开维修;后减振器的检查方法与前减振器检查方法相同。

(1)车辆停放于平坦路面,用手按压车身至最低处,然后迅速放手。

(2)车辆上下摆动3~4次以上,说明减振性能劣化。

(3)举升车辆查看减振器是否有渗漏迹象。

(4)拆下减振器检查时,确认是否发生活塞杆卡滞或推拉活塞杆没有阻力。

当有以上几项发生时,必须更换减振器。

注意:判断减振器总成异响时,必须先检查减振器上支座(图8-22)是否损坏,然后检查减振器。

2 拆卸前减振器总成

(1)拆下前轮总成。
(2)拆下前减振器及螺旋弹簧总成。
①如图 8-23 所示,取下制动软管接头卡簧,使制动软管与减振器分离。

图 8-22 减振器上支座安装位置

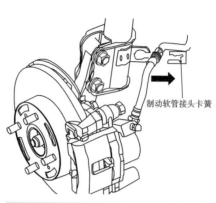

图 8-23 拆卸前减振器总成(1)

②如图 8-24 所示,拆下轮速传感器(若装备)安装螺栓,使传感器与减振器分离。
③如图 8-25 所示,拆卸横向稳定杆球销组件与减振器连接螺母。

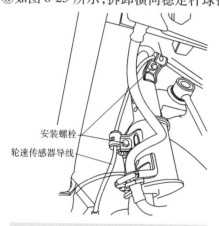

图 8-24 拆卸前减振器总成(2)

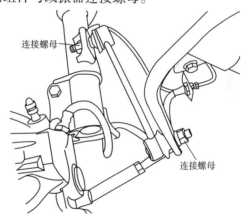

图 8-25 拆卸前减振器总成(3)

④如图 8-26 所示,拆卸前悬架与转向节连接螺栓。
⑤如图 8-27 所示,拆下前悬架支座上的两个自锁螺母。
注意:保护前减振器及螺旋弹簧总成,避免跌落。
⑥取下前悬架及螺旋弹簧总成。
(3)如图 8-28 所示,用弹簧压缩器压缩螺旋弹簧,直到螺旋弹簧与弹簧座之间不再有作用力。
(4)如图 8-29 所示,取下粘在前悬架支座上的防尘帽,用开口扳手夹住止动器毂架的上口,松开减振器活塞杆顶端螺母。

项目八　悬架的构造与维修

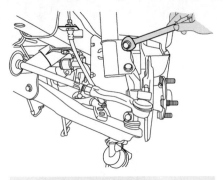

图8-26　拆卸前减振器总成(4)

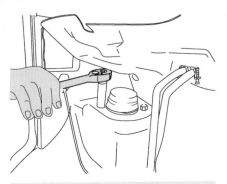

图8-27　拆卸前减振器总成(5)

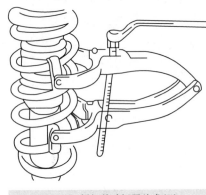

图8-28　拆卸前减振器总成(6)

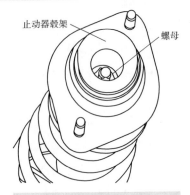

图8-29　拆卸前减振器总成(7)

(5) 依次取下并检查图8-30中的部件2～12。如果状况不良,必须更换新件。

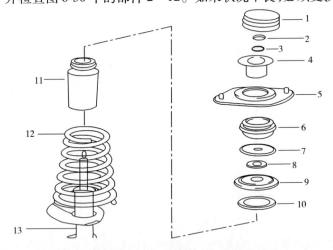

图8-30　拆卸前减振器总成(8)

1-防尘帽;2-螺母;3-垫圈;4-止动器毂架;5-前悬架支座;6-缓冲块;7-支撑托盘;8-平面轴承;9-前弹簧上座;10-衬垫;11-缓冲块及防尘罩;12-前螺旋弹簧;13-左(右)前减振器总成

(6) 如图8-31所示,目视检查弹簧外形有无损伤或位移。用量尺测量螺旋自由长度,前螺旋弹簧自由长度应为287mm。如果不符合规范,更换前螺旋弹簧。

3 安装前减振器总成

(1)安装前减振器及相关部件(见图 8-30 中的部件 1~13)。组装时,按拆卸的相反顺序进行。安装时注意以下事项:

①如图 8-32 所示,将螺旋弹簧下端点放置到前弹簧下座的阶梯形配合部位处。

②如图 8-33 所示,前弹簧上座上的箭头印记应正对前减振器总成底部的转向节支架槽口中心。

③平面轴承一定要安装到位。

(2)如图 8-34 所示,用 44~45N·m 的力矩紧固减振器活塞杆顶端螺母,并安装前悬架支座上的防尘帽。

图 8-31 检查螺旋弹簧自由长度

图 8-32 安装前减振器总成(1)

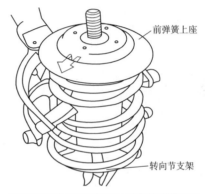

图 8-33 安装前减振器总成(2)

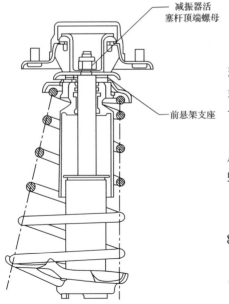

图 8-34 安装前减振器总成(3)

(3)安装前减振器及螺旋弹簧总成。

①安装前悬架支座螺母(见图 8-27)。

注意:保护前减振器及螺旋弹簧总成,避免跌落;前悬架支座两个锁紧螺母经拆下重新安装时必须使用新的锁紧螺母。用 60~70N·m 的力矩紧固前悬架支座螺母。

②安装前悬架与转向节连接螺栓(见图8-26)。用 85~95N·m 的力矩紧固前悬架与转向节连接螺母。

③安装制动软管接头卡簧(见图 8-23)。

④安装轮速传感器(若装备)安装螺栓(见图 8-24);

⑤安装横向稳定杆球销组件与减振器连接螺母(见图 8-25)。

(4)安装前车轮总成。

(5)进行车轮定位检查。

项目八 悬架的构造与维修

任务三 后钢板弹簧的检查与更换

一 实训准备

1 实训器材

(1)组合工具(图 8-35)。

图 8-35 组合工具

(2)其他工具及器材:五菱荣光汽车(见图 8-19)、举升机(见图 1-18)、扭力扳手(见图 3-55)、后桥支撑设备、转向盘护套、变速杆手柄套、座位套、脚垫等。

2 准备工作

(1)汽车进入工位前,将工位清理干净,准备好相关的器材。

(2)将汽车停驻在举升机中央位置(见图 1-51)。

(3)拉紧驻车制动器操纵杆(见图 1-52),并将变速杆置于空挡位置。

(4)套上转向盘护套、变速杆手柄套和座位套,铺设脚垫(见图 1-53)。

二 后钢板弹簧的检查与更换

五菱荣光汽车左后悬架分解图,如图 8-36 所示;后悬架钢板弹簧总成分解图,图 8-37 所示。

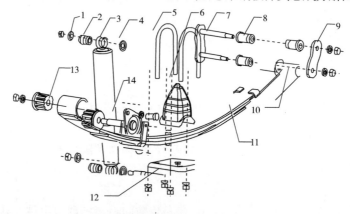

图 8-36 左后悬架分解图

1-外支承垫盘(左);2-橡胶衬套(一);3-后减振器总成;4-内支承垫盘(右);5-U 形螺栓;6-缓冲橡胶总成;7-吊耳内侧板焊合件;8-橡胶衬套(二);9-吊耳外侧板;10-橡胶衬套(三);11-钢板弹簧总成;12-左板簧夹板焊合件;13-花键橡胶衬套;14-支承板和前销组件

182

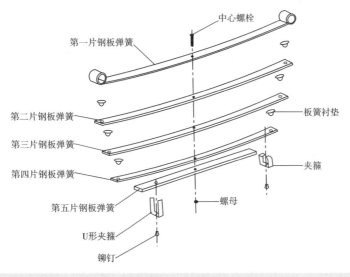

图8-37 后悬架钢板弹簧总成分解图

1 后钢板弹簧组件的检查

(1)钢板弹簧吊耳内侧板焊合件的检查。

①检查钢板弹簧吊耳内侧板焊合件、衬套,有无松动、破裂、脱焊现象。

②车辆满载时,行驶在路况不好的路面,会造成轮胎与后装饰板摩擦异响。可采用扩孔的方法改变轴距来解决,后桥与轮胎整体前移,改变轴距,解决摩擦的现象。

(2)钢板弹簧U形螺栓的检查(图8-38)。目视检查U形螺栓外型有无缺损,用45～60N·m的力矩紧固U形螺栓。

(3)后钢板弹簧的检查(图8-39)。

①检查橡胶衬套有无裂纹、磨损,如有则须更换。

②检查钢板弹簧限位卡铆钉是否松动。若松动,汽车在颠簸路面行驶时会产生异响。

③钢板弹簧在一些重型车辆空载时此处发出声响,重载时无声响,属产品特性。

④如果钢板弹簧叶片有裂纹,则应立即更换该弹簧片。

⑤在装配时,每片钢板弹簧叶片间应涂抹石墨锂基润滑脂。

图8-38 钢板弹簧U形螺栓的检查

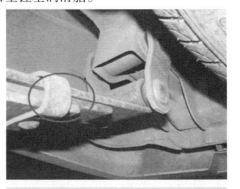

图8-39 后钢板弹簧的检查

2 拆卸钢板弹簧总成

（1）举升并适当支承车辆。
（2）适当支撑后桥总成。
（3）如图 8-40 所示，拆卸 U 形螺栓。
（4）如图 8-41 所示，取下缓冲橡胶总成。

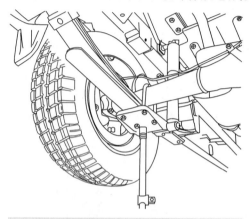

图 8-40　拆卸钢板弹簧总成（1）

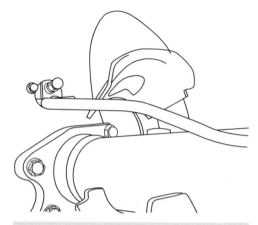

图 8-41　拆卸钢板弹簧总成（2）

（5）如图 8-42 所示，升高后桥支承设备，使钢板弹簧与后桥总成分离。
（6）如图 8-43 所示，拆卸吊耳外侧板固定螺母。

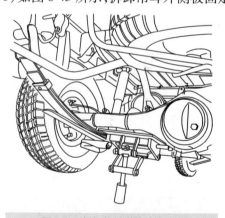

图 8-42　拆卸钢板弹簧总成（3）

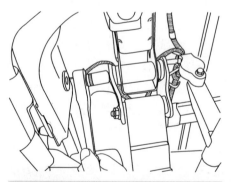

图 8-43　拆卸钢板弹簧总成（4）

（7）如图 8-44 所示，拆卸驻车制动拉索固定支架紧固螺栓。
（8）如图 8-45 所示，拆卸支承板和前销组件固定螺栓。
（9）如图 8-46 所示，拆卸支承板和前销组件锁紧螺母。
（10）适当支撑钢板弹簧总成。
（11）如图 8-47 所示，抽出吊耳内侧板焊合件。
（12）如图 8-48 所示，抽出支承板和前销组件，拿出花键橡胶衬套。
（13）如图 8-49 所示，将与后减振器下端头连接的托板向旁转开。
（14）取下钢板弹簧总成。

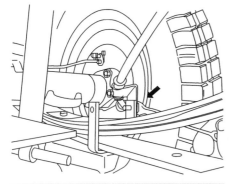

图 8-44 拆卸钢板弹簧总成(5)

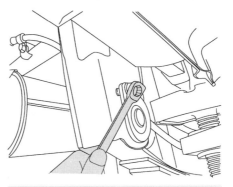

图 8-45 拆卸钢板弹簧总成(6)

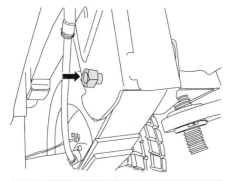

图 8-46 拆卸钢板弹簧总成(7)

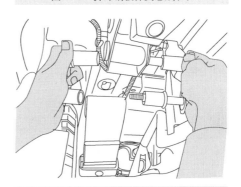

图 8-47 拆卸钢板弹簧总成(8)

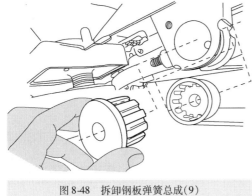

图 8-48 拆卸钢板弹簧总成(9)

图 8-49 拆卸钢板弹簧总成(10)

3 安装钢板弹簧总成

(1) 更换花键橡胶衬套(见图 8-48)。

(2) 安装支承板和前销组件锁紧螺母(见图 8-46)。用 50~70N·m 的力矩紧固支承板和前销组件固定螺栓。

(3) 安装支承板和前销组件固定螺栓(见图 8-45)。用 15~25N·m 的力矩紧固支承板和前销组件固定螺栓。

(4) 更换吊耳橡胶衬套(见图 8-47)。

(5) 安装吊耳外侧板固定螺母(见图 8-43)。用 15~25N·m 的力矩紧固吊耳外侧板固定螺母。

(6) 安装制动软管固定支架紧固螺栓(见图 8-44)。

(7) 安装缓冲橡胶总成(见图 8-41)。

(8) 安装 U 形螺栓(见图 8-40)。用 45~60N·m 的力矩紧固 U 形螺栓。

(9) 移走支承设备。

(10) 降下车辆。

工 作 页

第一部分：理论知识

1. 悬架是_____的总称。悬架具有如下的功用：

   (1) _____。

   (2) _____。

   (3) _____。

2. 写出图中各零部件的名称。

   1-_____;2-_____;
   3-_____;4-_____;
   5-_____;6-_____;
   7-_____;8-_____。

3. 现代汽车的悬架虽有不同的结构形式，但一般都由_____、_____、_____等组成，轿车一般还有_____。写出图中各零部件的名称。

   1-_____;
   2-_____;
   3-_____;
   4-_____;
   5-_____。

4. 汽车上常用的弹性元件包括_____、_____、_____和_____等。

5. 减振器在汽车中的作用是_____。写出图中各零部件的名称。

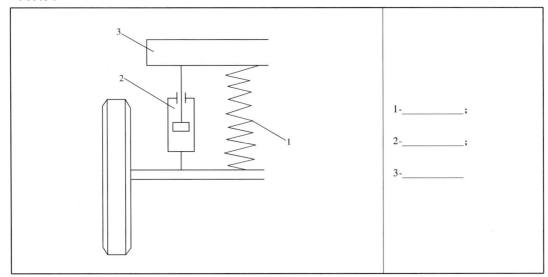

1-_____；

2-_____；

3-_____

6. 按照采用弹性元件的不同,非独立悬架可以分为钢板弹簧式非独立悬架和螺旋弹簧式非独立悬架。写出图中各零部件的名称。

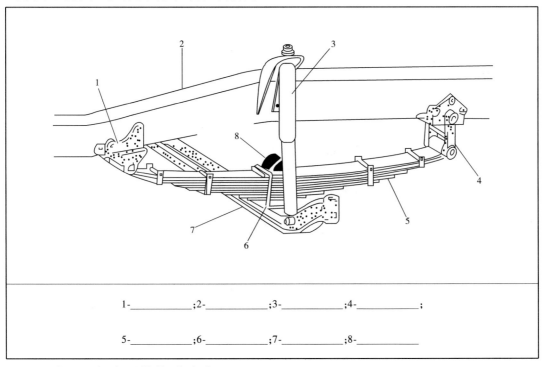

1-_____;2-_____;3-_____;4-_____;
5-_____;6-_____;7-_____;8-_____

7. 独立悬架主要结构形式有_____、_____、_____、_____和_____等。将图中零部件名称填入表中。

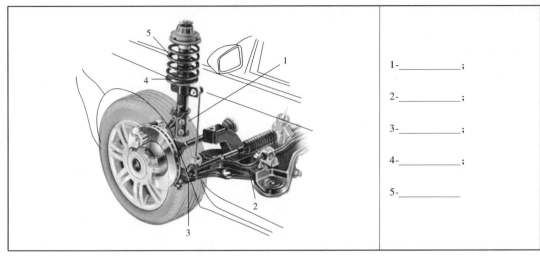

1-_____；

2-_____；

3-_____；

4-_____；

5-_____

第二部分：实践操作

1. 简述前减振器失效的检查方法。

2. 目视检查弹簧外形有无损伤或位移。用量尺测量螺旋自由长度，如果不符合规范，更换前螺旋弹簧。

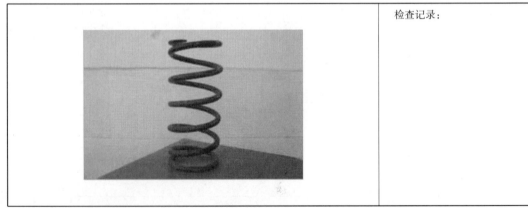

检查记录：

3. 简述后钢板弹簧组件的检查项目和方法。

第三部分：评价与反馈

考核项目	评分标准	分　数	学生自评	小组评价	教师评价	小　计
团队合作	是否和谐	5				
活动参与	是否积极主动	5				
安全生产	有无安全隐患	10				
现场5S	是否做到	10				
任务方案	是否合理	15				
操作过程	前减振器的检查与更换；后钢板弹簧的检查与更换	30				
任务完成情况	是否圆满完成	5				
工具和设备使用	是否规范、标准	10				
劳动纪律	是否能严格遵守	5				
工单填写	是否完整、规范	5				
总　分		100				
教师签名：			年　月　日		得分	

项目九　转向系统的构造与维修

任务一　转向系统的认知

一　概述

1　转向系统的功用

转向系统（图9-1）是指由驾驶人操纵，能实现转向轮偏转和回位的一套机构。转向系统的功用是按照驾驶人的意愿改变汽车的行驶方向和保持汽车稳定的直线行驶。

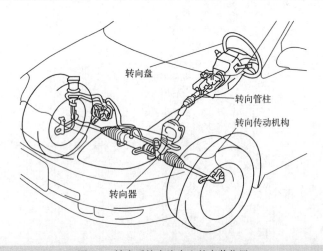

图9-1　转向系统在汽车上的安装位置

2 转向系统的分类及基本组成

汽车转向系统按转向动力源的不同分为机械转向系和动力转向系两大类。

机械转向系以驾驶人的体力作转向动力源,系统的所有传动件都是机械的,如图9-2所示。

动力转向系统是兼用驾驶人体力和发动机(或电动机)的动力作为转向能源的转向系统。动力转向系统是在机械转向系统的基础上加设一套转向加力装置而形成的,如图9-3所示。

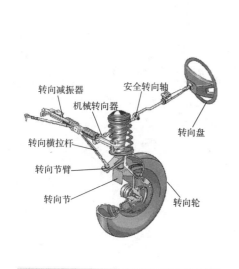

图9-2 机械转向系统的组成

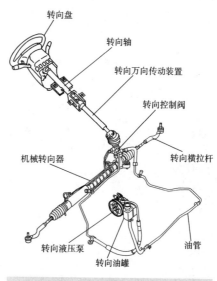

图9-3 动力转向系统的组成

3 转向盘的自由行程

转向盘的自由行程是指转向盘在空转阶段的角行程,这主要是由于转向系各传动件之间的装配间隙和弹性变形所引起的。由于转向系各传动件之间都存在着装配间隙,而且这些间隙将随零件的磨损而增大,因此在一定的范围内转动转向盘时,转向节并不马上同步转动,而是在消除这些间隙并克服机件的弹性变形后,才作相应的转动,即转向盘有一空转过程。卡罗拉轿车转向盘自由行程如图9-4所示。

转向盘自由行程对于缓和路面冲击及避免驾驶人过于紧张是有利的,但过大的自由行程会影响转向灵敏性。

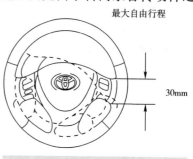

图9-4 转向盘自由行程

机械转向系统

汽车机械转向系统由转向操纵机构、机械转向器和转向传动机构三大部分组成。

1 机械转向器

转向器是转向系中的降速增矩的装置,其功用是增大由转向盘传到转向节的力,并改变力的传动方向。

按传动副的结构形式不同,转向器可以分为齿轮齿条式、循环球式、蜗杆曲柄指销式、蜗杆滚轮式等几种。

① 齿轮齿条式转向器

齿轮齿条式转向器分两端输出式和中间(或单端)输出式两种结构形式,如图9-5所示。齿轮齿条式转向器采用一级传动副,主动件是齿轮,从动件是齿条。

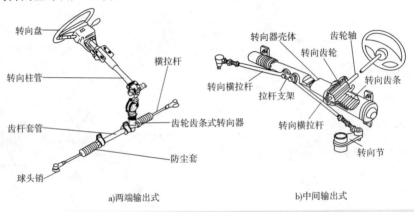

图9-5 齿轮齿条式转向器结构形式

齿轮齿条式转向器是利用齿轮顺时针或逆时针方向的转动带动齿条左右移动,再通过横拉杆推动转向节,达到转向的目的,如图9-6所示。

齿轮齿条式转向器结构简单,可靠性好,便于独立悬架的布置。同时,由于齿轮齿条直接啮合,转向灵敏、轻便,在各类型汽车上的应用越来越多。

② 循环球式转向器

循环球式转向器由侧盖、底盖、壳体、钢球、带齿扇的摇臂轴、圆锥轴承、制有齿形的螺母、转向螺杆等组成,如图9-7所示。

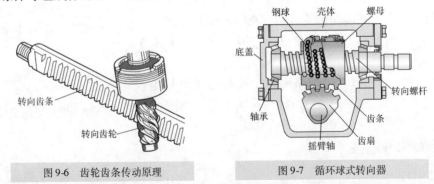

图9-6 齿轮齿条传动原理　　图9-7 循环球式转向器

循环球式转向器采用两级传动副,第一级是螺杆与螺母,第二级是齿条与齿扇。

循环球式转向器工作时,转向螺杆转动,在摩擦力的作用下,所有钢球在螺母与螺杆之间形成"球流",并推动齿形螺母沿螺杆轴线前后移动,然后通过齿条带动齿扇摆动,并使摇臂轴旋转,带动摇臂摆动,最后由传动机构传至转向轮,使转向轮偏转以实现转向。

循环球式转向器的最大优点是传动效率高、操纵轻便,且工作可靠、使用寿命长;其主要缺点是结构复杂、制造精度要求高,且逆效率也高。

2 转向操纵机构

汽车转向操纵机构主要由转向盘、转向轴、转向柱管等组成。它的功用是产生转动转向器所必需的操纵力,并具有一定的调节和安全性能。

汽车的转向操纵机构如图9-8所示。转向轴是连接转向盘和转向器的传动件,并传递它们之间的转矩。转向柱管安装在车身上,转向轴从转向柱管中穿过,支撑在柱管内的轴承和衬套上。转向盘利用键和螺母将其固定在转向轴的轴端。

轿车的转向操纵机构要求转向柱管必须装备能够缓和冲击的吸能装置。转向轴和转向柱管吸能装置的基本工作原理是:当转向轴受到巨大冲击而产生轴向位移时,通过转向柱管或支架产生塑性变形、转向轴产生错位等方式,吸收冲击能量。

3 转向传动机构

转向传动机构的功用是将转向器输出的力和运动传给转向轮,使两侧转向轮偏转以实现汽车转向,并保证左右转向轮的偏转角按一定关系变化。

1 转向摇臂

图9-9为常见转向摇臂的结构形式。循环球式转向器和蜗杆曲柄指销式转向器通过转向摇臂与转向直拉杆相连。转向摇臂的大端用锥形三角细花键与转向器中摇臂轴的外端连接,小端通过球头销与转向直拉杆作空间铰链连接。

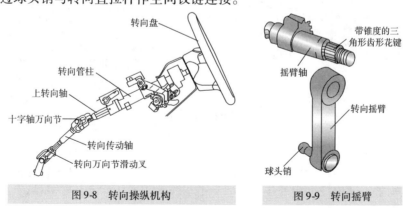

图9-8 转向操纵机构　　图9-9 转向摇臂

2 转向直拉杆

图9-10为汽车的转向直拉杆,它是连接转向摇臂和转向节臂的杆件,具有传力和缓冲作用。在转向轮偏转且因悬架弹性变形而相对于车架跳动时,转向直拉杆与转向摇臂及转向节臂的相对运动都是空间运动,为了不发生运动干涉,三者之间的连接件都是球形铰链。

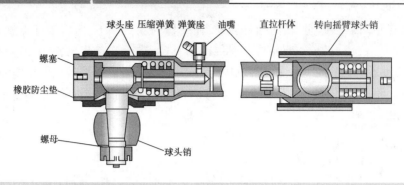

图 9-10 转向直拉杆

❸ 转向横拉杆

转向横拉杆由横拉杆体和两个旋装在两端的拉杆接头组成,如图 9-11 所示。其特点是长度可调,通过调整横拉杆的长度,可以调整前轮前束。

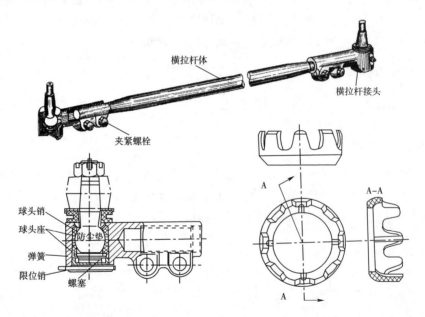

图 9-11 转向横拉杆示意图

图 9-12 为断开式转向桥的横拉杆组成。转向器齿条的两端制有内螺纹。转向横拉杆的内端装有带螺纹的球头,并将其旋入齿条中。横拉杆的外端也通过螺纹与横拉杆接头连接,并用螺母锁紧。横拉杆接头外端通过球头销与转向节连接。松开锁紧螺母,转动转向横拉杆(左右两侧横拉杆的转动量应相同)可以调整前轮前束。

❹ 转向减振器

为了衰减由于道路不平而传递给转向盘的冲击、振动,防止转向盘"打手",稳定汽车行驶方向,许多汽车装有转向减振器。转向减振器一端与车身(或前桥)铰接,另一端与转向直拉杆(或转向器)铰接。转向减振器的结构如图 9-13 所示,其工作原理与悬架中的减振器类似。

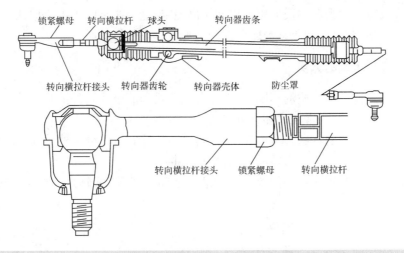

图9-12　断开式转向桥的横拉杆

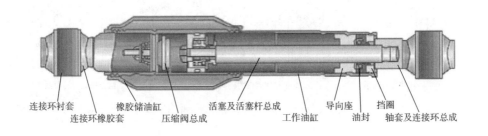

图9-13　转向减振器结构

三　液压动力转向系统

为了减轻驾驶人的疲劳强度,改善转向系统的技术性能,目前很多汽车都采用了动力转向装置。在正常情况下,采用动力转向的汽车转向时,所需的能量只有小部分是驾驶人提供的体能,而大部分是发动机驱动转向油泵旋转,将发动机输出的部分机械能转化为压力能,并在驾驶人控制下,对转向传动装置或转向器中某一传动件施加不同方向的随动渐进压力,从而实现转向。

1　动力转向液

汽车动力转向液是汽车液压动力转向系统的工作介质。长期以来,液压动力转向液一直采用自动变速器油(ATF),如上海桑塔纳2000系列轿车等的动力转向液。但目前有采用动力转向专门用油的趋势。采用动力转向液可减小磨损、防止氧化起泡、降低工作温度、保护油封及管路,使转向机构操作轻便、滑顺。动力转向液含有去污添加剂的成分,可以有效清洁动力转向系统。

很多厂商没有对动力转向液的更换周期作出规定,这可能是因为劣化周期较长的原因。所以无法指定更换周期,但如果动力转向液变为褐色时应进行更换。

2 动力转向装置的分类

动力转向装置按传能介质的不同,可以分为气压式和液压式两种。其中,液压式动力转向装置按液流形式,可分为常压式和常流式两种。

根据转向加力装置的零部件布置和连接组合方式不同,可以分为整体式动力转向系、半整体式动力转向系和组合式动力转向系三种(图9-14)。

液压式动力转向装置按其转向控制阀阀芯的运动力式,还可分为滑阀式和转阀式两种形式。

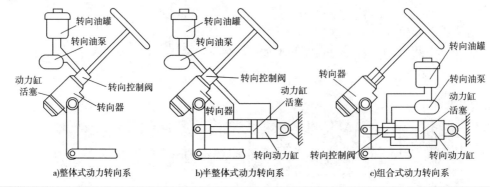

图9-14 动力转向系三种类型

3 液压式动力转向系的组成和工作原理

动力转向装置由机械转向器、转向控制阀(转阀式)、转向动力缸以及将发动机输出的部分机械能转换为压力能的转向油泵(或空气压缩机)、转向油罐等组成,图9-15为别克凯越轿车的动力转向系统。转向油泵安装在发动机上,由曲轴通过V形带驱动运转向外输出油压,转向油罐有进、出油管接头,通过油管分别和转向油泵和转向控制阀连接。动力转向器为整体式动力转向器,其转向控制阀用来改变油路。

1 液压动力转向装置

液压常流转阀式转向控制阀的结构如图9-16所示。转向控制阀的转子安装在转向齿轮轴上,在其中间插入控制阀扭杆并固定。在转向齿轮上部有控制阀体,它和控制阀扭杆相连。控制阀体和转向油泵相通,且在其两端有与动力缸相通的阀门孔,由其所处位置决定是否向动力缸供油。转向盘转动时,根据控制阀扭杆的扭转量提供相应的油压辅助力。转向油泵的供油压力由转向控制阀控制。高压油经过控制阀内的空隙进入动力活塞两端,使活塞左右运动,带动转向齿条运动。

动力转向装置的工作原理如图9-17所示。转向盘转动时,带动控制阀扭杆旋转,使控制阀缸体旋转,阀门孔打开,开始供油。当转向盘转角很大时,控制阀扭杆转角大,进入动力缸的油液多,推动动力活塞运动,从而减轻转向操纵力。高速时,转向盘转角小,进入动力缸的油液很少,转向操纵力大。当进入动力缸的油液流量很大时,过剩油液通过电磁阀流回储油罐。当转向盘停止转动时，阀门孔被关闭，动力活塞两端的油压相同。

图9-15　别克凯越轿车液压动力转向系统

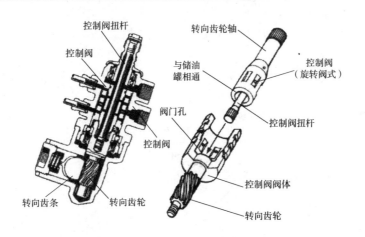

图9-16　转向控制阀的结构

❷ 转向油泵

转向油泵是动力转向装置的动力源，其功用是将发动机的机械能变为驱动转向动力缸工作的液压能，再由转向动力缸输出的转向力，驱动转向车轮转向。

转向油泵的结构类型有多种，常见的有齿轮式、转子式和叶片式。目前最常用的是双作用叶片式转向油泵，其工作原理如图9-18所示。当发动机带动油泵逆时针旋转时，叶片在离心力的作用下紧贴在定子的内表面上，工作容积开始由小变大，从吸油口吸进油液，而后工作容积由大变小，压缩油液，经压油口向外供油。再转180°，又完成一次吸压油过程。

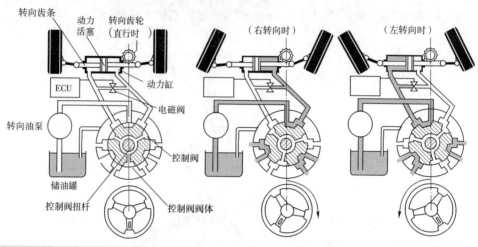

图9-17 动力转向系统工作原理

油泵的转子是通过发动机驱动或电动机驱动的,工作时油压及流量的变化是通过安全阀和溢流阀来实现的,如图9-19所示。当输出压力过高时,这个压力传到溢流阀右侧,使安全阀左移开启,高压油流回进油腔,降低了输出油压。当输出油量过大时,节流孔处油液的流速很高,但该处的压力很小,此压力经横向油道传到溢流阀右侧,使节流阀左右两侧的压差增大。在压差的作用下,节流阀压缩弹簧右移,使进油道和出油道相同,部分油液在泵内循环流动,减少了出油量。

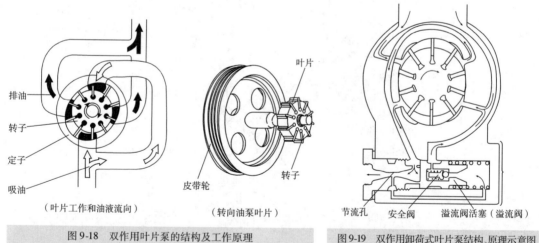

图9-18 双作用叶片泵的结构及工作原理　　图9-19 双作用卸荷式叶片泵结构、原理示意图

四 电子控制动力转向系统

电子控制动力转向系统(Electronic Control Power Steering,简称EPS)可分为液压式电控动力转向系统和电动式电控动力转向系统等多种形式。

1 液压式电控动力转向系统

液压式电子控制动力转向系统是在传统的液压动力转向系统的基础上增设了电子控制

装置而构成的。根据控制方式的不同,可分为流量控制式、反力控制式和阀灵敏控制式三种形式。下面仅介绍反力控制式电控动力转向系统。

1 基本组成

反力控制式动力转向系统主要由转向控制阀、电磁阀、分流阀、转向动力缸、转向油泵、储油罐、车速传感器和电子控制单元组成(图9-20)。

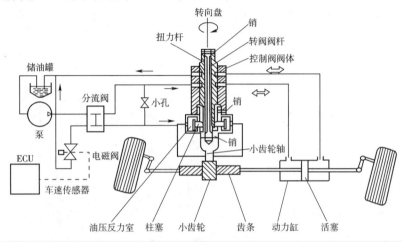

图 9-20　反力控制式动力转向系的组成

反力控制式动力转向系统是按照车速的变化,由电子控制油压反力,调整动力转向器,从而使汽车在各种条件下转向盘上所需的转向操纵力都达到最佳状态。有时也把这种动力转向系统称为渐进型动力转向系 PPS(Progressive Power Steering)。

电子控制渐近型动力转向系统结构如图 9-21 所示,除了旧式动力转向装置中用来控制加力的主控制阀之外,又增设了反力油压控制阀和油压反力室。

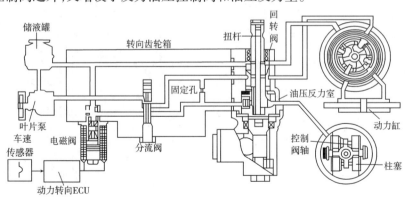

图 9-21　电子控制的渐进型动力转向系统结构

经反力油压控制阀调整后的油压加到油压反力室内,扭杆与转向轴相连,当 PPS 根据油压反力的大小改变转向扭杆的扭曲量时,就可以控制转向时所要加的力。动力转向用的微机安装在电子控制器 ECU 内,微机根据车速传感器的信号控制电磁阀的输入电流;电磁阀设在反力控制阀上。

2 工作原理

(1) 汽车静止或低速行驶时。如图 9-22 所示,汽车在低速范围内运行时,ECU 输出一个大的电流,使电磁阀的开度增加,由分流阀分出的液体流过电磁阀回到储油罐中的流量增加。油压反力室的压力减小,柱塞推动控制阀杆的力减小,因此只需要较小的转向力就可使扭杆扭转变形,使阀体与阀杆发生相对转动而使控制阀打开,油泵输出油压作用到动力缸右室(或左室),使动力缸活塞左移(或右移),产生转向助力。

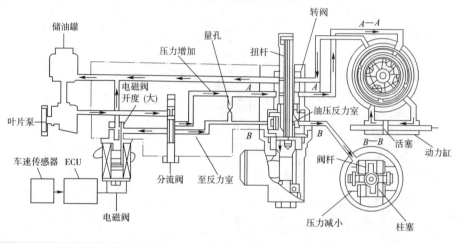

图 9-22 停车或低速行驶时的工作情况

(2) 汽车中、高速行驶时。如图 9-23 所示,此时转向盘微量转动时,控制阀杆根据扭转角度而转动,转阀的开度减小,里面的压力增加,流向电磁阀和油压反力室中的液流量增加。当车速增加时,ECU 输出电流减小,电磁阀开度减小,流入油压反力室中的液流量增加,反力

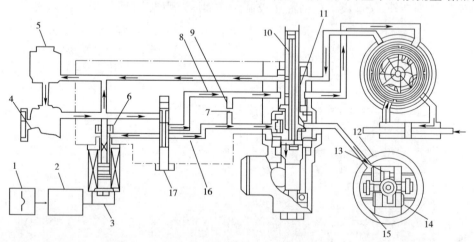

图 9-23 中、高速行驶时的工作情况
1-车速传感器;2-ECU;3-电磁阀;4-叶片泵;5-储油罐;6-电磁阀开度(小);7、9-量孔;8-压力增加;10-扭杆;11-转阀;12-油压反力室;13-控制阀杆;14-柱塞;15-压力增加;16-流量增加;17-分流阀

增大,使得柱塞推动控制阀杆的力变大。液流还从量孔流进油压反力室中,这也增大了油压反力室中的液体压力,故转向盘的转动角度增加时,将要求一个更大的转向操纵力,使得驾驶人在汽车中、高速行驶时获得良好的转向手感和转向特性。

（3）中、高速直行状态。车辆直行时,转向偏摆角小,扭杆相对转矩小,控制阀油孔开度减小,控制阀侧油压升高。由于分流阀的作用,使电磁阀侧油量增加。同时,随着车速的升高,通电电流减小,通过电磁阀流回油箱的阻尼增大,油压反力室的反力增大,使柱塞推动控制阀阀杆的力矩增大,转向盘手感增强。

2 电动式电控动力转向系统

电动式动力转向系统主要由转矩传感器、转角传感器、车速传感器、电动机、电磁离合器、减速机构、电子控制单元等组成（图9-24）。

电动动力转向系统的基本原理是根据汽车行驶速度（车速传感器输出信号）、转矩及转向角信号,由ECU控制电动机及减速机构产生助力转矩,使汽车在低、中和高速下都能获得最佳的转向效果。

电动机连同离合器和减速齿轮一起,通过一个橡胶底座安装在左车架上。电动机的输出转矩由减速齿轮增大,并通过万向节、转向器中的助力小齿轮把输出转矩送至齿条,向转向轮提供转矩。ECU根据各传感器的信号确定助力转矩的幅值和方向,并且直接控

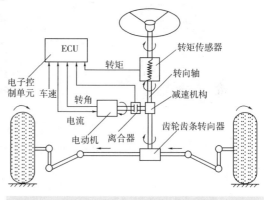

图9-24 电动动力转向系的组成

制驱动电路去驱动电动机。转矩传感器、转角传感器和汽车速度传感器等为助力转矩的信号源。

根据电动机布置位置的不同,直接助力式电动转向系统可以分为转向轴助力式、齿轮助力式和齿条助力式三种类型,如图9-25所示。

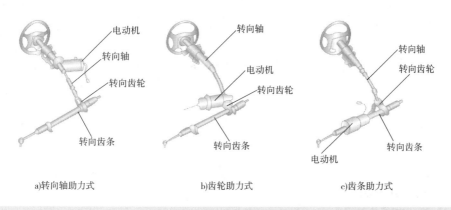

a）转向轴助力式　　　　　b）齿轮助力式　　　　　c）齿条助力式

图9-25 电动动力转向系统的类型

任务二 齿轮齿条式转向器的检查、调整与更换

一 实训准备

1 实训器材

(1) 五菱荣光汽车(图9-26)。
(2) 所需专用工具:CH-0001 球头拉拔器(图9-27)。

图9-26　五菱荣光汽车　　　图9-27　CH-0001 球头拉拔器

(3) 其他工具及器材:举升机(见图1-17)、组合工具(见图1-18)、扭力扳手(见图3-55)、卷尺、气动工具、转向盘护套、变速杆手柄套、座位套、脚垫、翼子板和前格栅磁力护裙等。

2 准备工作

(1) 汽车进入工位前,将工位清理干净,准备好相关的器材。
(2) 将汽车停驻在举升机中央位置(见图1-51)。
(3) 拉紧驻车制动器操纵杆(见图1-52),并将变速杆置于空挡位置。
(4) 套上转向盘护套、变速杆手柄套和座位套,铺设脚垫(见图1-53)。
(5) 在车内拉动发动机舱盖手柄(见图1-54)。
(6) 在车外打开并支撑发动机舱盖(见图1-55)。
(7) 粘贴翼子板和前格栅磁力护裙(见图1-56)。

二 齿轮齿条式转向器的检查、调整与更换

五菱荣光汽车齿轮齿条式转向器分解图,如图9-28所示。

1 车辆直向前位置的检查与调整

(1) 注意事项。在对转向器或转向管柱总成进行任何操作(拆卸与安装或者分解与装配)后,必须检查转向器构直向前位置。
(2) 检测。如图9-29所示,通过检查尺寸 $L=(460\pm3)$ mm 可获得直向前位置。

注意:在准确的直向前位置时,转向盘必须处于水平位置。

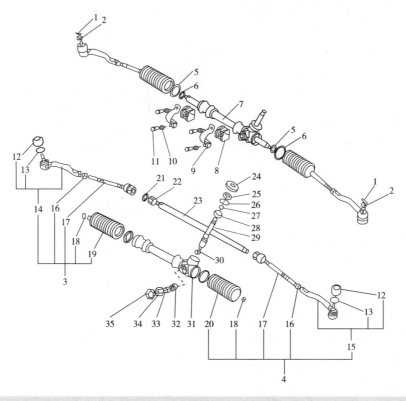

图9-28 齿轮齿条式转向器分解图

1-开口销;2-开槽螺母;3-右拉杆组件;4-左拉杆组件;5-箍带;6-防松垫;7-转向器;8-转向器安装胶套;9-转向器安装支架;10-垫圈;11-螺母;12-防尘罩;13-卡箍;14-右接头座组件;15-左接头座组件;16-锁紧螺母;17-转向拉杆组件;18-自紧弹簧;19-右齿条防尘罩;20-左齿条防尘罩;21-紧固套;22-齿条导套;23-转向齿条;24-防尘罩;25-油封总成;26-挡圈;27-挡圈;28-轴承;29-转向齿轮;30-滚针轴承;31-转向器壳体;32-调整楔块;33-调整弹簧;34-调整螺塞;35-锁紧螺母

(3)调整。如图9-30所示,取出转向盘,调整转向柱开关使调整销子在水平线上,将转向盘对正套入、压紧,左右转动转向盘数次,听到"哒"一声响,使调整销子弹出,嵌入转向盘沟槽中,往返转动转向盘,其自由行程应为±5°以内。用29~39N·m的力矩紧固转向盘锁紧螺母。

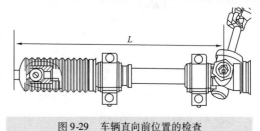

图9-29 车辆直向前位置的检查

2 转向齿轮和齿条啮合间隙的检查与调整

(1)检查。举升起汽车,一名维修人员负责左右转动转向盘,另一名维修人员在汽车下面靠近汽车转向器处,观察转向器是否有松旷或异响的情况。如有,则需要调整转向齿轮和齿条的啮合间隙。

(2)调整。

①如图9-31所示,松开锁紧螺母。

②将调整螺塞用5N·m的力矩拧紧,然后退回30°。

③将锁紧螺母按图9-31中规定的拧紧力矩拧紧。

项目九 转向系统的构造与维修

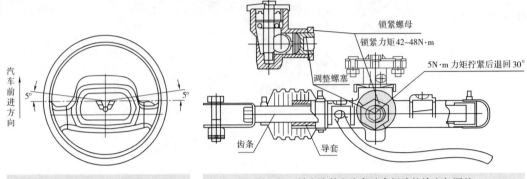

图9-30 转向盘自由行程的检查　　　　图9-31 转向齿轮和齿条啮合间隙的检查与调整

3 齿轮齿条式转向器的更换

① 拆卸程序

（1）顶起汽车，拆卸前轮。

（2）如图9-32所示，拆下转向传动轴下接头螺栓。

（3）如图9-33所示，拆下左（右）转向拉杆接头座组件处的开口销和锁紧螺母。使用专用工具CH-0001将转向拉杆接头座组件从转向节处压出。

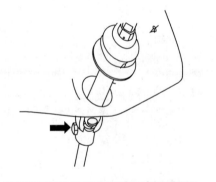 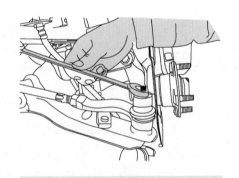

图9-32 齿轮齿条式转向器的拆卸（1）　　　图9-33 齿轮齿条式转向器的拆卸（2）

（4）如图9-34所示，拆卸转向器的4个安装螺栓。

（5）取下转向器和转向拉杆。

（6）如图9-35所示，为了在安装后能进行适度调整，应先在转向拉杆的锁紧螺母处作上标记，然后拆卸转向拉杆与接头座组件锁紧螺母，取下左（右）接头座组件。

（7）如图9-36所示，拆卸左（右）齿条防尘罩上的自紧弹簧和箍带，取出左（右）齿条防尘罩。

（8）如图9-37所示，从转向拉杆处拆下齿条防尘罩，撬开防松垫，拧松转向拉杆壳体，然后从齿条处拆下左（右）拉杆组件。

（9）取出转向器总成。

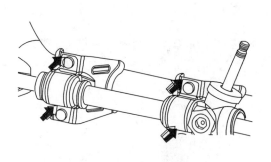

图9-34 齿轮齿条式转向器的拆卸(3)

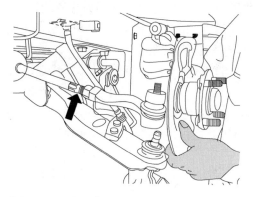

图9-35 齿轮齿条式转向器的拆卸(4)

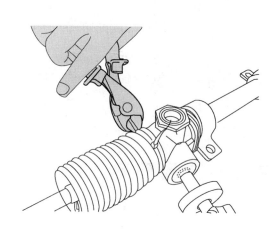

图9-36 齿轮齿条式转向器的拆卸(5)

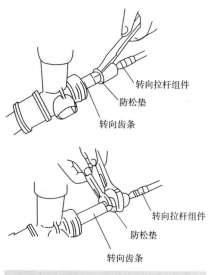

图9-37 齿轮齿条式转向器的拆卸(6)

2 安装程序

(1)如图9-38所示,将新的转向拉杆防松垫和转向拉杆安装到转向齿条上。防松垫的开口槽 A 部分应与齿条的平台扳手部位 B 对准。

(2)按规定力矩拧紧转向拉杆组件锁紧螺母。用49~64N·m的力矩紧固转向拉杆组件锁紧螺母。

(3)如图9-39所示,将防松垫向转向拉杆侧扳手平台弯曲、铆紧。

(4)在转向拉杆防尘罩安装部位涂半干性密封胶。

(5)将防尘罩正确定位在转向器壳体及转向拉杆的凹槽处,并用新的箍带按规定的拧紧力夹紧;安装自紧弹簧(见图9-36)。用59~157N·m的力矩紧固箍带。

(6)将转向拉杆组件锁紧螺母和转向拉杆左(右)接头座合件安装到转向拉杆上。将锁紧螺母定位在拆卸时所做

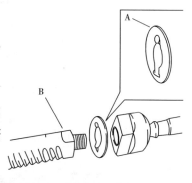

图9-38 齿轮齿条式转向器的安装(1)

的标记处,用 50~65N·m 的力矩紧固转向拉杆锁紧螺母(见图 9-35)。

(7)将转向器转向齿轮与转向传动轴连接,用 25~34N·m 的力矩紧固转向传动轴与转向齿轮连接螺栓(见图 9-33)。

(8)按规定力矩拧紧转向器安装螺母。用 31~74N·m 的力矩紧固转向器安装螺母。

(9)安装转向拉杆接头座球头销。如图 9-40 所示,按规定力矩拧紧转向拉杆接头座球头销开槽螺母,装上开口销(开口销为不可重复使用零件)。用 34~44N·m 的力矩紧固左(右)转向拉杆接头座组件开槽螺母。

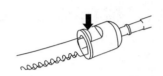

图 9-39 齿轮齿条式转向器的安装(2)

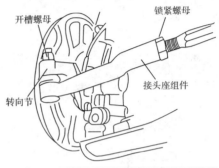

图 9-40 齿轮齿条式转向器的安装(3)

(10)进行直向前位置的检查与调整。

(11)安装车轮。进行前轮定位检查,按需要进行适当的调整。

任务三 检查、添加与更换转向助力液

一 实训准备

1 实训器材

(1)桑塔纳 2000GSi 轿车(图 9-41)。

(2)接油容器(图 9-42)。

图 9-41 桑塔纳 2000GSi 轿车

图 9-42 接油容器

(3)漏斗(图 9-43)。

(4) 吸管 (图 9-44)。
(5) 转向助力液 (图 9-45)。

图 9-43　漏斗

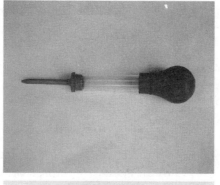
图 9-44　吸管

图 9-45　转向助力液

(6) 其他工具及器材：举升机 (见图 1-17)、组合工具 (见图 1-18)、扭力扳手 (见图 3-55)、棉纱、尖嘴钳、鲤鱼钳、软管、转向盘护套、变速杆手柄套、座位套、脚垫、翼子板和前格栅磁力护裙等。

2　准备工作

(1) 汽车进入工位前，将工位清理干净，准备好相关的器材。
(2) 将汽车停驻在举升机中央位置 (见图 4-45)。
(3) 拉紧驻车制动器操纵杆 (见图 4-46)，并将变速杆置于空挡位置。
(4) 套上转向盘护套 (见图 4-47)、变速杆手柄套和座位套，铺设脚垫。
(5) 在车内拉动发动机舱盖手柄。在车外打开并支撑发动机舱盖 (图 9-46)。
(6) 粘贴翼子板和前格栅磁力护裙 (图 9-47)。

图 9-46　支撑发动机舱盖

图 9-47　粘贴翼子板和前格栅磁力护裙

二、检查、添加与更换转向助力液

1　检查转向助力液液面高度

(1) 如图 9-48 所示，将转向盘调正，使转向盘上的车标朝向正前方。调整转向盘时，可将转向盘从一端极限位置转到另一端极限位置,然后退回到中间位置。

(2)如图9-49所示,转向助力系统的储液罐安装在发动机舱内靠近蓄电池的位置。

图9-48 调正转向盘

图9-49 储液罐安装位置

(3)用手旋下储液罐盖,使用棉纱擦净标尺上的油迹。如图9-50所示,观察标尺上的刻度线。标尺与储液罐制成一体的,标尺上注有"MAX"和"MIN"刻度线,指示液压面的最高和最低极限位置。

(4)先将盖旋紧储液罐上,然后再将盖旋下,观察标尺上显示的液面位置,如图9-51所示。

图9-50 观察标尺上的刻度线

图9-51 检查标尺上的液面位置

(5)转向助力液液面高度应在标尺的"MAX"和"MIN"刻度线之间。如果液面过低,应适当添加转向助力液,并按以下步骤检查系统是否有泄漏现象。

①如图9-52所示,起动发动机并保持怠速运转。

②转动转向盘至极限位置并保持不变。

③如图9-53所示,操纵举升机,将车辆举升至适当高度,并可靠锁止提升臂。

④如图9-54所示,检查转向器壳及各油管接头处是否有漏油现象。

⑤如图9-55所示,检查转向油泵及各管接头处是否有漏油现象。

⑥如图9-56所示,检查储液罐及各管接头处是否有漏油现象。

⑦将转向盘回正,发动机熄火后,用尖嘴钳拆卸转向器齿条防尘罩卡箍。如图9-57所示,拨开防尘罩与转向器连接端,检查防尘罩内是否存留助力液。如果防尘罩内存留助力

液,说明转向器的动力油缸漏油,应更换转向器总成。

图9-52 起动发动机

图9-53 举升车辆

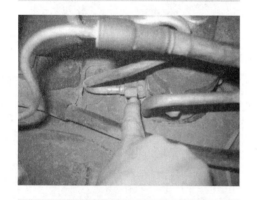

图9-54 检查转向器壳及各油管接头

图9-55 检查转向油泵及各管接头

图9-56 检查储液罐及各管接头

图9-57 检查防尘罩

2 排放转向助力液

(1)如图9-58所示,用手旋下储液罐盖,使用吸管吸出储液罐内的助力液,盛放到接油容器内。

(2)操纵举升机,将车辆举升至轮胎最低点距离地面约300mm的高度,并可靠锁止提升臂。

(3)如图 9-59 所示,使用鲤鱼钳将转向器油管与储液罐连接端的压紧卡箍,拉离油管与管接头接触部件。

图 9-58　旋下储液罐盖

图 9-59　拉离压紧卡箍

(4)将接油容器置于助力油泵下面,用手转动并拉出回油管,将助力液注入接油容器中。

(5)如图 9-60 所示,待回油管中的助力液排放完后,将一适当长度的软管与回油管和接油容器连接起来。

(6)起动发动机并保持怠速运转,同时左右转动转向盘至极限位置 10 次左右。

(7)排净助力液后,停止发动机运转和转动转向盘。

3 加注助力液

(1)如图 9-61 所示,将转向器的回油管用手安插到储液罐的管接头上。

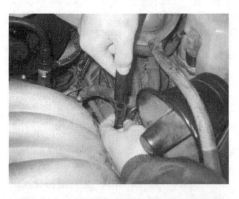

图 9-60　连接回油管

图 9-61　安装回油管

(2)使用鲤鱼钳将回油管卡箍安装到位。

(3)如图 9-62 所示,将助力液加注到储液罐内,并保持液面达到"MAX"刻度线。

4 系统排气

(1)左右转动转向盘至极限位置 10 次左右,观察储液罐中空气排放情况。

(2)如图 9-63 所示,当储液罐中不再有气泡出现后,操纵举升机,将车辆降落到地面上。

(3) 起动发动机并保持怠速运转,再次左右转动转向盘至极限位置10次左右。

(4) 重新检查储液罐内的助力液液面高度,应位于"MAX"和"MIN"刻度线之间。如果液面过低,应适当添加补充转向助力液;若液面高于"MAX"刻度线,应吸出多余助力液。

图9-62 加注助力液

图9-63 将车辆降落到地面上

工作页

第一部分：理论知识

1. 转向系的功用是_____。写出图中各部件的名称。

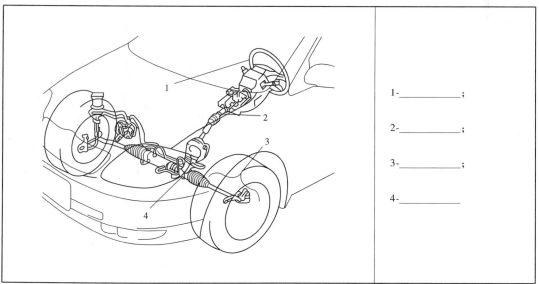

1-_____；

2-_____；

3-_____；

4-_____

2. 汽车转向系按转向动力源的不同分为_____和_____两大类。写出图中各部件的名称。

项目九 转向系统的构造与维修

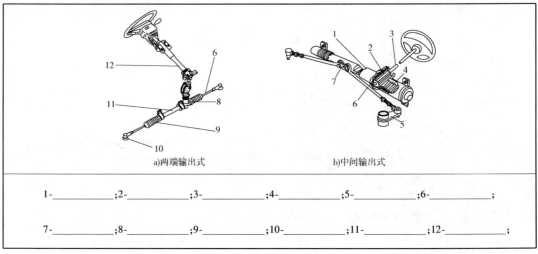

1-_____;2-_____;
3-_____;4-_____;
5-_____;6-_____;
7-_____;8-_____;
9-_____

3. 汽车机械转向系统由_____、_____和_____三大部分组成。写出图中各部件的名称。

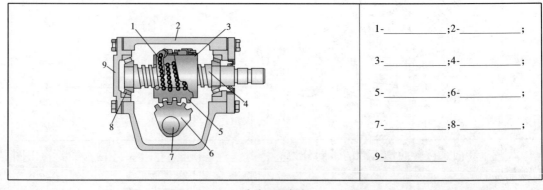

a)两端输出式　　　　　　b)中间输出式

1-_____;2-_____;3-_____;4-_____;5-_____;6-_____;

7-_____;8-_____;9-_____;10-_____;11-_____;12-_____;

4. 循环球式转向器采有两级传动副,第一级是_____,第二级是_____。写出图中各部件的名称。

1-_____;2-_____;
3-_____;4-_____;
5-_____;6-_____;
7-_____;8-_____;
9-_____

5. 下图为电动式动力转向系统的基本组成,写出图中各部件的名称。

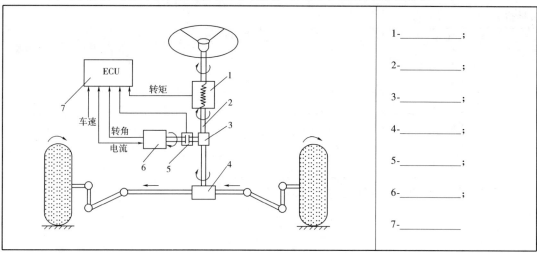

1-_____;
2-_____;
3-_____;
4-_____;
5-_____;
6-_____;
7-_____

第二部分:实践操作

1. 车辆直向前位置的检查。通过检查尺寸 $L=(460\pm3)$ mm 可获得直向前位置。
注意:在准确的直向前位置时,转向盘必须处于水平位置。

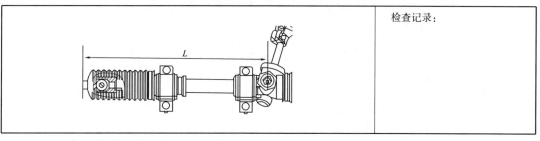

检查记录:

2. 车辆直向前位置的调整。取出转向盘,调整转向柱开关使调整销子在水平线上,将转向盘对正套入、压紧,左右转动转向盘数次,听到"哒"一声响,使调整销子弹出,嵌入转向盘沟槽中,往返转动转向盘,其自由行程应为 ±5° 以内。用 29~39N·m 的力矩紧固转向盘锁紧螺母。

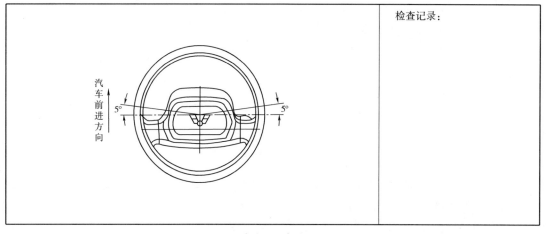

检查记录:

项目九 转向系统的构造与维修

3. 查阅资料,说明常见车型转向助力液的型号。试着找出更多车型所使用转向助力液的规格。

汽 车 型 号	转向助力液的规格
上海帕萨特	
奥迪 A6	
别克荣威	
景逸	
五菱鸿途	
宝骏 630	

4. 简述检查、添加或更换转向助力液的方法。

第三部分:评价与反馈

考核项目	评分标准	分　数	学生自评	小组评价	教师评价	小　计
团队合作	是否和谐	5				
活动参与	是否积极主动	5				
安全生产	有无安全隐患	10				
现场 5S	是否做到	10				
任务方案	是否合理	15				
操作过程	齿轮齿条式转向器的检查、调整与更换; 检查、添加或更换转向助力液	30				
任务完成情况	是否圆满完成	5				
工具和设备使用	是否规范、标准	10				
劳动纪律	是否能严格遵守	5				
工单填写	是否完整、规范	5				
总　分		100				
教师签名:			年　月　日		得分	

项目十 普通制动系统的构造与维修

任务一 普通制动系统的认知

一、概述

1. 制动系统的功用及分类

汽车制动系统在汽车上的位置如图 10-1 所示,其功用是:按照需要使汽车减速或在最短距离内停车;下坡行驶时保持车速稳定;使停驶的汽车可靠驻停。

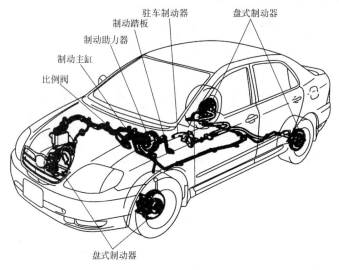

图 10-1 制动系统在汽车上的位置

按功能的不同,汽车制动系统可以分为:行车制动系统、驻车制动系统以及应急制动系统、安全制动系统和辅助制动系统。应急制动系统是用独立的管路控制车轮的制动器作为备用系统,其作用是当行车制动装置失效的情况下保证汽车仍能实现减速或停车;安全制动系统是当制动气压不足时起制动作用,使车辆无法行驶;辅助制动系统是为了下长坡时减轻行车制动器的磨损而设,其中利用发动机排气制动应用最广。

按照制动能源分类,汽车制动系统又可以分为人力制动系统、动力制动系统和伺服制动系统。

2 制动系统的基本组成

汽车制动系统都包括行车制动和驻车制动两大部分,如图10-2所示。行车制动系统用于使行驶中的车辆减速或停车,通常由驾驶人用脚操纵,一般包含制动踏板、制动主缸、制动轮缸、制动管路、车轮制动器等;驻车制动系统用于使停驶的汽车驻留原地,通常由驾驶人用手操纵,一般包含驻车制动操纵杆、拉索(或拉杆)、制动器。另外,较为完善的制动系统还包括制动力调节装置以及报警装置、压力保护装置等。

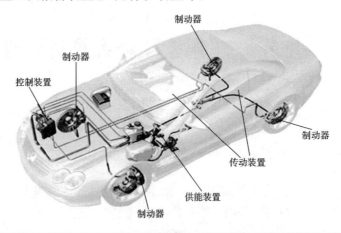

图10-2 制动系统的基本组成

汽车上设置有彼此独立的制动系统,它们起作用的时刻不同,但它们的组成却是相似的,一般由以下四个组成部分。

(1)供能装置。包括供给、调节制动所需能量以及改善传能介质状态的各种部件,如气压制动系统中的空气压缩机。

(2)控制装置。包括产生制动动作和控制制动效果的各种部件,如制动踏板等。

(3)传动装置。将驾驶人或其他动力源的作用力传到制动器,同时控制制动器的工作,从而获得所需的制动力矩。包括将制动能量传输到制动器的各个部件,如制动主缸、制动轮缸等。

(4)制动器。产生阻碍车辆的运动或运动趋势的力的部件。

3 制动系统的工作原理

行车制动系统的基本结构如图10-3所示,其工作原理是将汽车的动能通过摩擦转换成热能,并释放到大气中。制动时,踩下制动踏板,制动主缸向各制动轮缸供油,活塞在油压的作用下把摩擦材料压向制动盘实现制动。

二、车轮制动器

车轮制动器由旋转元件和固定元件两大部分组成。旋转元件与车轮相连接,固定元件与车桥相连接。利用旋转元件和固定元件之间的摩擦,产生制动器制动力。

图 10-4 为常用的盘式制动器和鼓式制动器的制动原理示意图。当制动摩擦块或制动蹄摩擦片压紧旋转的制动盘或制动鼓时,两者接触面之间产生摩擦,通过摩擦将汽车的动能转变为热能,并将热量散发到空气中,最终使车辆减速以至停车。

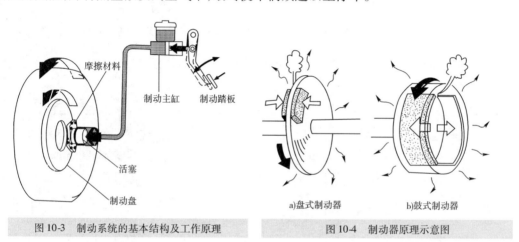

图 10-3　制动系统的基本结构及工作原理　　　　图 10-4　制动器原理示意图

1 盘式车轮制动器

盘式制动器根据其固定元件的结构形式可分为钳盘式制动器和全盘式制动器。钳盘式制动器广泛应用在轿车或轻型货车上,近年来前后轮都采用钳盘式制动器的结构日渐增多。

钳盘式制动器按制动钳固定在支架上的结构形式可分为定钳盘式和浮钳盘式,如图10-5所示。

① 定钳盘式制动器

定钳盘式制动器的结构原理如图 10-6 所示,其旋转元件是制动盘,它和车轮固装在一起旋转,以其端面为摩擦工作表面。跨置在制动盘上的制动钳体固定安装在车桥上,它不能旋转也不能沿制动盘轴线方向移动,其内部的两个活塞分别位于制动盘的两侧。制动时,制动油液由制动主缸经进油管进入钳体中两个相通的液压腔中,将两侧的摩擦块压向与车轮固定连接的制动盘,从而产生制动。

② 浮钳盘式制动器

浮钳盘式制动器的结构原理如图 10-7 所示。制动钳通过导向销(图中未画出)与车桥相连,可以相对于制动盘轴向移动。制动钳体只在制动盘的内侧设置油缸,而外侧的制动块则附装在钳体上。制动时,液压油通过进油管进入制动轮缸,推动活塞及其上的摩擦块向右

项目十 普通制动系统的构造与维修

移动,并压到制动盘上,并使得油缸连同制动钳整体沿导向销向左移动,直到制动盘右侧的摩擦块也压到制动盘上,夹住制动盘并使其制动。

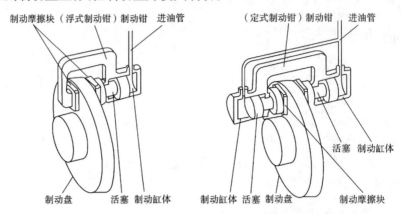

图 10-5 盘式制动器的类型

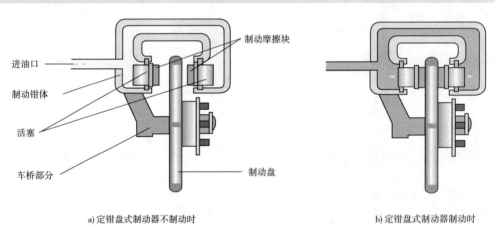

a) 定钳盘式制动器不制动时　　　　　　　　b) 定钳盘式制动器制动时

图 10-6 定钳盘式制动器的工作原理图

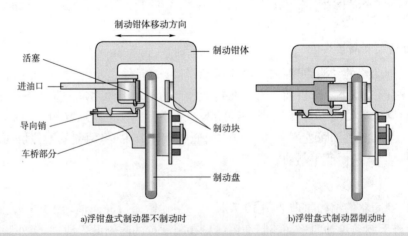

a) 浮钳盘式制动器不制动时　　　　　　　　b) 浮钳盘式制动器制动时

图 10-7 浮钳盘式制动器的工作原理图

如图10-8所示,制动缸体内壁槽内安装有活塞密封圈,其作用是防止制动液从活塞与制动缸体间的间隙中流出,对活塞起密封作用。液压使活塞运动,靠近活塞端的密封圈也随活塞一起变形,但槽内的密封圈不变形。当油液压力消失后,密封圈在橡胶恢复力的作用下往回运动,同时带动活塞往回运动。当制动摩擦块磨损时,活塞会自动从密封圈上滑移相应的距离,因此制动摩擦块和制动盘之间的间隙一般为定值。

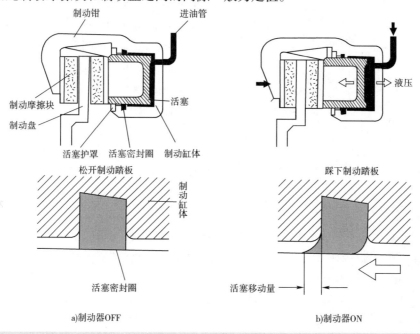

图10-8　盘式制动器的工作原理

图10-9为别克凯越轿车的前轮盘式制动器,该制动器为浮钳盘式制动器,它由制动盘、内外摩擦块、制动钳壳体、制动钳支架、前制动轮缸等组成。

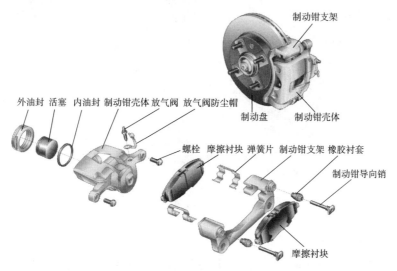

图10-9　盘式制动器

项目十 普通制动系统的构造与维修

2 鼓式车轮制动器

1 鼓式制动器的结构

简单的鼓式车轮制动器由旋转部分、固定部分、促动装置和间隙调整装置组成,如图 10-10 所示。旋转部分为制动鼓;固定部分是制动底板和制动蹄,制动底板固装在车桥的凸缘盘上,通过支承销与制动蹄相连;促动装置的作用是对制动蹄施加力使其向外张开,常用的促动装置有凸轮或制动轮缸;间隙调整装置的作用是保持和调整制动蹄和制动鼓间正确的相对位置。

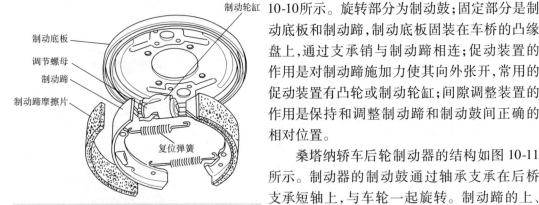

图 10-10 鼓式制动器构造

桑塔纳轿车后轮制动器的结构如图 10-11 所示。制动器的制动鼓通过轴承支承在后桥支承短轴上,与车轮一起旋转。制动蹄的上、下支承面均加工成弧面,下端支靠在固定于制动底板的支承板上。轮缸活塞通过两端带耳槽的支承块对制动蹄的上端施加促动力。该制动器兼作驻车制动器,因此在制动器中还装设了驻车制动机械促动装置。

制动时,轮缸活塞在制动液压力的作用下向外推动制动蹄,制动力克服复位弹簧的弹力使制动蹄向外张开,压向制动鼓,产生制动力矩使汽车制动。解除制动时,制动液压力消失,在复位弹簧的作用下制动蹄复位。

图 10-11 桑塔纳轿车后轮鼓式制动器

2 鼓式制动器的分类

(1)按促动装置不同分类。鼓式车轮制动器多为内张双蹄式,按促动装置的形式可分为轮缸式、凸轮式和楔块式,如图 10-12 所示。

（2）按产生制动力矩的不同分类。在制动过程中，如果制动蹄绕支承销转动与制动鼓旋转方向相同，在制动鼓上压得更紧，起到增势的作用，称为"增势蹄"或称"领蹄"；如果制动蹄绕支承销转动与制动鼓旋转方向相反，有使制动蹄离开制动鼓的趋势，起着减势作用，称为"减势蹄"或称"从蹄"。根据制动过程中两制动蹄产生制动力矩的不同，鼓式制动器可分为领从蹄式、双领蹄式、双向双领蹄式、双向从蹄式、单向自增力式和双向自增力式等，如图10-13所示。

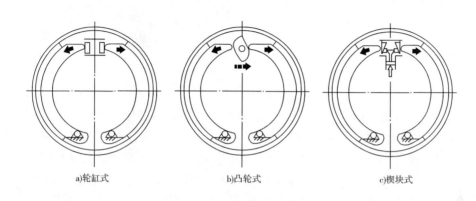

图10-12 制动器促动装置的类型

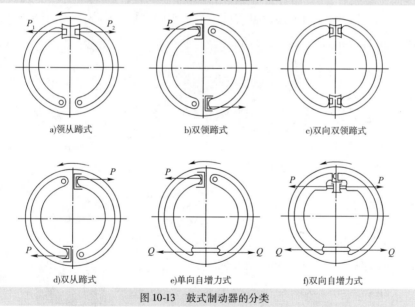

图10-13 鼓式制动器的分类

根据制动时两制动蹄对制动鼓作用的径向力是否平衡，鼓式制动器又可分为简单非平衡式、平衡式和自动增力式三种。

3 驻车制动器

驻车制动器的功用是：车辆停驶后防止滑溜；使车辆在坡道上能顺利起步；行车制动系统失效后临时使用或配合行车制动器进行紧急制动。

按在汽车上安装位置的不同，驻车制动装置分中央制动式和车轮制动式两种。前者的制动器通常安装在变速器后面,其制动力矩作用在传动轴上;后者和行车制动装置共用制动器(通常为后轮制动器),又称复合制动器,只是传动装置互相独立。驻车制动传动装置一般采用人力机械式,通过钢索或杠杆来驱动。

图 10-14 驻车制动系统

驻车制动装置主要由驻车制动操纵杆、制动拉索及后轮制动器中的驻车制动器等组成,如图 10-14 所示,它作用于后轮,主要是在坡路或平路上停车时使用或在紧迫情况下作紧急制动。

图 10-15 为驻车制动系统的工作原理。驻车制动时,拉起驻车制动操纵杆,操纵杆力通过操纵机构使驻车制动拉索收紧,拉索则拉动驻车制动杠杆的下端,使之绕上端支点顺时针转动,制动杠杆转动过程中,其中间支点推动驻车制动推杆左移,使前制动蹄压向制动鼓。前制动蹄压向制动鼓后,制动推杆停止运动,则驻车制动杠杆的中间支点变成其继续移动的新支点,于是驻车制动杠杆的上端右移,使后制动蹄压靠在制动鼓上,产生制动作用。此时,驻车制动操纵杆上的棘爪嵌入齿扇上的棘齿内,起锁止作用。

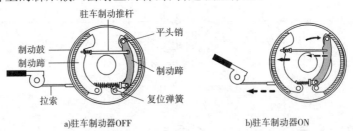

a)驻车制动器OFF　　　　　　　b)驻车制动器ON

图 10-15 驻车制动系统的工作原理

解除驻车制动时,按下驻车制动操纵杆上的按钮,使棘爪脱离棘齿,将操纵杆回到释放制动位置,松开驻车制动拉索,则制动蹄在复位弹簧的作用下复位。

对于 4 个车轮采用盘式制动器的轿车来说,驻车用的小型鼓式驻车制动器内置于后轮盘式制动器中,并通过拉索和连杆等机构固定在盘式制动器上。图 10-16 为别克凯越轿车驻车制动器的结构。

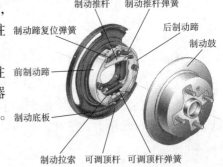

图 10-16 驻车制动器

三 液压制动传动装置

制动传动装置按传力介质的不同可分为液压式、气压式和气—液综合式;按制动管路的套数可分为单管路和双管路制动传动装置。按照交通法规的要求,现代汽车的行车制动系统须采用双管路制动传动装置,若其中一套管路损坏时,另一套仍然可以起制动作用,从而提高了制动的可靠性和安全性。

1 液压制动传动装置的基本组成及工作原理

液压式制动传动装置由制动踏板、制动主缸、储液罐、制动轮缸、油管等组成,如图10-17所示。现代汽车上采用了各种制动力调节装置,用以调节前后车轮制动管路的工作压力,常用的调节装置有限压阀、比例阀、感载比例阀和惯性阀等。

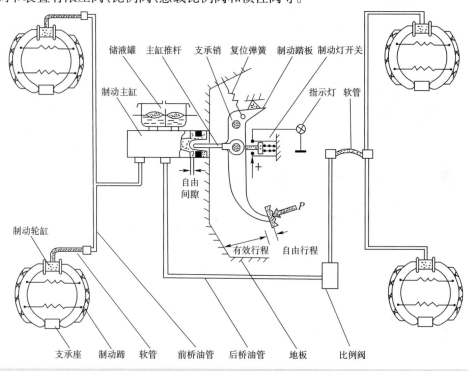

图10-17 液压式制动传动装置的组成

双管路液压制动传动装置是利用彼此独立的双腔制动主缸,通过两套独立管路,分别控制两桥或三桥的车轮制动器。常见的双管路的布置方案有前后独立式和交叉式两种形式,如图10-18所示。

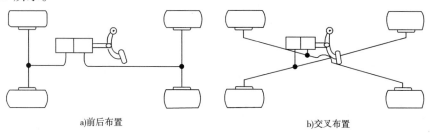

a)前后布置　　　　　　　　　b)交叉布置

图10-18 制动管路的布置

前后独立式双管路液压制动传动装置由双腔制动主缸通过两套独立的管路分别控制前

桥和后桥的车轮制动器。这种布置方式结构简单,如果其中一套管路损坏漏油,另一套仍能起作用,但会破坏前后桥制动力分配的比例,主要用于发动机前置后轮驱动的汽车。

交叉式双管路液压制动传动装置由双腔制动主缸通过两套独立的管路分别控制前后桥对角线方向的两个车轮制动器。这种布置方式在任一管路失效时,仍能保持一半的制动力,且前后桥制动力分配比例保持不变,有利于提高制动方向稳定性,主要用于发动机前置前轮驱动的轿车上。

2 液压制动传动装置主要部件

1 制动主缸

制动主缸位于制动踏板与管路之间,其功用是将制动踏板输入的机械力转换成液压力。

制动主缸的结构及工作原理如图 10-19 所示。在制动主缸上端装有储油罐,制动主缸内的活塞通过真空助力器内的推杆和制动踏板相连。踩下制动踏板推动活塞运动,进油孔关闭,各制动轮缸产生制动油压。松开制动踏板,活塞恢复到初始位置,制动油压消失,制动解除。

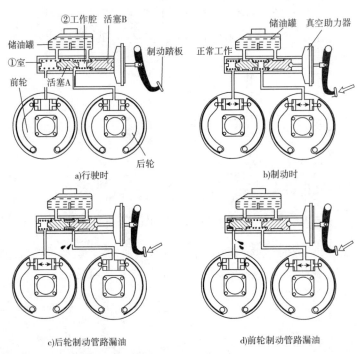

图 10-19 制动主缸的结构及工作原理

制动液经制动主缸及液压管路到达制动轮缸。当踩下制动踏板时,两活塞在主缸推杆的作用下使两活塞运动,并将进油孔关闭,在①、②工作腔内产生油压,如图 10-19b)所示,车轮制动器产生制动力。解除制动时,活塞在弹簧作用下复位,液压油自轮缸和管路中流回到制动主缸。当后轮制动管路发生泄漏时,如图 10-19c)所示,在②工作腔内不能产生油压,但在①工作腔内仍会产生油压。当前轮制动管路发生泄漏时,如图 10-19d)所示,在①工作腔内不能产生油压,活塞 A 推着活塞 B 使其顶到制动主缸缸体上,此时在②工作腔内产生油压。

❷ 制动轮缸

制动轮缸固定在制动底板上,其作用是将制动主缸传来的液压力转变为使制动蹄张开的机械推力。制动轮缸主要由缸体、活塞、皮碗、弹簧和放气螺钉等组成,如图 10-20 所示。放气螺钉的作用是排出混入制动液中的空气。

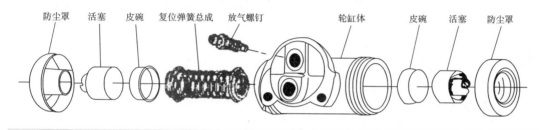

图 10-20 双活塞制动轮缸的分解图

❸ 真空助力器

真空助力器的作用是减轻驾驶人的制动操纵力。如图 10-21 所示,其内部有薄而宽的活塞,通过固定在活塞上的膜片将空气室和负压室隔离。负压室和发动机进气管相通。复位弹簧安装在负压室的推杆上和推杆一起运动。橡胶阀门与在膜片座上加工出来的阀座组成真空阀,与控制阀柱塞的大气阀座组成大气阀。真空阀将负压室与空气室相连,空气阀将空气室和外界空气相连。发动机不工作时真空助力器不工作。

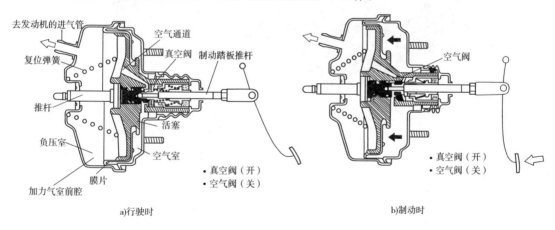

图 10-21 真空助力器的结构及工作原理

如图 10-21a)所示,负压室内的空气被吸进发动机进气管,产生负压。如图 10-21b)所示,踩下制动踏板,真空阀关闭,空气阀打开。空气进入空气室,使空气室压力大于负压室压力,活塞向前运动,于是带动制动主缸内的活塞运动,产生制动油压。

松开制动踏板,助力器活塞在复位弹簧的作用下恢复到原来的位置,制动踏板推杆也往回运动,空气阀关闭,真空阀打开,使真空室和空气室相通。其他制动机构也恢复到原来的位置,制动油压下降,制动解除(图10-21a)。

当真空助力器或真空源失效时,作用于主缸推杆上的力取决于驾驶人对制动踏板施加的踏板力,但踏板力要比未失效时大得多。

任务二　制动液的检查、补充及排放液压制动系统中的空气

一、实训准备

1 实训器材

(1)五菱荣光汽车(图10-22)。
(2)制动液(图10-23)。

图10-22　五菱荣光汽车

图10-23　制动液

(3)其他工具及器材:举升机(见图1-17)、组合工具(见图1-18)、扭力扳手(见图3-55)、透明塑料排气软管、容器、转向盘护套、变速杆手柄套、座位套、脚垫、翼子板和前格栅磁力护裙等。

2 准备工作

(1)汽车进入工位前,将工位清理干净,准备好相关的器材。
(2)将汽车停驻在举升机中央位置(见图1-51)。
(3)拉紧驻车制动器操纵杆(见图1-52),并将变速杆置于空挡位置。
(4)套上转向盘护套、变速杆手柄套和座位套,铺设脚垫(见图1-53)。
(5)在车内拉动发动机舱盖手柄(见图1-54)。
(6)在车外打开并支承发动机舱盖(见图1-55)。
(7)粘贴翼子板和前格栅磁力护裙(见图1-56)。

二 制动液的检查与补充

注意：过量加注制动液，会导致在制动系统工作过程中制动液溢流到发动机排气部件上。制动液是易燃品，如果接触发动机排气系统部件，会导致起火和伤人。

制动主缸储液罐与制动主缸间用销轴直接连接。储液罐位于车辆左侧、发动机罩下（图10-24）。制动主缸储液罐应保证足够的制动液，因此，在正常条件下储液罐不需要维护。当制动液面过低时，储液罐中的液面传感器会及时报警，导致制动警告灯亮起。

（1）检查制动液液面位置，液面正常位置应接近于上限位置（图10-25）。

（2）如果制动液液面位置过低，应补充制动液至正常高度位置。

①打开储液罐盖前，先要进行清理，以免尘土进入储液罐。

②打开旋盖。

③加注制动液（图10-26）。

④安装旋盖。

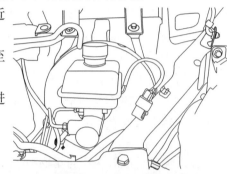

图10-24 储液罐安装位置

图10-25 检查制动液液面位置

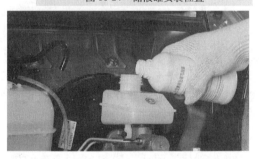

图10-26 加注制动液

三 制动液泄漏的检测

使发动机空转，并使变速器处于空挡位置。踩下制动踏板，并保持脚踩踏力不变。如果在用力不变的情况下，制动踏板慢慢地下落，则说明液压制动系统可能有泄漏。进行一下目视检查，以确定是否有泄漏。

（1）检查制动主缸储液罐液面位置。正常的摩擦衬片磨损会导致储液罐内的液面轻微下降。如果储液罐液位异常降低，会导致制动警告灯亮，这表明系统有泄漏。液压系统可能存在内部或外部泄漏。

（2）检查制动管和制动软管连接处是否有泄漏。如果存在泄漏，检查紧固件的拧紧力矩，更换油管或软管。

（3）检查连接制动器的元件是否损坏。如有必要，重装或更换连接制动器的元件。

(4)检查制动钳和制动轮缸是否有泄漏。如的确有泄漏,必要时重装或更换这些元件。

四 排放液压制动系统中的空气

1 注意事项

(1)在得到稳定的制动踏板(行程)之前,不要移动车辆。制动系统中的空气可导致制动失灵或造成人身伤害。

(2)只能使用干净、密封罐内的 DOT 3 号或以上级别的制动液。不能使用可能受到水污染的敞口容器中的制动液。制动液不正确或受到污染后,会损坏部件或丧失制动性能,从而可能导致伤人事故。

(3)切勿过量加注制动液,否则会在制动系统操作时导致制动液溢出。制动液易燃,如果接触发动机排气系统部件,会导致起火和伤人。

(4)如果维修或更换了任何制动器部件,从而使空气进入制动系统,必须进行完整的排气程序。

(5)避免制动液溅在任何车辆油漆表面、导线、拉线或电气连接器上。制动液会损坏油漆和电气连接。如果制动液溅在车辆上,冲洗溅油的部件,以减少损坏程度。

(6)排气操作是为了在空气进入液压制动系统时,排出其中的空气。

(7)如果空气因制动液液面过低或制动主缸上的制动硬管断开而进入,则在所有四个制动器上排除液压系统中的空气。如果一个车轮上的制动器软管或制动硬管断开,仅排除该车轮卡钳中的空气。如果制动硬管或软管在制动主缸与制动器之间的任何接头处断开,则仅需排放与断开的管路或软管有关的制动系统。

2 制动系统排气程序

排气程序按照从上到下、由远及近的放气原则进行。

注意:有感载比例阀,先放感载比例阀。

在进行排气程序时,需要一位维修人员踩制动踏板;确保制动液液面未下降到制动储液罐底部。要根据所排出的制动液量来检查并加注制动液。如果制动液液面已下降到制动储液罐底部,则从步骤(1)重新开始排气程序。

(1)检查制动主缸储液罐液面高度是否正常,必要时加注制动液至合适的液面高度。

注意:用抹布擦掉溢出的制动液。

(2)举升并适当支承车辆。

(3)将透明塑料排气软管安装到右后排气阀上。

(4)将透明塑料排气软管的另一端浸入盛有部分清洁制动器的清洁容器中(图 10-27)。

(5)打开排气阀。

(6)连续三次踩制动踏板,将制动踏板踩到全程约 75% 处并保持(图 10-28)。

(7)如图 10-29 所示,另一名维修人员打开排气阀,再关闭排气阀。

(8)松开制动踏板。

(9)重复步骤(4)~(8),直到制动液中不再出现气泡。

(10)如图10-30所示,用8~12N·m的力矩紧固排气阀。

注意: 应确保排放阀没有泄漏。

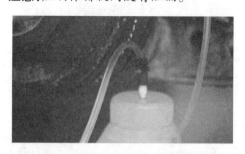
图10-27 制动系统排气程序(1)

图10-28 制动系统排气程序(2)

图10-29 制动系统排气程序(3)

图10-30 制动系统排气程序(4)

(11)从排气阀上拆卸透明塑料排气软管。

(12)对于左后制动器、左前卡钳和右前卡钳,重复步骤(3)~(11),直到不再出现气泡为止。

(13)降下车辆。

(14)拆下制动液储液罐盖。

(15)检查储液罐中的制动液液位。必要时,将储液罐加注到正确的液面高度。

(16)安装制动液储液罐盖。

(17)将点火起动开关拨到START(运行)位置,然后关闭发动机。用中等力量踩制动踏板并保持踏板的位置。注意踏板行程和脚感。

(18)如果感到制动踏板坚实而稳定且踏板行程不过大,则起动发动机。在发动机运行时,重新检查踏板行程。

(19)如果仍感到制动踏板坚实而稳定且踏板行程不过大,则进行车辆路试。以中速试几次正常制动,以确保制动系统功能正常。

(20)如果在开始时或发动机起动后制动踏板脚感软或行程过大,重复手动排气程序,从步骤(1)开始。

注意: 必须在踩实制动踏板后,方能移动车辆。在移动车辆前,如果制动踏板不坚实,会导致事故发生。

(21)路试车辆。以中速试几次正常制动,以确保制动系统功能正常。

任务三 制动踏板自由行程的检查

一、实训准备

1. 实训器材

五菱荣光汽车(见图10-22)、举升机(见图1-17)、组合工具(见图1-18)、直尺(见图1-19)、扭力扳手(见图3-55)、厚薄规、透明塑料排气软管、容器、转向盘护套、变速杆手柄套、座位套、脚垫、翼子板和前格栅磁力护裙等。

2. 准备工作

(1)汽车进入工位前,将工位清理干净,准备好相关的器材。
(2)将汽车停驻在举升机中央位置(见图1-51)。
(3)拉紧驻车制动器操纵杆(见图1-52),并将变速杆置于空挡位置。
(4)套上转向盘护套、变速杆手柄套和座位套,铺设脚垫(见图1-53)。
(5)在车内拉动发动机舱盖手柄(见图1-54)。
(6)在车外打开并支撑发动机舱盖(见图1-55)。
(7)粘贴翼子板和前格栅磁力护裙(见图1-56)。

二、制动踏板自由行程的检查

(1)如图10-31所示,停止运转发动机,踩制动踏板2～3次,去除助力器内的残余真空度。
(2)如图10-32所示,把直尺从制动踏板中心垂直地面测量。
(3)如图10-33所示,然后再踩下制动踏板,直到感觉有明显阻力为止,此为制动踏板的行程即为自由行程,自由行程标准值为10mm。
(4)制动踏板自由行程不能调整。

注意:制动踏板的总行程为145mm,行车制动灯开关的调整间隙为0.5～1.5mm。

(5)制动踏板行程过大,主要原因是系统内空气作用的结果。应排放液压系统内的空气,直至所有的空气都排尽为止。
(6)造成制动踏板行程过大还可能是摩擦衬片磨损严重或液压系统泄漏,应视情检查或修理。

图10-31 制动踏板自由行程的检查(1)

图10-32 制动踏板自由行程的检查(2)

图10-33 制动踏板自由行程的检查(3)

任务四 盘式制动器摩擦衬片的检查与更换

一 实训准备

1 实训器材

五菱荣光汽车(见图10-22)、举升机(见图1-17)、组合工具(见图1-18)、游标卡尺(见图1-50)、扭力扳手(见图3-55)、硅基润滑脂、转向盘护套、变速杆手柄套、座位套、脚垫、翼子板和前格栅磁力护裙等。

2 准备工作

(1)汽车进入工位前,将工位清理干净,准备好相关的器材。
(2)将汽车停驻在举升机中央位置(见图1-51)。
(3)拉紧驻车制动器操纵杆(见图1-52),并将变速杆置于空挡位置。
(4)套上转向盘护套、变速杆手柄套和座位套,铺设脚垫(见图1-53)。
(5)在车内拉动发动机舱盖手柄(见图1-54)。
(6)在车外打开并支撑发动机舱盖(见图1-55)。
(7)粘贴翼子板和前格栅磁力护裙(见图1-56)。

二 盘式制动器摩擦衬片的检查与更换

五菱荣光汽车盘式制动器分解图,如图10-34所示。

1 拆卸摩擦衬片

(1)举升并适当支承车辆。
(2)标记车轮相对于轮毂的位置。
(3)拆卸车轮总成。
(4)如图10-35所示,拆下制动钳导向杆。
(5)如图10-36所示,拆开固定制动软管的U形卡簧,并从支承架上取下软管。

项目十 普通制动系统的构造与维修

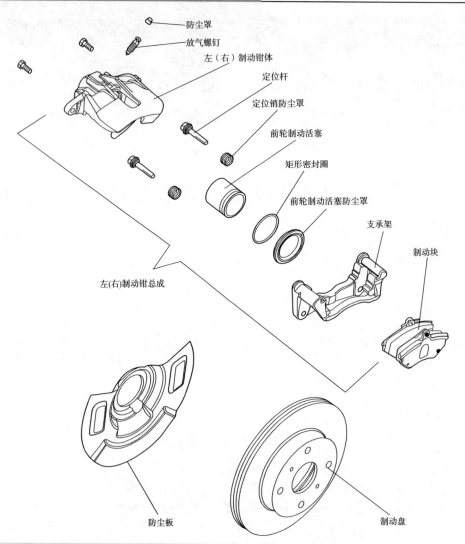

图 10-34 盘式制动器分解图

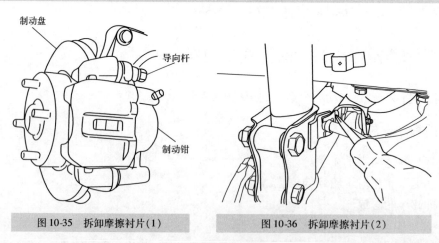

图 10-35 拆卸摩擦衬片(1)   图 10-36 拆卸摩擦衬片(2)

（6）如图 10-37 所示，向外侧拉动卡钳，并从卡钳托架上拆下摩擦衬片。

2 摩擦衬片的检查

注意：汽车每行驶 15 000km 应检查一次摩擦衬片。只要拆卸车轮（车轮换位等），就要检查一次摩擦衬片。

（1）检查内摩擦衬片的厚度（图 10-38），以确保摩擦衬片尚未过早磨损。可透过卡钳顶部的检查孔观察内摩擦衬片。

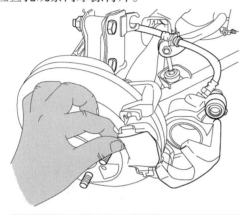

图 10-37　拆卸摩擦衬片（3）

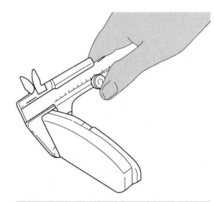

图 10-38　检查摩擦衬片厚度

（2）检查外衬片两端。磨损最大的部位通常出现这些位置。

（3）当制动器摩擦衬片被磨损后，厚度（衬片＋制动块钢背）小于 7.5mm 时，应更换新的摩擦衬片。

3 安装摩擦衬片

注意：在安装新的摩擦衬片前，将卡钳护罩的外表面擦干净。在安装新的摩擦衬片时，不要使异物进入卡钳缸径底部。内外摩擦衬片必须成对更换。否则，可能会造成制动过热或损坏制动器摩擦衬片、制动盘或卡钳。

（1）将摩擦衬片安装在卡钳托架上（见图 10-37）。
（2）如图 10-39 所示，用硅基润滑脂润滑卡钳导向杆和防尘罩。切勿润滑螺栓螺纹。
（3）将制动软管放置到支承架上，并用 U 形卡簧固定（见图 10-36）。
（4）安装制动钳导向杆（见图 10-35）。用 45N·m 的力矩紧固导向杆螺母。
（5）使车轮和轮毂上原有的标记一致，安装车轮总成。
（6）降下车辆。
（7）用力踩制动踏板 3 次，使衬片定位合适。

4 磨合衬片和制动盘

（1）更换摩擦衬片后，新制动面需要进行磨合。

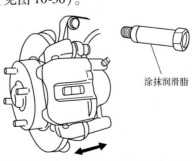

图 10-39　安装摩擦衬片

(2)表面修整或更换制动盘后,磨合新制动面。
(3)从48km/h的车速下,进行20次制动,将新制动面进行磨合。
(4)用中等偏大的力踩制动踏板,制动器不能过热。

任务五 鼓式制动器摩擦衬片的检查与更换

一、实训准备

1. 实训器材

(1)鲤鱼钳(图10-40)。
(2)内径卡尺(图10-41)。

图10-40 鲤鱼钳

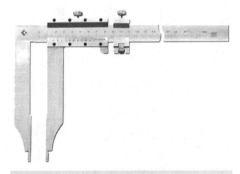

图10-41 内径卡尺

(3)其他工具及器材:五菱荣光汽车(见图10-22)、举升机(见图1-17)、组合工具(见图1-18)、游标卡尺(见图1-50)、螺丝刀(见图3-77)、扭力扳手(见图3-55)、M8 螺栓、气动工具、转向盘护套、变速杆手柄套、座位套、脚垫等。

2. 准备工作

(1)汽车进入工位前,将工位清理干净,准备好相关的器材。
(2)将汽车停驻在举升机中央位置(见图1-51)。
(3)拉紧驻车制动器操纵杆(见图1-52),并将变速杆置于空挡位置。
(4)套上转向盘护套、变速杆手柄套和座位套,铺设脚垫(见图1-53)。

二、鼓式制动器摩擦衬片的检查与更换

五菱荣光汽车鼓式制动器分解图,如图10-42所示。

1. 拆卸程序

(1)举升并支承车辆。

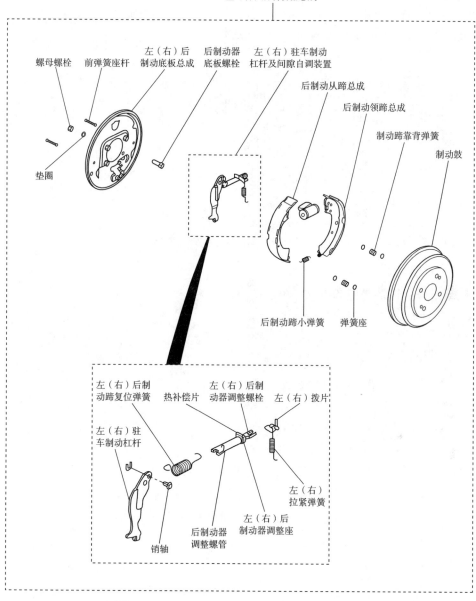

图 10-42 鼓式制动器(后)分解图

(2)拆卸车轮总成。用气动工具拆卸轮胎螺栓并取下轮胎(图 10-43)。

(3)拆卸制动鼓。

①如图 10-44 所示,拆卸后制动鼓。如果后制动鼓难以拆下,可在制动鼓螺孔中拧进 M8 螺栓将制动鼓顶出。

②清洁制动鼓。拆卸制动鼓后必须使其清洁无杂物,并且制动鼓工作面不能遗留任何油污。

③制动鼓内径:如图 10-45 所示,用内径卡尺检查制动鼓内径,标准值:230mm,极限值:

232mm，超过极限值必须更换制动鼓。

④其他缺陷。制动鼓出现裂纹或有缺损时必须及时更换，制动鼓有严重擦痕或划伤时将加剧制动器衬片磨损，不能继续使用，必须更换。

（4）如图10-46所示，将复位弹簧一端从制动蹄孔中拆下。

图10-43　拆卸车轮总成

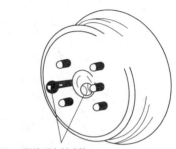

图10-44　拆卸后制动鼓

图10-45　检查制动鼓内径

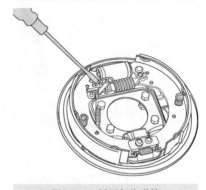

图10-46　拆下复位弹簧

（5）如图10-47所示，用钳子将制动蹄靠背弹簧压下旋转90°后取出。

（6）如图10-48所示，取出后制动蹄小弹簧及驻车制动器拉索，把制动从蹄及驻车制动器杠杆整个取出。

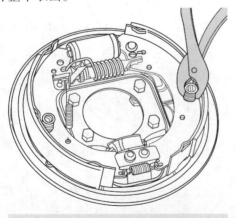

图10-47　取出制动蹄靠背弹簧

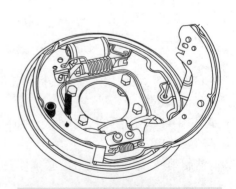

图10-48　拆下制动从蹄及驻车制动器杠杆

(7)如图10-49所示,用钳子取出开口挡圈,从销轴中取出驻车制动器杠杆及后制动从蹄。

(8)将销轴从制动领蹄中敲出,并从制动蹄孔中取出拉紧弹簧。

(9)取出后制动领蹄。

2 制动器摩擦衬片的检查

(1)车辆每行驶15 000km,应检查一次制动器摩擦衬片。

(2)在拆卸车轮(车轮换位等)时,随时检查制动器摩擦衬片。

(3)制动蹄衬片有变形或脱落时,必须更换。

(4)检查制动轮缸、制动衬片复位弹簧、间隙自调机构是否正常,视情修理或更换。

(5)如图10-50所示,用游标卡尺测量制动衬片厚度(包括钢背厚度),正常值为8mm。当制动器摩擦衬片的厚度(包括钢背厚度)磨损至4mm以内时,就应更换制动器摩擦衬片。

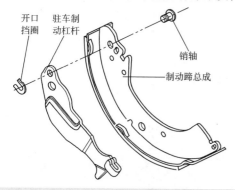

图10-49 从销轴中取出驻车制动器杠杆及后制动从蹄

图10-50 检查制动衬片厚度(包括钢背厚度)

(6)如果某一制动蹄须更换,则左右制动器制动蹄必须同时成对更换。

3 安装程序

重要注意事项:制动底板上的各零部件在安装时应涂防水腻子。

(1)清理制动底板表面。

(2)安装前应仔细检查保证各部件无任何影响使用的缺陷。

(3)安装拉紧弹簧,并用销轴连接制动领蹄和自调机构。

(4)安装制动从蹄和驻车制动器杠杆上的开口挡圈(见图10-49)。

(5)连接制动从蹄与制动器调整螺栓,并将制动蹄安装到制动轮缸活塞槽中。

(6)安装驻车制动器拉索及制动蹄小弹簧(见图10-48)。

(7)用钳子将制动蹄靠背弹簧压下并旋转一定角度,确认弹簧座已安装到位(见图10-47)。

(8)安装制动蹄复位弹簧(见图10-46)。

(9)调整后制动器间隙(图10-51)。抬起调整拨片,使之脱离调整螺管,然后向上(外径变小)或向下(外径变大)转动

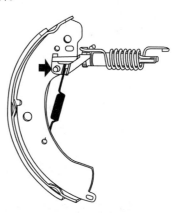

图10-51 调整后制动器间隙

调整螺管,直至制动鼓与制动蹄装配时有轻微接触,再向上转动调整螺管 1～2 圈。

(10)安装后制动鼓。

①清除制动鼓内的脏物及油污。

②装上制动鼓(将 M8 螺孔置于半轴法兰较大的两侧,以便 M8 螺栓拧入时能将制动鼓顶出)。

③装上后车轮。用 88～108N·m 的力矩紧固车轮螺母。

(11)调整后制动器间隙。后制动器拆卸装配时,其间隙已调整放大(便于装配),后制动器间隙必须重新调整:起动发动机,多次踩下制动踏板,以使制动器间隙自动调整到设计状态。

(12)检查驻车制动器行程是否大于 9 齿,否则,需调整驻车制动行程。

(13)安装车轮总成。

(14)降下车辆。

4 衬片和制动鼓的磨合

(1)在更换了制动器摩擦衬片后,对新的制动表面进行磨合。

(2)从 48km/h 的速度制动 20 次,以此来对新制动表面进行磨合。

(3)用中到强力量踩下制动踏板。切勿使制动器过热。

(4)在更换了新制动衬片后的 200km 行驶范围内避免紧急制动。

任务六　驻车制动器操纵机构的检查与调整

一 实训准备

1 实训器材

五菱荣光汽车(见图10-22)、组合工具(见图1-18)、游标卡尺(见图1-50)、螺丝刀(见图3-77)、扭力扳手(见图3-55)、转向盘护套、变速杆手柄套、座位套、脚垫等。

2 准备工作

(1)汽车进入工位前,将工位清理干净,准备好相关的器材。

(2)将汽车停驻在举升机中央位置(见图1-51)。

(3)拉紧驻车制动器操纵杆(见图1-52),并将变速杆置于空挡位置。

(4)套上转向盘护套、变速杆手柄套和座位套,铺设脚垫(见图1-53)。

二 驻车制动器操纵机构的检查

(1)如图 10-52 所示,驻车制动器操纵杆拉起时,应能在任意齿数位置可靠停驻,按下操纵杆前端按钮,应能顺利放下操纵杆。

（2）操纵杆拉至第一齿,驻车制动灯必须显示(图10-53),操纵杆放下后,驻车制动灯必须熄灭,否则需调整或更换驻车制动灯开关。

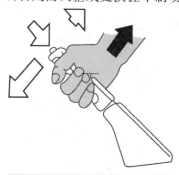

图10-52　操纵驻车制动器操纵杆

图10-53　驻车制动灯亮起

（3）以400N的力拉起操纵杆(图10-54),其行程应在6~9齿之间,超过时必须调整。

（4）放下操纵杆后(图10-55),后轮应无拖滞现象,否则需重新调整。

图10-54　拉起操纵杆

图10-55　放下操纵杆

（5）驻车制动器操纵杆必须整体更换,不允许分解后更换内部零部件再继续使用。

三　驻车制动器操纵机构的调整

（1）驻车制动(操纵杆)行程调整应在操纵杆和拉索都安装完毕以及后制动器间隙调整合适后进行。

（2）拆下副仪表板。

①将驾驶人座椅和前排座椅向后翻开,从副仪表板侧面卸下安装螺钉,如图10-56所示。

②如图10-57所示,上拉变速杆,从中央控制台开孔处拉脱变速杆护罩,然后通过变速杆向上拉出副仪表板。

③如图10-58所示,沿着变速杆向上拉出副仪表板。

（3）如图10-59所示,放下驻车制动器操纵

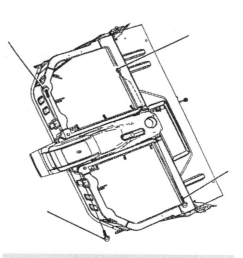

图10-56　卸下安装螺钉

杆,松开锁紧螺母。

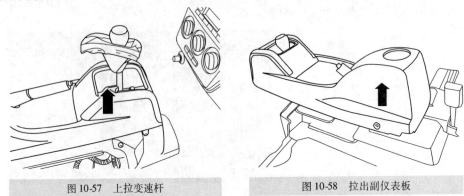

| 图 10-57 上拉变速杆 | 图 10-58 拉出副仪表板 |

(4)旋进(出)调节螺母,直至驻车制动器操纵杆行程符合满足(以 400N 的力拉起操纵杆,行程在 6~9 齿之间)。

(5)调整完毕后转动后轮应无拖滞现象,否则,需重新调整或检查更换有关零部件。

(6)拧紧锁紧螺母,装上副仪表板。

①沿着变速杆和驻车制动手套方向,安装副仪表板至座椅下框架组件上。

②套上变速杆护罩。

③如图 10-60 所示,安装副仪表板,紧固副仪表板螺栓。

(7)安装变速杆。

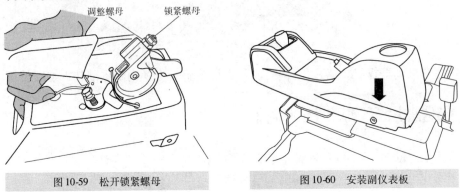

| 图 10-59 松开锁紧螺母 | 图 10-60 安装副仪表板 |

工 作 页

第一部分:理论知识

1. 汽车制动系统功用是:
(1) _____;
(2) _____;
(3) _____。

2. 写出图中各零部件的名称。

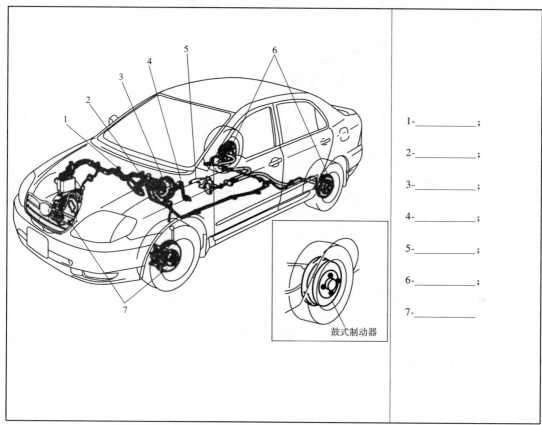

1-_____;

2-_____;

3-_____;

4-_____;

5-_____;

6-_____;

7-_____

3. 汽车上设置有彼此独立的制动系统,它们起作用的时刻不同,但它们的组成却是相似的,一般由以下4个组成部分:_____、_____、_____和_____。

4. 盘式制动器根据其固定元件的结构形式可分为_____制动器和_____制动器。写出图中各零部件的名称。

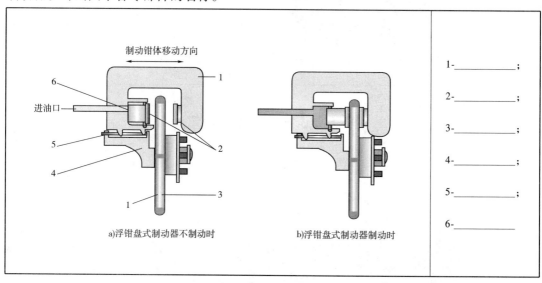

1-_____;

2-_____;

3-_____;

4-_____;

5-_____;

6-_____

5.写出图中鼓式制动器各零部件的名称。

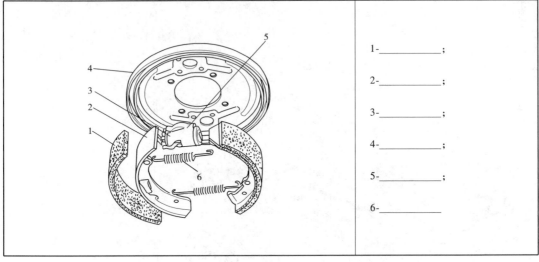

1-_____；

2-_____；

3-_____；

4-_____；

5-_____；

6-_____。

6.驻车制动器的功用是：
（1）_____；
（2）_____；
（3）_____。

7.写出图中各零部件的名称。

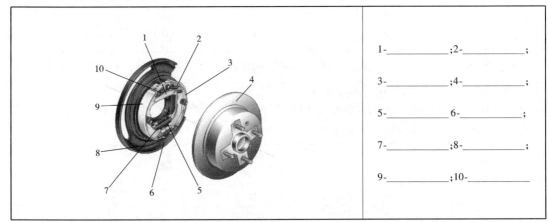

1-_____;2-_____;

3-_____;4-_____;

5-_____;6-_____;

7-_____;8-_____;

9-_____;10-_____。

第二部分：实践操作

1.简述排放液压制动系统中空气的方法。

2. 简述制动踏板自由行程的检查方法。

3. 被检车辆，制动踏板的总行程为 _____ mm，制动踏板自由行程为 _____ mm。

4. 盘式制动器摩擦衬片的检查。检查摩擦衬片的厚度，以确保摩擦衬片尚未过早磨损。

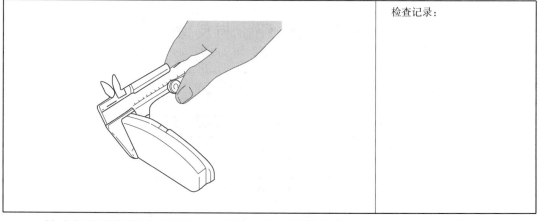

检查记录：

5. 鼓式制动器摩擦衬片的检查。用游标卡尺测量摩擦衬片厚度（包括钢背厚度），正常值：8mm。当制动器摩擦衬片的厚度（包括钢背厚度）磨损至 4mm 以内时，就应更换制动器摩擦衬片。

检查记录：

6. 检查驻车操纵机构。驻车制动操纵杆拉起时，应能在任意齿数位置可靠停驻，按下操纵杆前端按钮，应能顺利放下手柄。操纵杆拉至第一齿，驻车制动灯必须显示，操纵杆放下后，驻车制动灯必须熄灭，否则需调整或更换驻车制动灯开关。以 400N 的力拉起操纵杆，其行程应在 6～9 齿之间，超过时必须调整。放下操纵杆后，后轮应无拖滞现象，否则需重新调整。

项目十 普通制动系统的构造与维修

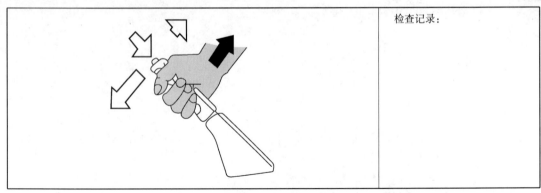

检查记录：

第三部分：评价与反馈

考核项目	评分标准	分　数	学生自评	小组评价	教师评价	小　计
团队合作	是否和谐	5				
活动参与	是否积极主动	5				
安全生产	有无安全隐患	10				
现场5S	是否做到	10				
任务方案	是否合理	15				
操作过程	制动液的检查、补充及排放液压制动系统中的空气；制动踏板自由行程的检查；盘式制动器摩擦衬片的检查与更换；鼓式制动器摩擦衬片的检查与更换；驻车制动器操纵机构的检查与调整	30				
任务完成情况	是否圆满完成	5				
工具和设备使用	是否规范、标准	10				
劳动纪律	是否能严格遵守	5				
工单填写	是否完整、规范	5				
	总　分	100				
教师签名：			年　月　日		得分	

项目十一　防抱死制动系统(ABS)的构造与维修

任务一　ABS 的认知

一、ABS 的基本组成与工作原理

汽车防抱死制动系统 ABS(Anti-locked Braking System) 是一种安全控制制动系统, 目前已经成为轿车及客车的标准配置。ABS 既有普通制动系统的制动功能, 又能防止车轮制动抱死。

紧急制动时, 制动力过大使轮胎抱死后滑动, 制动距离变长且汽车不受控制。防抱死制动系统可使汽车在制动过程中车轮滑移率保持在 20% 左右的范围内, 此时轮胎处于边滚边滑状态, 制动力最大, 保证了汽车的方向稳定性, 防止产生侧滑和跑偏。

ABS 部件在车上的位置, 如图 11-1 所示。

ABS 通常由轮速传感器、电子控制单元(ECU)、制动压力调节器和 ABS 警示装置等组成, 如图 11-2 所示。

汽车制动时, 轮速传感器将各车轮的转速信号输入 ECU; ECU 根据每个车轮轮速传感器输入的信号对车轮的运动状态进行监测和判定, 并形成相应的控制指令, 再适时发出控制指令给制动压力调节器; 制动压力调节器对各制动轮缸的制动压力进行调节, 防止制动车轮抱死。

二、轮速传感器

轮速传感器的功用是检测车轮的旋转速度, 并将速度信号输入电子控制单元。目前, 常

用的轮速传感器主要有电磁式和霍尔式两种。

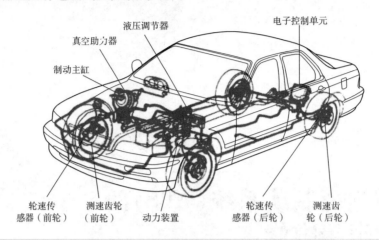

图 11-1　ABS 部件在车上的位置

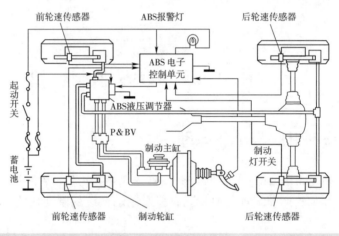

图 11-2　ABS 的基本组成

1　电磁式轮速传感器

电磁式轮速传感器主要由传感器头和齿圈两部分组成，它可以安装在车轮上，也可以安装在主减速器或变速器中，如图 11-3 所示。

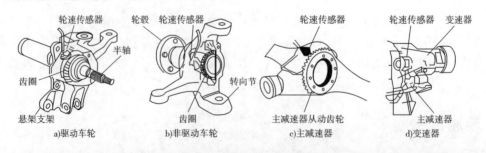

图 11-3　轮速传感器的安装位置

如图 11-4 所示,齿圈随车轮或传动轴一起转动,齿圈在磁场中旋转时,齿圈齿顶和电极之间的间隙以一定的速度变化,使磁路中的磁阻发生变化,磁通量周期性地增减,在线圈的两端产生正比于磁通量增减速度的感应电压,该交流电压信号输送给 ECU。

2 霍尔式轮速传感器

霍尔式轮速传感器也是由传感头和齿圈组成,其齿圈的结构及安装方式与电磁式轮速传感器的齿圈相同,传感头由永磁体、霍尔元件和电子电路等组成。

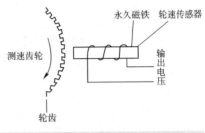

图 11-4 轮速传感器的工作原理

传感器的工作原理如图 11-5 所示,永磁体的磁力线穿过霍尔元件通向齿圈,齿圈相当于一个集磁器。当齿圈位于图 11-5a)所示位置时,穿过霍尔元件的磁力线分散,磁场相对较弱;而当齿圈位于图 11-5b)所示位置时,穿过霍尔元件的磁力线集中,磁场相对较强。齿圈转动时,使得穿过霍尔元件的磁力线密度发生变化,因而引起霍尔元件电压的变化,霍尔元件将输出一毫伏级的准正弦波电压,此信号由电子电路转化成标准的脉冲电压。

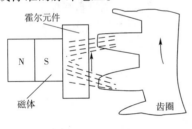 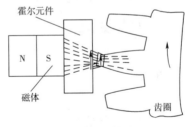

a) 霍尔元件磁场较弱　　　　　　　　b) 霍尔元件磁场较强

图 11-5 霍尔式轮速传感器

霍尔式轮速传感器克服了电磁式传感器的缺点,其输出信号电压幅值不受转速的影响,频率响应高,抗电磁波干扰能力强。因而,霍尔传感器在 ABS 中应用得越来越广泛。

三 电子控制单元

电子控制单元(ECU)是 ABS 的控制中枢,其功用是接收轮速传感器及其他传感器输入的信号,对这些输入信号进行测量、比较、分析、放大和判别处理,通过精确计算,得出制动时车轮的滑移率、车轮的加速度和减速度,以判断车轮是否有抱死趋势;再由其输出级发出控制指令,控制制动压力调节器去执行压力调节任务。

电子控制单元还具有监控和保护功能,当系统出现故障时,能及时转换成常规制动,并以故障灯点亮的形式警告驾驶人。

项目十一 防抱死制动系统(ABS)的构造与维修

四 制动压力调节器

根据压力调节器的调压方式,可分为循环式和可变容积式两种。循环式制动压力调节器是通过电磁阀直接控制轮缸的制动压力;可变容积式制动压力调节器是通过电磁阀间接改变轮缸的制动压力。

1 循环式制动压力调节器

循环式制动压力调节器由电磁阀、液压泵和电动机等部件组成。调节器直接装在汽车原有的制动管路中,通过串联在制动主缸和制动轮缸之间的三位三通电磁阀直接控制轮缸的压力,可以使制动轮缸的工作处于常规工作状态、增压状态、减压状态或保压状态,如图11-6所示。三位是指电磁阀有3个不同位置,分别控制轮缸制动压力的增压、减压或保压;三通是指电磁阀上有3个通道,分别通制动主缸、制动轮缸和储液器。

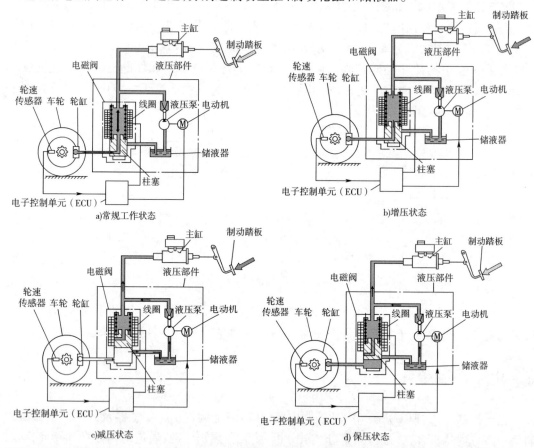

图 11-6 循环式制动压力调节器的工作过程

2 可变容积式制动压力调节器

可变容积式制动压力调节器主要由电磁阀、控制活塞、液压泵和储能器等组成,是在原液压制动系统中增设一套液压控制装置,控制制动管路中容积的增减,以控制制动压力的变化。可变容积式制动压力调节器有4个不同工作状态:常规工作状态、增压状态、减压状态和保压状态,如图11-7所示。

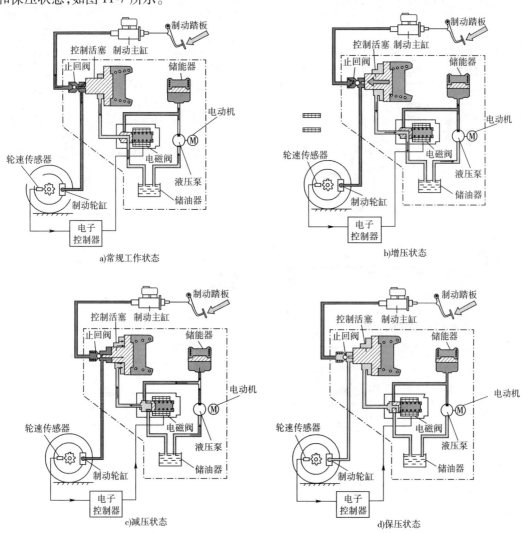

图11-7 可变容积式制动压力调节器的工作过程

五、桑塔纳2000型轿车ABS

桑塔纳2000GSi型轿车采用的是MK20-Ⅰ型ABS,是三通道的ABS调节回路,前轮单独调节,后轮则以两轮中地面附着系数低的一侧为依据统一调节。

制动压力调节器采用整体式结构、循环式调压,它与ABS的电子控制单元(ECU)组合为一体后安装于制动主缸与制动轮缸之间。制动压力调节器的基本组成包括电磁阀、液压泵及低压储液器。低压储液器与电动液压泵合为一体装于液控单元上,液控单元内包括8

项目十一 防抱死制动系统(ABS)的构造与维修

个电磁阀,每个回路一对,其中一个是常开进油阀,一个是常闭出油阀。

桑塔纳2000型轿车ABS的工作过程如图11-8所示。ABS制动压力调节器以5~6次/s的频率按"增压制动—保压制动—减压制动—保压制动—增压制动"的循环对制动压力进行调节,直到停车。

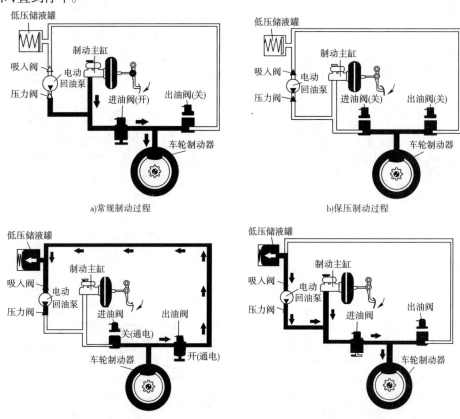

图11-8 桑塔纳2000型轿车ABS的工作过程

任务二 ABS故障码的读取与清除

一 实训准备

1 实训器材

(1)卡罗拉轿车(图11-9)。

(2)其他工具及器材:智能检测仪(见图3-53)、专用工具SST 09843-18040、转向盘护套、变速杆手柄套、座位套、脚垫等。

2 准备工作

(1)汽车进入工位前,将工位清理干净,准备好相关的器材。
(2)将汽车停驻在举升机中央位置(见图1-22)。
(3)拉紧驻车制动器操纵杆(图11-10),并将变速杆置于空挡位置。

图11-9 卡罗拉轿车

图11-10 拉紧驻车制动器操纵手柄

(4)套上转向盘护套(见图1-24)、变速杆手柄套和座位套,铺设脚垫。

二、故障码(DTC)的检查与清除(使用智能检测仪时)

1 检查 DTC

(1)将智能检测仪连接到DLC3(车上诊断通信链路连接器3)。
(2)将点火开关置于ON位置。
(3)接通智能检测仪。
(4)根据检测仪屏幕上的提示读取DTC。进入以下菜单项：Chassis/ABS/VSC/TRC/DTC。
(5)检查DTC,DTC详情见表11-1。

ABS 的 DTC 表　　　　　　　　　　表11-1

DTC	检测项目	故障部位
C0200/31(*1)	右前轮速传感器电路	1.右前轮速传感器; 2.轮速传感器电路; 3.轮速传感器转子; 4.传感器的安装; 5.制动器执行器总成(防滑控制ECU)
C0205/32(*1)	左前轮速传感器电路	1.左前轮速传感器; 2.轮速传感器电路; 3.轮速传感器转子; 4.传感器的安装; 5.制动器执行器总成(防滑控制ECU)

续上表

DTC	检测项目	故障部位
C0210/33(*1)	右后轮速传感器电路	1. 右后轮速传感器； 2. 轮速传感器电路； 3. 轮速传感器转子； 4. 传感器的安装； 5. 制动器执行器总成（防滑控制 ECU）
C0215/34(*1)	左后轮速传感器电路	1. 左后轮速传感器； 2. 轮速传感器电路； 3. 轮速传感器转子； 4. 传感器的安装； 5. 制动器执行器总成（防滑控制 ECU）
C0226/21	SFR 电磁阀电路	1. SFRR 或 SFRH 电路； 2. 制动器执行器总成
C0236/22	SFL 电磁阀电路	1. SFLR 或 SFLH 电路； 2. 制动器执行器总成
C0246/23	SRR 电磁阀电路	1. SRRR 或 SRRH 电路； 2. 制动器执行器总成
C0256/24	SRL 电磁阀电路	1. SRLR 或 SRLH 电路； 2. 制动器执行器总成
C0273/13(*1)	ABS 电动机继电器电路断路	1. ABSNO.1 熔断丝； 2. ABS 电动机继电器电路； 3. 制动器执行器总成（ABS 电动机继电器）
C0274/14	ABS 电动机继电器电路对 B+ 短路	1. ABS 电动机继电器电路； 2. 制动器执行器总成（ABS 电动机继电器）
C0278/11	ABS 电磁阀继电器电路断路	1. ABS No.3 熔断丝； 2. ABS 电磁阀继电器电路； 3. 制动器执行器总成（ABS 电磁阀继电器）
C0279/12	ABS 电磁阀继电器电路对 B+ 短路	1. ABS 电磁阀继电器电路； 2. 制动器执行器总成（ABS 电磁阀继电器）
C1235/35	右前轮速传感器端部粘附异物	1. 右前轮速传感器； 2. 轮速传感器转子； 3. 传感器的安装； 4. 制动器执行器总成（防滑控制 ECU）
C1236/36	左前轮速传感器端部粘附异物	1. 左前轮速传感器； 2. 轮速传感器转子； 3. 传感器的安装； 4. 制动器执行器总成（防滑控制 ECU）

续上表

DTC	检测项目	故障部位
C1238/38	右后轮速传感器端部粘附异物	1. 右后轮速传感器； 2. 轮速传感器转子； 3. 传感器的安装； 4. 制动器执行器总成（防滑控制 ECU）
C1239/39	左后轮速传感器端部粘附异物	1. 左后轮速传感器； 2. 轮速传感器转子； 3. 传感器的安装； 4. 制动器执行器总成（防滑控制 ECU）
C1241/41	蓄电池正电压过低或蓄电池正电压异常过高	1. ECU-IG No.1 熔断丝； 2. 蓄电池； 3. 充电系统； 4. 电源电路； 5. 防滑控制 ECU 内部电源电路
C1249/49	制动灯开关电路断路	1. STOP 熔断丝； 2. 制动灯开关； 3. 制动灯开关电路； 4. 制动器执行器总成（防滑控制 ECU）
C1251/51（*1）	泵电动机电路断路	1. 制动器执行器总成（搭铁电路）； 2. 制动器执行器总成（电动机电路）
U0073/94	控制模块通信总线断开	CAN 通信系统
C1271/71	右前轮速传感器低输出信号（测试模式 DTC）	1. 右前轮速传感器； 2. 传感器的安装； 3. 轮速传感器转子
C1272/72	左前轮速传感器低输出信号（测试模式 DTC）	1. 左前轮速传感器； 2. 传感器的安装； 3. 轮速传感器转子
C1273/73	右后轮速传感器低输出信号（测试模式 DTC）	1. 右后轮速传感器； 2. 传感器的安装； 3. 轮速传感器转子
C1274/74	左后轮速传感器低输出信号（测试模式 DTC）	1. 左后轮速传感器； 2. 传感器的安装； 3. 轮速传感器转子
C1275/75	右前轮速传感器输出信号变化异常（测试模式 DTC）	轮速传感器转子
C1276/76	左前轮速传感器输出信号变化异常（测试模式 DTC）	轮速传感器转子
C1277/77	右后轮速传感器输出信号变化异常（测试模式 DTC）	轮速传感器转子
C1278/78	左后轮速传感器输出信号变化异常（测试模式 DTC）	轮速传感器转子

注：(*1)——对故障部位进行维修后，除非执行以下操作，否则 ABS 警告灯仍不熄灭。
① 以 20km/h 的车速行驶车辆 30s 或更长时间，检查并确认 ABS 警告灯熄灭；
② 清除 DTC。

项目十一　防抱死制动系统（ABS）的构造与维修

注意：某些情况下，当 ABS 警告灯一直亮起且多信息显示屏（带多信息显示屏的车辆）上显示警告信息时，不能使用智能检测仪。

❷ 清除 DTC

（1）将智能检测仪连接到 DLC3。
（2）将点火开关置于 ON 位置。
（3）接通智能检测仪。
（4）操作智能检测仪清除代码，进入以下菜单项：Chassis/ABS/VSC/TRC/DTC/Clear。

三 DTC 检查与清除（未使用智能检测仪时）

❶ 检查 DTC

（1）如图 11-11 所示，使用 SST 09843-18040 连接 DLC3 的端子 TC 和 CG。

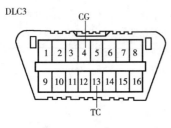

图 11-11　使用 SST 连接 DLC3 的端子 TC 和 CG

（2）将点火开关置于 ON 位置。
（3）观察 ABS 警告灯闪烁方式，读取多信息显示屏（带多信息显示屏的车辆）以识别 DTC。注意：如果无代码出现，检查 TC 和 CG 端子电路以及 ABS 警告灯电路。
（4）图 11-12 显示了 ABS 警告灯正常系统代码和故障码 11 和 21 的闪烁方式以及多信息显示屏（带多信息显示屏的车辆）上 ABS 故障码 32 的显示。
（5）各代码的说明请参见故障码表。
（6）检查完成后，断开 DLC3 的端子 TC 和 CG 以关闭显示屏。

注意：如果同时检测到 2 个或更多个 DTC，则按升序显示 DTC。

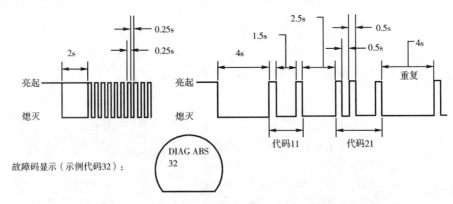

图 11-12　故障码闪烁方式

2 清除DTC

(1) 使用SST 09843-18040连接DLC3的端子TC和CG。

(2) 将点火开关置于ON位置。

(3) 如图11-13所示,在5s内踩下制动踏板8次或更多次,以清除ECU中存储的DTC。

(4) 检查并确认警告灯指示正常系统代码。

(5) 从DLC3端子上拆下SST。注意:不能通过断开蓄电池端子或ECU-IG No.1熔断丝来清除DTC。

(6) 将点火开关置于ON位置。检查并确认ABS警告灯在约3s内应熄灭。

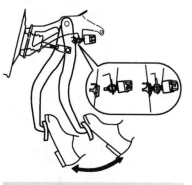

图11-13 踩下制动踏板

任务三 ABS轮速传感器的更换

一、实训准备

1 实训器材

(1) 组合工具(图11-14)。

(2) 气动扳手(图11-15)。

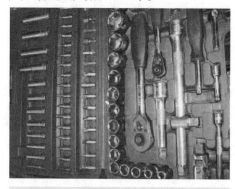

图11-14 组合工具

图11-15 气动扳手

(3) 其他工具及器材:卡罗拉轿车(见图11-9)、举升机(见图1-17)、扭力扳手(见图3-55)、尖冲头、锤子、螺丝刀、专用工具SST 09520-00031(09521-00010、09520-00040)、09521-00020、专用工具SST 09214-76011、压力机、转向盘护套、变速杆手柄套、座位套、脚垫、翼子板和前格栅磁力护裙等。

2 准备工作

(1) 汽车进入工位前,将工位清理干净,准备好相关的器材。

(2)将汽车停驻在举升机中央位置(见图1-22)。
(3)拉紧驻车制动器操纵杆(见图11-10),并将变速杆置于空挡位置(图11-16)。
(4)套上转向盘护套(见图1-24)、变速杆手柄套和座位套,铺设脚垫(图11-17)。

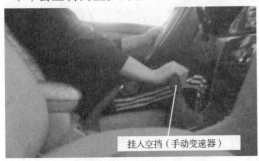

图11-16 将变速杆置于空挡位置

图11-17 铺设脚垫

(5)在车内拉动发动机舱盖手柄(见图1-25),在车外打开并支撑发动机舱盖(图11-18)。
(6)粘贴翼子板和前格栅磁力护裙(见图1-27)。

二、前轮速传感器的更换

拆装卡罗拉轿车前轮速传感器相关部件分解图如图11-19~图11-21所示。

1 前轮速传感器的拆卸

图11-18 支撑发动机舱盖

注意:左侧和右侧应使用同样的程序,下面列出的程序适用于左侧。如果更换传感器转子,则一同更换前桥轮毂和轴承总成。

(1)从蓄电池负极端子断开电缆。
注意:断开电缆后重新连接时,某些系统需要初始化。
(2)如图11-22所示,拆卸前轮总成。
(3)拆卸后轮罩前板(带侧挡泥板)。
(4)拆卸侧挡泥板(带侧挡泥板)。
(5)拆卸前翼子板挡泥板(带前翼子板挡泥板)。
(6)拆卸前翼子板外接板衬块。
(7)拆卸前翼子板内衬(不带前翼子板挡泥板和侧挡泥板)。
(8)拆卸前翼子板内衬(带前翼子板挡泥板)。
(9)拆卸前翼子板内衬(带侧挡泥板)。
(10)拆卸前轮速传感器。
①如图11-23所示,断开前轮速传感器连接器。从车身上拆下前轮速传感器线束卡夹。
②如图11-24所示,从车身上拆下螺栓A和2号传感器卡夹。
③如图11-25所示,从减振器总成上拆下螺栓B和1号传感器卡夹。

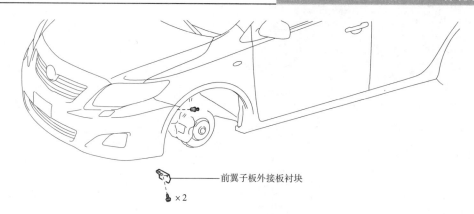
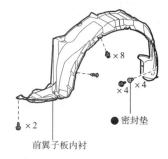
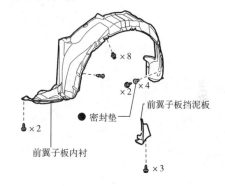
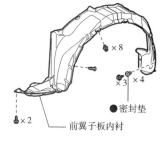

图 11-19　拆装前轮速传感器相关部件分解图(1)

④如图 11-26 所示,拆下螺栓 C、卡夹和前轮速传感器。

注意:防止异物粘在传感器端部。每次拆下轮速传感器时,要清洁轮速传感器的安装孔和表面。

(11)拆卸左前桥轮毂螺母。

(12)分离前挠性软管。如图 11-27 所示,拆下螺栓并分离前挠性软管。

(13)分离前盘式制动器制动钳总成。

(14)拆卸前制动盘。

(15)分离横拉杆接头分总成。

(16)分离前桥总成。

项目十一 防抱死制动系统(ABS)的构造与维修

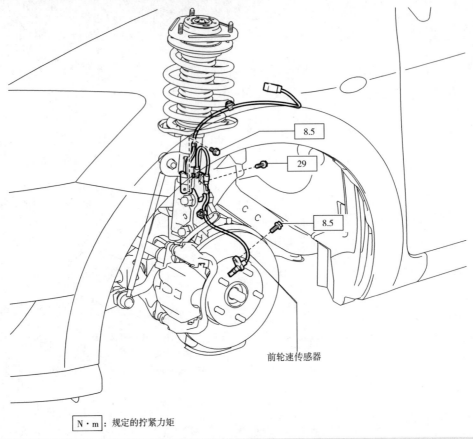

N·m：规定的拧紧力矩

图 11-20 拆装前轮速传感器相关部件分解图(2)

(17)拆卸前桥总成。
(18)拆卸带传感器转子的前桥轮毂和轴承总成。

2 前轮速传感器的安装

(1)安装带传感器转子的前桥轮毂和轴承总成。
(2)安装前桥总成。
(3)连接前悬架1号下臂分总成。
(4)连接横拉杆接头分总成。
(5)安装前制动盘。
(6)安装前盘式制动器制动钳总成。
(7)暂时安装左前桥轮毂螺母。
(8)分离前盘式制动器制动钳总成。
(9)拆卸前制动盘。
(10)检查前桥轮毂轴承的松弛度。
(11)检查前桥轮毂径向跳动。
(12)安装前制动盘。

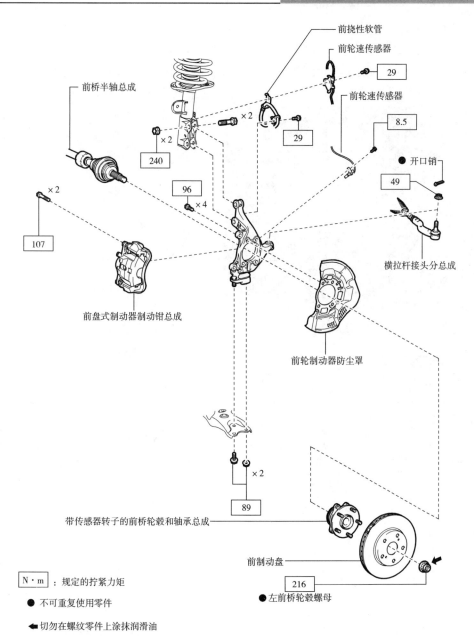

图 11-21　拆装前轮速传感器相关部件分解图(3)

(13) 安装前盘式制动器制动钳总成。

(14) 安装前挠性软管(见图 11-27)。用螺栓安装前挠性软管,拧紧力矩:29N·m。

(15) 安装左前桥轮毂螺母。

(16) 安装前轮速传感器。

①用螺栓 C 和卡夹安装前轮速传感器(见图 11-26),螺栓 C 的拧紧力矩:8.5N·m。

注意:防止异物粘在传感器端部。

②用螺栓 B 将前挠性软管和 1 号传感器卡夹安装至减振器(见图 11-25),螺栓 B 的拧

紧力矩:29N·m。

注意:安装轮速传感器时,不要扭曲前轮速传感器线束。

螺栓 B 将制动器挠性软管和前轮速传感器紧固在一起。确保挠性软管位于前轮速传感器上方。不要用锉刀锉孔或表面,因为磁性转子和传感器之间的间隙非常重要。

图 11-22　拆卸前轮总成

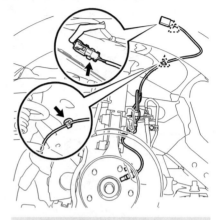

图 11-23　前轮速传感器的拆卸(1)

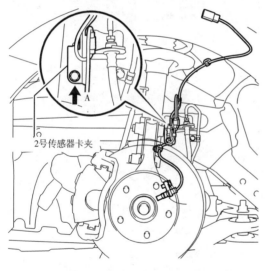

图 11-24　前轮速传感器的拆卸(2)

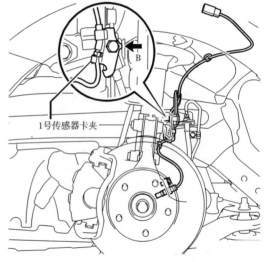

图 11-25　前轮速传感器的拆卸(3)

③用螺栓 A 将 2 号传感器卡爪安装至车身(见图 11-24),螺栓 A 的拧紧力矩:8.5N·m。

④连接 2 个轮速传感器线束卡夹(见图 11-23)。

⑤连接轮速传感器连接器。

(17)安装前翼子板内衬(不带前翼子板挡泥板和侧挡泥板)。

(18)安装前翼子板内衬(带前翼子板挡泥板)。

(19)安装前翼子板内衬(带侧挡泥板)。

(20)安装前翼子板挡泥板(带前翼子板挡泥板)。

(21)安装前翼子板外接板衬块。

(22)安装侧挡泥板(带侧挡泥板)。

(23)安装后轮罩前板(带侧挡泥板)。

(24)安装前轮(螺母拧紧力矩:103N·m)。

(25)将电缆连接至蓄电池负极端子。

注意:断开电缆后重新连接时,某些系统需要初始化。

(26)检查轮速传感器信号。

(27)检查并调整前轮定位。

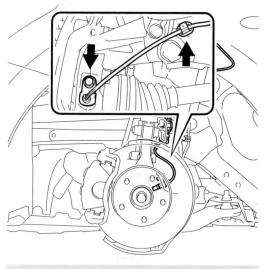

图 11-26 前轮速传感器的拆卸(4)

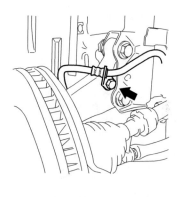

图 11-27 前轮速传感器的拆卸(5)

三 后轮速传感器的更换

拆装卡罗拉轿车后轮速传感器相关部件分解图如图 11-28 和图 11-29 所示。

1 后轮速传感器的拆卸

(1)从蓄电池负极端子断开电缆。

注意:断开电缆后重新连接时,某些系统需要初始化。

(2)拆卸后轮总成。

(3)拆卸仪表板左下装饰板。

(4)拆卸仪表板右下装饰板。

(5)拆卸换挡杆把手分总成(手动变速器车型)。

(6)拆卸换挡杆把手分总成(自动变速器车型)。

(7)拆卸中央仪表组装饰板总成(手动变速器车型)。

(8)拆卸中央仪表组装饰板总成(自动变速器车型)。

(9)拆卸地板控制台上面板分总成。

(10)松开驻车制动器拉索。

（11）断开后轮速传感器线束。如图11-30所示，用螺丝刀从后轮速传感器上断开连接器。

注意：不要损坏后轮速传感器。

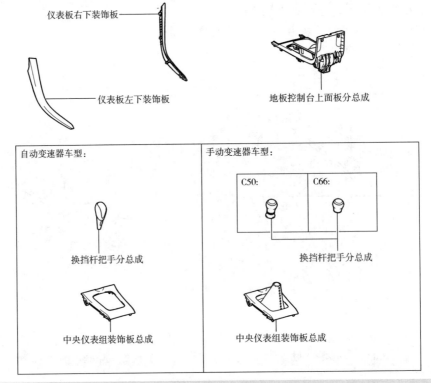

图11-28 拆装后轮速传感器相关部件分解图（1）

（12）分离3号驻车制动器拉索总成。
（13）分离后盘式制动器制动钳总成。
（14）拆卸后制动盘。
（15）拆卸带后轮速传感器的后桥轮毂和轴承总成。
（16）拆卸后轮速传感器。
①用铝板将后桥轮毂和轴承总成安装至台钳。

注意：如果后桥轮毂和轴承总成坠落或受到强烈冲击，则将其更换。

②用尖冲头和锤子敲出2个销，并从SST 09520-00031（09521-00010、09520-00040）、09521-00020上拆下2个连接件。

③如图11-31所示，用SST 09520-00031（09521-00010、09520-00040）、09521-00020、09950-00020和2个螺栓（直径：12mm，螺距：1.5mm），从后桥轮毂和轴承总成上拆下后轮速传感器。

注意：使后轮速传感器远离磁铁；笔直拉出后轮速传感器，小心不要使其接触到后轮速传感器转子；如果后轮速传感器转子损坏或变形，更换后桥轮毂和轴承总成；不要刮擦后桥轮毂和轴承总成与后轮速传感器之间的接触面；防止异物粘在轮速传感器转子或顶部。

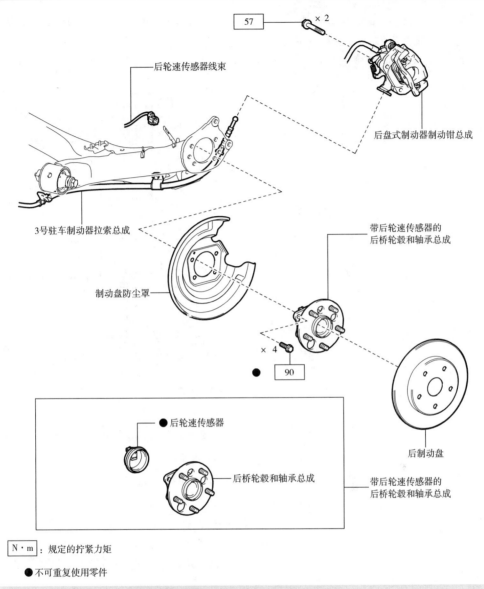

图 11-29　拆装后轮速传感器相关部件分解图（2）

2 后轮速传感器的安装

（1）安装后轮速传感器。

①清理后桥轮毂、轴承总成和新的后轮速传感器之间的接触面。

注意：防止异物粘在传感器转子上。

②如图 11-32 所示，将后轮速传感器放置在后桥轮毂和轴承总成上，以使传感器安装至车辆后连接器位于顶部。

③如图 11-33 所示，用 SST 09214-76011、钢板和压力机，将新的轮速传感器安装至后桥轮毂和轴承总成。

注意:使后轮速传感器远离磁铁;不要用锤子安装后轮速传感器;检查并确认后轮速传感器的检测部位上没有诸如铁屑类的异物;笔直缓慢压入后轮速传感器。

(2)安装带后轮速传感器的后桥轮毂和轴承总成。

(3)安装后制动盘。

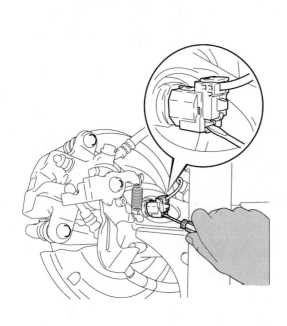

图11-30 后轮速传感器的拆卸(1)　　图11-31 后轮速传感器的拆卸(2)

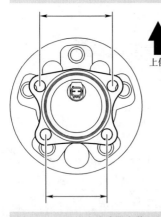

图11-32 后轮速传感器安装(1)

(4)安装后盘式制动器制动钳总成。

(5)连接3号驻车制动器拉索总成。

(6)连接后轮速传感器线束,如图11-34所示。将后轮速传感器线束连接器连接至后轮速传感器。

(7)调节驻车制动杠杆行程。

(8)检查后盘式制动器制动缸操作杆和制动器之间的间隙。

(9)安装地板控制台上面板分总成。

(10)安装中央仪表组装饰板总成(手动变速器车型)。

(11)安装中央仪表组装饰板总成(自动变速器车型)。

(12)安装换挡杆把手分总成(手动变速器车型)。

(13)安装换挡杆把手分总成(自动变速器车型)。

(14)安装仪表板左下装饰板。

(15)安装仪表板右下装饰板。

(16)安装后轮总成(轮胎安装螺母拧紧力矩:103N·m)。

(17)将电缆连接至蓄电池负极端子。注意:断开电缆后重新连接时,某些系统需要初始化。

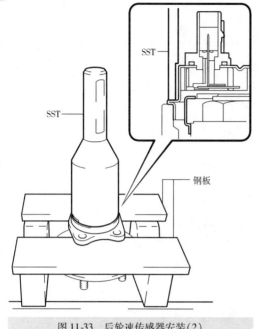

图 11-33 后轮速传感器安装(2)

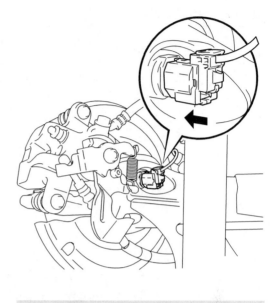

图 11-34 后轮速传感器安装(3)

(18)检查轮速传感器信号。

(19)检查后轮定位。

工 作 页

第一部分：理论知识

1. 防抱死制动系统可使汽车在制动过程中车轮滑移率保持在_____左右范围内。写出图中各零部件的名称。

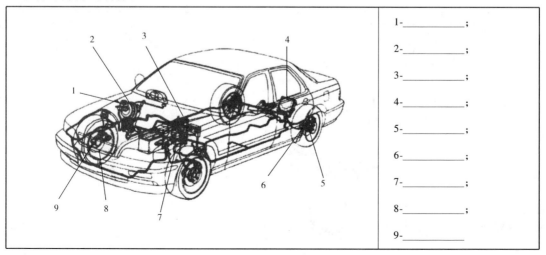

1-	；
2-	；
3-	；
4-	；
5-	；
6-	；
7-	；
8-	；
9-	

项目十一　防抱死制动系统(ABS)的构造与维修

2. ABS通常由_____、_____、_____和_____等组成。写出图中各零部件的名称。

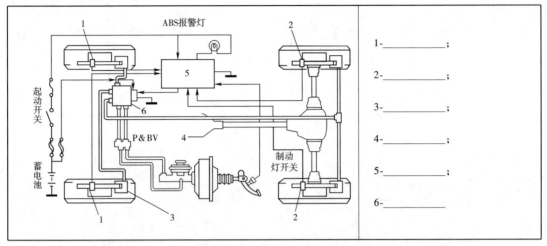

1-_____;
2-_____;
3-_____;
4-_____;
5-_____;
6-_____;

3. 压力调节器的调压方式可分为循环式和可变容积式两种。循环式制动压力调节器是通_____;可变容积式制动压力调节器是通过_____。

4. 写出图中各零部件的名称。

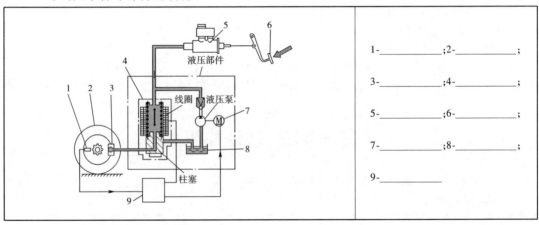

1-_____;2-_____;
3-_____;4-_____;
5-_____;6-_____;
7-_____;8-_____;
9-_____

5. 写出图中各零部件的名称。

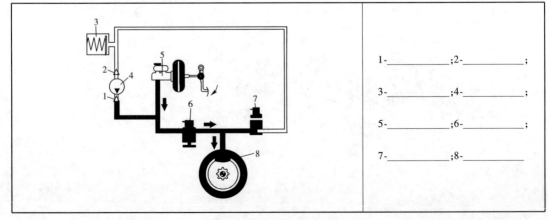

1-_____;2-_____;
3-_____;4-_____;
5-_____;6-_____;
7-_____;8-_____

第二部分:实践操作

(1)简述使用智能检测仪时,检查与清除故障码(DTC)的方法。

(2)简述未使用智能检测仪时,检查与清除故障码(DTC)的方法。

第三部分:评价与反馈

考核项目	评分标准	分 数	学生自评	小组评价	教师评价	小 计
团队合作	是否和谐	5				
活动参与	是否积极主动	5				
安全生产	有无安全隐患	10				
现场5S	是否做到	10				
任务方案	是否合理	15				
操作过程	ABS故障码的读取与清除;ABS轮速传感器的更换	30				
任务完成情况	是否圆满完成	5				
工具和设备使用	是否规范、标准	10				
劳动纪律	是否能严格遵守	5				
工单填写	是否完整、规范	5				
总 分		100				
教师签名:			年 月 日		得分	

参考文献

[1] 陈家瑞.汽车构造(下册)[M].北京:机械工业出版社,2009.

[2] 丛树林.汽车底盘构造与维修[M].北京:人民交通出版社,2011.

[3] 张红伟.汽车底盘构造及维修[M].北京:高等教育出版社,2007.

[4] 王家青.汽车底盘构造与维修[M].北京:人民交通出版社,2011.

[5] 陈社会.汽车底盘理实一体化教材[M].北京:人民交通出版社,2011.

[6] 柏令勇.汽车底盘构造与拆装[M].北京:人民交通出版社,2011.

[7] 中国汽车维修行业协会.汽车底盘常见维修项目实训教材[M].北京:人民交通出版社,2008.

[8] 周志伟、韩彦明.汽车自动变速器构造与维修[M].北京:人民交通出版社,2011.